●第19回愛知大学現代中国学部現地研究調査●

学生が見た南寧社会

企業活動・都市生活・農村社会

2017

愛知大学現代中国学部
現地研究調査委員会編

南寧見聞録

変わりゆく南寧の就職と教育　新型都市化計画の最前線をゆく

移動が便利に！

ひろがる都市と農村をつなぐ交通網

南寧市第四職業技術学校
文理総合の職業専門学校
1965年創立

南寧市職工就業服務中心
学校で就職のサポートも！

就職チーム

都市・農村戸籍による差別も減りつつあり，職種の選択肢が増えている

雇用紛争の仲裁裁判所も併設される

家庭訪問

子どもにはやりたいことをさせたい

娘さんに将来望むことは？

進学する学生が8割，就職する学生は2割

モダンな西洋風マンションと昔ながらの住宅が並存

家庭訪問

「都会生活の夢が叶った！」

所得証明と居住物件の購入で南寧市戸籍の取得が可能に

南寧の食　ASEANとの窓口

夜市で大人気のザリガニ

豊かな水で育った米の麺（米粉）

熱帯産フルーツ！
マンゴスチン
赤い皮のバナナ
パイナップル

南寧市教育局

戸籍制限のある高校・大学受験。優遇策が講じられつつある

教育チーム

南寧市五象小学校

児童の80％を農村戸籍の少数民族が占める

「義務教育に戸籍制限はありません。すべての子どもに教育機会を提供します」

・伝統的な民族文化教育も取り入れている・

繍球

子どもたちの手づくり♪

チワン族の刺繍を施した民族工芸品の鞠

祝酒歌

客を歓迎する際の伝統歌謡

トン族刺繍の絵

チワン族自治区の無形文化遺産

南寧見聞録

定江村定典屯 ─郷企結合─企業の投資で発展した総合示範村─

香蕉種植園　中国最大のバナナ生産地

6,000ムーの広さを持つ！

大きくて甘い！

パソコン管理で農民の負担を軽減

でも、まだお父さんとお母さんの仕事は大変そう

おいしそう♡

小さいバナナ、赤いバナナなどさまざまな品種を販売

民居　世界遺産に登録された建築様式

\ とっても快適♪ /

「徽派」という建築様式

夜は提灯に灯りがつく

今回宿泊したホテル。白い外壁が特徴的

郷土料理　地産地消

値段もリーズナブル！

\ 地元の川魚！ /

お土産にいただいたパイナップル♪

市場の野菜！

柔らかくてジューシー

バナナを餌に育てたアヒル料理!!

那馬鎮壇良村壇板坡　現代農業の発展と農民収入の増加

新農村建設に向けたスローガン　　壇板坡村民委員会との座談会

聞き取り調査中！

家庭訪問

元俳優！

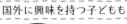

民謡を披露してくださいました♪

発展にともない都市だけではなく国外に興味を持つ子どもも

「先生になりたいな」
「将来何になりたい？」

パソコンで日本のアニメを見てるよ！

進化する農業開発

ミカン畑　　カボチャ

日焼けを防ぐために石灰を散布

小ナス

パイプの中に水を流して効率よく栽培

現在も残っている建築物

先人・祖先を祀る御廟

昔の人々の生活を支えた井戸

昔の暮らしを子どもたちに伝えるため古い民居も保存

南寧見聞録

経済成長を続けるASEANとの窓口

南寧軌道交通集団有限責任公司

市内の鉄道を建設・整備

99.98％の時間厳守率、乗客4,000万人を達成

社員と同じ訓練を体験！

運転シミュレーション

整備中の車両

広西華興食品有限公司

アヒルの繁殖や食肉加工が主な事業

厳しいチェックで品質を管理

輸送・販売も行う

南寧百貨大楼股份有限公司

1956年創業の老舗百貨店

世界各国の商品を取り揃える

電光掲示板に歓迎の言葉

販売品目は12万点以上！

広西夢工谷科技有限公司

資金・手続など幅広い支援で起業をサポート

テレビのインタビューまで受けちゃいました

周辺の開発予定の模型

富士康科技集団南寧科技園

世界最大の電子機器受託生産（EMS）企業グループ

福利厚生

広大な敷地面積！

社員が自由に利用できる図書室

大賽路（南寧）食品添加剤有限公司

南寧工場では食品添加物の製造・販売を行う

安全対策もばっちり！

工場見学はヘルメット着用

南寧哈利瑪化工有限公司

マツヤニから塗料や接着剤を製造

マツヤニ

目　次

『学生が見た南寧社会』の刊行に寄せて …………愛知大学学長・理事長　川井伸一 ………	9
第19回現地研究調査を終えて ………………愛知大学現代中国学部学部長　安部　悟 ………	10
中国现地实习活动报告册序 …………………………中国劳动关系学院副院长　吴万雄 ………	11
第19回現地研究調査参加者名簿 ………………………………………………………………	12
第19回現地研究調査実施日程表（2017年8月5日～8月19日） …………………………	13
第19回現地研究調査地点 ………………………………………………………………………	14

第1部　第19回現地研究調査報告　　17

第1章　南寧の就業インセンティブと職場環境【企業班】……………………… 19

調査概要 ………………………………………………………… 小島魁人 ………		20
グループテーマ1：中国企業にみるインセンティブ制度とその特徴		22
Ⅰ　中国人従業員のやる気を引き出すインセンティブ ………… 舟橋杏美 ………		22
Ⅱ　長期勤続従業員が企業に留まるインセンティブ …………… 田中良美 ………		25
Ⅲ　中国企業に罰則制度は必要不可欠か ………………………… 山城七海 ………		28
Ⅳ　南寧企業に見る現代中国企業でのインセンティブ制度の現状と展望 ……… 鈴木賢祐 ………		31
グループテーマ2：よりよい職場環境を目指して		34
Ⅰ　福利厚生からみる職場環境 …………………………………… 松井真希 ………		34
Ⅱ　離職率を抑えるための職場環境づくり ……………………… ノベラアリサ ………		37
Ⅲ　男女平等に輝けるよりよい職場環境を求めて ……………… 柳井優吾 ………		40
Ⅳ　工会がよりよい職場環境づくりに果たす役割 ……………… 小島魁人 ………		43
行動日誌 …………………………………………………………………………………		47

第2章　変わりゆく南寧の就職と教育――新型都市化計画の最前線をゆく【都市班】……… 49

調査概要 …………………………………………………………………………………		50
Ⅰ　南寧市にみる新型都市化計画の最前線 ……………………… 刈谷　悠 ………		50
Ⅱ　南寧で就業するために ………………………………………… 谷口琴美 ………		53
Ⅲ　南寧における就職状況 ………………………………………… 大久保秀美 ………		56
Ⅳ　南寧市における新型都市化計画を読む ……………………… 柴山雄太 ………		58
Ⅴ　南寧の家庭教育 ………………………………………………… 山下未歩 ………		60
Ⅵ　変化する教育――南寧での現地研究調査をふまえて ……… 林　伸悟 ………		63
Ⅶ　戸籍制度と学校教育制度の関連性について ………………… 晴山綾子 ………		67
Ⅷ　変わりゆく南寧での家庭教育 ………………………………… 前田藍子 ………		70
行動日誌 …………………………………………………………………………………		75

第3章　農業発展に伴う農民たちの意識変化【農村班】………………………… 77

調査概要 ………………………………………………………… 森本敬子 ………		78
Ⅰ　農民たちの自己意識 …………………………………………… 蓑田しずく ………		79

Ⅱ　農村部における子どもの夢と親たちの子どもに対する期待 ………… 森本敬子 ……… 82
　　Ⅲ　南寧市農村部の食文化に関する考察 ……………………………………… 小河歩生 ……… 85
　　Ⅳ　農村部における娯楽に対する考え方 ……………………………………… 山崎早希 ……… 89
　　Ⅴ　民居の変化からみた新農村建設 …………………………………………… 前田智也 ……… 92
　行動日誌 ……………………………………………………………………………………………… 97

第2部　第19回日中大学生国際シンポジウム ……………………………………………… 101
　第19回日中大学生国際シンポジウム(調査報告会)プログラム ……………………………… 103
　第19回日中大学生国際シンポジウム出席者名簿 ……………………………………………… 104
　各班発表内容と総評 ………………………………………………………………………………… 105
　　　　都市班・農村班・企業班　105　／　総評　128

第19回現地研究調査の講評 ………………………………………………………………………… 175
2017年度現地研究調査に関する評価書 …………………………………………………………… 177
あとがき ……………………………………………………………………………………………… 180
編集後記 ……………………………………………………………………………………………… 181

『学生が見た南寧社会』の刊行に寄せて

愛知大学学長・理事長　川井伸一

　2017年8月,本学現代中国学部の第19回現地研究調査が中国の広西チワン族自治区の南寧で実施されました。現地研究調査は,これまでと同様に企業,都市,農村の3つのグループに分かれて実施され,その最終日には本学学生および一緒に調査に参加した中国労働関係学院の学生からそれぞれ中国語による研究報告が行われました。本書は以上の現地研究調査および研究報告をとりまとめた報告書です。

　報告書をみると,企業班では本学学生は従業員の職場環境(福利厚生,離職率抑制,男女平等,工会の役割)について,従業員のやる気を引き出すインセンティブ制度と特徴についてそれぞれ検討し,中国労働関係学院(以下,学院)の学生は企業の技術者層についてその類型,流動状況,賃金待遇,養成方法などを分析しています。都市班では,本学学生は新型都市化計画が展開されるなかでの就職事情,学校教育,家庭教育,道徳・マナーなどを検討し,学院の学生は中等職業技術学校が正しい選択なのかという課題意識のもとに当該学校の役割,影響について検討しています。農村班では,本学学生は農民の自己意識,子どもたちの夢と親の子どもへの期待,食文化,娯楽の考え方,農民家屋の変化などを検討し,他方,学院の学生は環境保全型の農村建設の現状と発展の道筋について検討し,模範村落における発展モデルの特徴を明らかにしています。

　以上のような報告内容からして,学生たちのテーマがみずからの興味関心に基づき実にバラエティに富んだものであり,しかもいずれも中国社会における現実の課題にアプローチしていることがわかります。そして学生たちが調査事例を踏まえ,分析検討,整理し,自らの考えを表明するという積極的な努力の跡がよく見てとれます。同時に,同じ対象に対しても,視点,分析,表現の方法において日本と中国の学生の間にさまざまな違いがみられ興味深いです。その違いや多様な見方があることを互いに知り,理解することも貴重な学習体験になったのではないかと思います。学生たちが,短い期間ながらも,現地での調査研究と報告を自ら体験したことは皆さんにとって,大きな自信となり,貴重な財産となることと確信しています。

　最後に今回の調査に際して,本学との協定に基づき協力をいただいた呉万雄副院長をはじめとする中国労働関係学院の関係者の皆様,また調査の実施面でさまざまなご支援をいただいた中華全国総工会,広西チワン族自治区総工会,南寧市総工会の関係者の皆様に厚く御礼を申し上げます。

第19回現地研究調査を終えて

愛知大学現代中国学部学部長　安部　悟

　第19回の「現地研究調査」は，8月5日から19日までの日程で，広西チワン族自治区の首府である南寧市において実施されました。今年度も，中国側パートナーの中国労働関係学院の全面的なご協力のもと，教職員，学生のみなさんの努力のおかげで，無事に終了することができました。関係者の皆様に心より感謝申し上げます。

　今回は，共同調査方式を採用して4年目を迎えました。これは，日中両国の学生がともに中国の一つの地域を調査し，「日中国際学生シンポジウム」においてそれぞれが報告し討論するものですが，日本人学生と中国人学生は同じ社会実態や人々の生活に触れても，まったく異なる視点を提起します。このことは，参加学生のみならず私たち教員にも多くの啓発を与えてくれ，共同調査の最大のメリットと言えます。

　この共同調査方式は，社会調査の双方化を目的として始められた「日本社会調査」において2013年度から導入しています。昨年2月に実施された第13回調査では，本学部生が中国労働関係学院の学生24名と共同で名古屋市および豊田市のものづくりや企業文化，教育等について考察しました。本取組は，本学がめざす国際的教養と視野をもった人材の育成に資する活動であり，SEND活動の一環でもあります。本学部は，これからも日本を理解し多言語で発信することのできる人材，地域に根ざした特色あるグローバル人材の育成に取り組んでいきたいと思います。

　今回南寧での調査に参加した21名の学生は，日本社会と中国社会に対する複眼的視座をもって現地調査に臨み，深い洞察力と思考力をいかんなく発揮してくれました。また，日中国際学生シンポジウムでの中国語の報告を聞きながら，中国語担当教員の1人として心配もしましたが，学生たちの成長を実感することができました。企業班，農村班，都市班の報告内容には，南寧市の歴史と現在，さらには日本をつなぐ分析が盛り込まれており，本当にすばらしいものであったと思います。

　最後に，今回の調査にご協力いただきました中国労働関係学院の劉向兵院長，呉万雄副院長をはじめとする関係者の皆様，中華全国総工会，南寧市総工会の関係者の皆様，学生たちの訪問を温かく迎えてくださった各方面の皆様，ご支援をいただいている本学の同窓会，後援会，公益財団法人愛知大学教育研究支援財団の関係者の皆様，現地でのシンポジウムに参加してくださった愛知大学校友の皆様，その他関係の皆様に厚くお礼申し上げます。

中国现地实习活动报告册序

中国劳动关系学院副院长　吴　万　雄

　　2017年中国现地实习在中国少数民族聚集较为集中的广西省南宁市举办，这是两校青年学生第四次共同参加现地实习。

　　南宁，别称绿城，是广西壮族自治区首府，北部湾城市群核心城市，同时也是中国东盟博览会暨中国东盟商务与投资峰会的永久举办地，和国家"一带一路"海上丝绸之路有机衔接的重要门户城市。这样一个蓬勃发展的城市，带给了参加此次现地实习的中日青年不一样的体会和收获。经过前三次的合作，中日两校学生对于现地实习的要求和进度安排有了比较充足的准备。按照以企业发展、市民生活及新农村建设为主题，学生们分别考察了南宁市各类企业的生产经营和职工技能培训的情况，并深入农村了解南宁市比较具有代表性的新型农村建设和生活习俗。同时，两校都市组的学生还走访了南宁市教育主管部门、学校、社区和家庭，政策支持到位、因材施教的理念、以及和谐的家庭氛围，给走访的学生留下了深刻的印象。尽管暑期酷热、考察行程紧凑，丝毫没有阻挡住两校青年学生实践的步伐，他们相互帮助、密切配合，克服了诸多困难，以最大的努力了解和掌握到了所需信息和数据，为圆满完成现地实习活动奠定了充足的基础。

　　在日中大学生现地实习报告会上，两校学生围绕各自的调查方向发表了考察报告。通过他们图文并茂的报告，我们能够深切地感受到两校学生对南宁经济发展、农村建设、市民生活和教育有了较为清晰的了解和认识。通过运用多种社会调查方法，两校学生分别展现了各自主题鲜明、资料丰富、内容详实、逻辑清晰的考察报告，而且提出了思路新颖且富有参考价值的建议。短短两周的时间内，能够高质量地完成现地考察任务，尤其是日本学生在克服一定的语言困难的情况下，积极努力使用中文撰写并发表报告，充分说明学生们在整个过程中付出了很大的努力和辛劳。

　　2017年南宁现地实习在两校师生的共同参与合作下取得了圆满成功，这也得益于南宁市总工会及相关单位给予的大力协助，为两校师生的实习考察工作提供了诸多方便，可以说，南宁市总工会的周密安排和辛勤付出是此次活动成功举办的重要保障，在此向南宁市总工会表示真诚地感谢。祝愿中日两国青年的真挚友谊更上一层楼。

第19回現地研究調査参加者名簿

● 愛知大学学生

【企業班】
《インセンティブ制度グループ》
舟橋　杏美　　　　山城　七海
田中　良美　　　　鈴木　賢佑
《職場環境グループ》
小島　魁人　　　　ノベラアリサ
松井　真希　　　　柳井　優吾

【都市班】
《就職チーム》
大久保　秀美　　　谷口　琴美
柴山　雄太　　　　刈谷　悠
《教育チーム》
山下　未歩　　　　前田　藍子
晴山　綾子　　　　林　伸悟

【農村班】
小河　歩生　　　　前田　智也
蓑田　しずく　　　山崎　早希
森本　敬子

● 愛知大学指導教員

阿部　宏忠（企業班担当）
　　　　　愛知大学現代中国学部准教授
加治　宏基（都市班担当）
　　　　　愛知大学現代中国学部准教授
高　明潔（農村班担当）
　　　　　愛知大学現代中国学部教授

● 中国労働関係学院学生

【企業班】
郭　子涵　　　　　徐　佳
張　媚　　　　　　陳　迪
【都市班】
賈　文熙　　　　　王　柯欣
黎　欣瑜　　　　　馬　昕琪
【農村班】
謝　鵬　　　　　　胡　楠
張　王赫揚　　　　張　宇菲

● 中国側指導人員

（企業班担当）
戦　帥　中国労働関係学院団委副書記
葉　鵬飛　中国労働関係学院工会学院副院長，
　　　　　副教授
（都市班担当）
常　爽　中国労働関係学院外事弁公室副主任
（農村班担当）
張　潔　中国労働関係学院外事弁公室副主任

● アシスタント

黄　海龍（企業班・広西師範学院外国語学院講
　　　　　師）
白　雄傑（都市班・Fujix 中国）
包　一伶（農村班・広西一拎貿易有限公司）

第19回現地研究調査実施日程表（2017年8月5日～8月19日）

日時	企業班	都市班	農村班
8/5(土)	中部国際空港　→　上海浦東国際空港			
8/6(日)	自由活動			
8/7(月)	上海浦東国際空港　→　南寧呉墟国際空港			
	自由活動		隆安県那桐鎮定江村定典屯
8/8(火)	富士康科技集団南寧科技園	南寧市教育局との座談会	香蕉種植園 （広西省金穂農業集団有限公司）
	南寧哈利瑪化工有限公司	家庭訪問：LY家，LY家	那桐鎮農貿市場 家庭訪問：LQ家，LH家
8/9(水)	広西夢工谷科技有限公司	南寧市総保障部との座談	市内の南寧飯店へ移動
	大賽璐(南寧)食品添加剤有限公司	家庭訪問：WG家，LA家	資料整理
	結団式			
8/10(木)	広西華興食品有限公司	南寧市中等職業専門学校との座談会	良慶区那馬鎮壇良村壇板坡
	南寧百貨大楼股份有限公司	家庭訪問：LY家，LS家	
8/11(金)	南寧軌道交通集団有限責任公司	南寧市五象小学校との座談会	家庭訪問：HJ家，HJ家 壇板坡村民委員会
	資料整理	日中大学生交流会	資料整理
8/12(土)	南寧日本商工会	南寧日本商工会	資料整理
	資料整理		
8/13(日)	シンポジウム準備			
8/14(月)	シンポジウム準備			
8/15(火)	シンポジウム準備			
8/16(水)	シンポジウムリハーサル			
8/17(木)	09：30-17：45　シンポジウム 19：00-22：00　レセプションパーティー			
8/18(金)	南寧呉墟国際空港　→　上海虹橋国際空港			
8/19(土)	上海浦東国際空港　→　中部国際空港			

注：上段午前，下段午後。

第19回現地研究調査地点

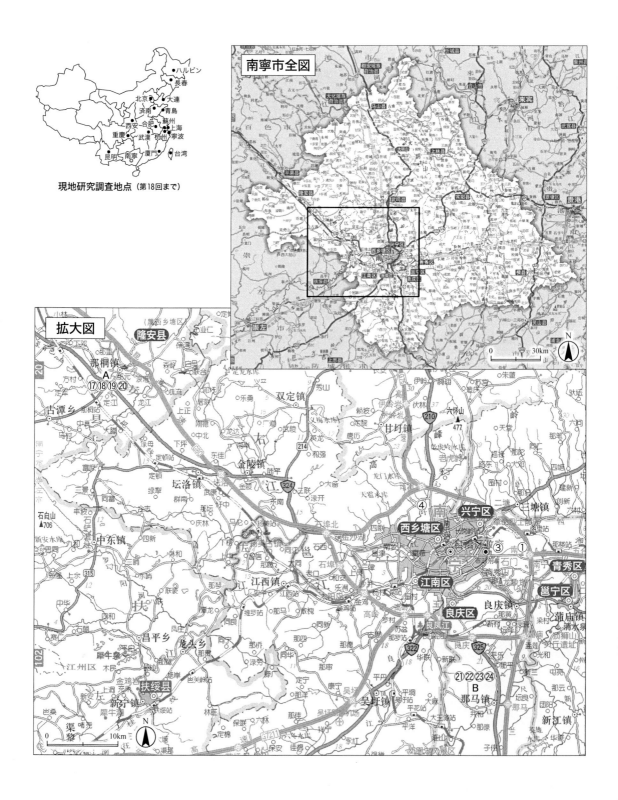

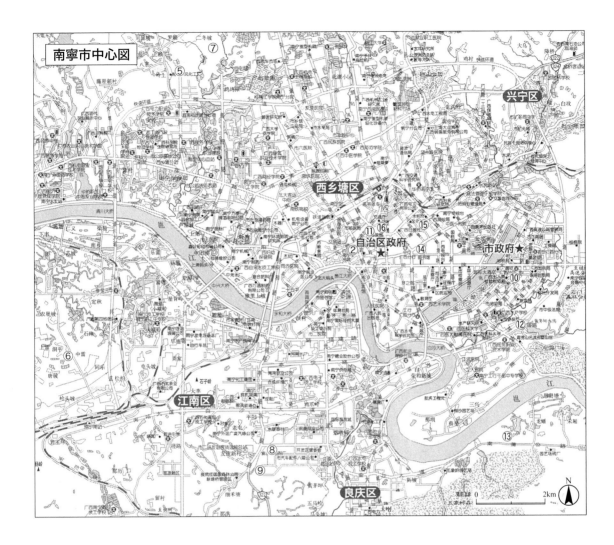

【企業班】
①南寧軌道交通集団有限責任公司　②南寧百貨大楼股份有限公司　③広西華興食品有限公司　④広西夢工谷科技有限公司
⑤皇氏集団股份有限公司　⑥富士康科技集団南寧科技園　⑦勝美達電機（広西）有限公司
⑧大賽路（南寧）食品添加剤有限公司　⑨南寧哈利瑪化工有限公司

【都市班】
⑩南寧市教育局　⑪南寧市工人文化宮（南寧市職工就業服務中心，日中大学生座談会）　⑫南寧市第四職業技術学校
⑬南寧市五象小学校　⑭南寧市天桃実験学校東葛校区　家庭2戸（LY家，LY家）
⑮南寧市第十四中学校区　家庭2戸（WG家，LA家）　⑯人民東社区　家庭2戸（LY家，LS家）

【農村班】
A　隆安県那桐鎮　⑰定江村定典屯総合示範村　⑱香蕉種植園（広西金穂農業集団有限公司）　⑲那桐鎮農貿市場
　　　　　　　　⑳農家2戸（LH家，LQ家）
B　良慶区那馬鎮　㉑壇良村壇板坡　㉒壇板坡村民委員会　㉓南寧振業現代農業開発公司　㉔農家2戸（HJ家，HJ家）

地図出所『広西壮族自治区地図集』星球地図出版社，2010をもとに作成。

第 1 部

第19回現地研究調査報告

第1章

南寧の就業インセンティブと職場環境

【企業班】

調査概要

小島魁人

1　はじめに

　2017年8月5日から19日まで中国の南寧市にて現地研究調査を行った。企業班はインセンティブ，職場環境の2つのグループ編成で，南寧市総工会の手配により企業訪問の機会を得た。南寧市までは中部セントレア空港から上海浦東国際空港か上海虹橋国際空港を経由し行くことができる。

　南寧市は広西チワン族自治区の首府であり，中国南部の広東省と雲南省との間に省クラスの広西チワン族自治区がある。南寧はその区政府所在地に当たる。人口はおよそ740万人。東南アジア諸国への玄関口として，2004年以来，「中国・ASEAN博覧会」の永久開催都市となっている。南には大型コンテナ船の乗り入れも可能な多数の港がある。陸路は高速道路がベトナムにも直結している。空路は国際空港もあるなど，今後も，物流基地，商業貿易基地，加工製造基地，情報発信基地として大発展が期待される。また，「緑城」と呼ばれるように邕江（ヨンジャン）という大きな川が豊富な水をたたえ，ブーゲンビリアなどの南国の花々に彩られ，街中どこも清潔な印象を受ける。2007年には「人類が最も住みやすい環境」として国連ハビタット賞も受賞している。

　実際に南寧企業を訪問する際の移動中には，59階建ての五象広場（ウーシャン・クワンチャン）がそびえ立ち，その東側に「中国・ASEAN博覧会」の会場となる南寧国際会展中心が見えた。道路にはASEAN各国の国旗が掲げられていた。調査の合間に訪れた盛天地では，アジア特有の趣向を凝らしたデザインの建物が並ぶエリアとなっており，中国，ASEAN間における国際ビジネスエリアが広がっていた。また，食文化においてはベトナムと隣接していることもあり，米粉が主食化し，町のはずれの市場ではスターフルーツやマンゴスチンなど日本では普段食べられない熱帯産の果物を味わうことができた。中山路美食街ではサソリの串焼きなどの屋台もあった。

　南寧市はASEAN関係における主要地となってから急激に経済成長を遂げてきた。実際，中国のGDP平均値をはるかに上回るスピードで成長している。中国全体で見ると，経済成長は停滞の見通しであるが，このように南方の地方も沿海都市部に負けない成長を遂げつつあるのは，これから中国および東南アジアの急成長を予期させるものに見える。また，外観の緑豊かな南寧とは裏腹にこのような成長や都市化が進んでいることはまさに実際に現地に赴かないとわからなかった部分でもある。

2　訪問先の概要と日程

　南寧市総工会の手配で8月7日～11日にわたり，国営企業を3社，民営企業を1社，外資企業3社の計7社を，各社約2～3時間の割合で訪問した。これに加え，当初の予定では8月6日に2社（(1)と(2)）を調査することとなっていた。この2社については，中国労働関係学院の学生がヒアリング等を代わりに行ってくれた。

(1)　勝美達電機（広西）有限公司（民営）

　スミダコーポレーションは1956年に創立された企業で，主な事業内容としては自動車や家電製品等に使われる電子部品などを生産している。従業員数は2016年において1万9,821人（連結）とかなりの人数である。2016年売上高は810億5,200万円となっている。主要製品には，パワーインダクタやトランスといった部品・モジュール製品，自動車用キーレスアンテナ，キセノンイグナイター，モバイル通信機器，さらには磁性材料，セラミックス，EMSサービスの提供など幅広いものとなっている。2014年，2015年には「不具合ゼロ」の優秀賞，2016年には「2013～2015年度の不具合ゼロ」の最優秀賞，2017年には「2013～2016年度の不具合ゼロ」の品質栄誉賞を受賞しており品質の高さがうかがえる。南寧には2008年に現地法人を設立した。

(2)　皇氏集団股份有限公司（民営）

　創立年は2001年と比較的新しい企業であり，資本金は8億3,764万元となっている。主な製品は牛乳とヨーグルトで，特に「水牛奶」（バッファローミルク）シリーズの生産量は全国一位で，

中国において「水牛奶之王」(バッファローミルクの王)と謳われている。この主力製品の水牛奶シリーズは12シリーズ70種類以上と着々と数を増やしている。2013年には南寧市における「安全生産標準化企業」に認定され，2014年には広西食品安全協会が設立し皇氏乳業が初代代表になるなど，中国で食品を扱う企業としては安全面において目覚ましい成長を遂げているといえる。

(3) 富士康科技集団南寧科技園（外資）

1974年に創立された台湾企業であり，グループ全体では資本金2兆4,627億台湾ドル，2014年の売上高は4兆2,124億台湾ドルと，電子機器受託生産（EMS）では世界最大の企業グループである。主な事業として，DellやAppleといった大手メーカーへ向けた各種パーツのOEM供給を行っている。また，任天堂のWii，SonyのPlayStationといったゲーム機，AppleのiPhone，iPad等モデムの委託生産も行っている。従業員も130万人(連結)と今回調査した企業の中でも群を抜いて多い。2016年3月30日にはシャープ買収に踏み切ったことは耳に新しく，衝撃的なものであった。

(4) 南寧哈利瑪化工有限公司（外資）

2005年に創立された比較的若い外資系企業である。資本金は600万米ドルで従業員数は600名と今回の訪問先の中では小規模であった。主な事業はロジン（マツヤニ）から塗料・接着剤などの製造である。企業理念として，自然を活かし，理解，協力，信頼，チャレンジ精神を行動の基本とすることを掲げている。

(5) 広西夢工谷科技有限公司（民営）

2015年に設立され，起業支援を事業としている。起業に際し資金や政治面などをサポートし，必要な手続きを引き受けることで，能力がありながらも，大学生であることや金銭的な問題などさまざまな理由から起業できない人を支援している。

(6) 大賽璐(南寧)食品添加剤有限公司（外資）

1919年に日本で現在の株式会社ダイセルとなる大日本セルロイド株式會社が設立され，中国には2004年上海に，南寧市には2005年に4カ所目の中国拠点として工場が造られた。ダイセルは化学製品や写真フィルム事業などさまざまな分野で事業展開しており，南寧工場では食品添加物の製造が行われている。また，食品添加物については2011年に日本工場での製造・販売を中止しており，南寧を生産の拠点としている。現在のダイセルを構成するのは以下の3つの要素である。①40年の管理経験者②ドイツの技術③中国の勤勉で優秀な職員。

(7) 広西華興食品有限公司（国営）

2006年に設立され，主にアヒルの繁殖や食肉加工を行っている。品質管理や輸送，販売も自社の業務とし，それぞれ審査と認可，専門家によるチェックを通すなど徹底的に行っている。小売店や代理店などとの長期的な協力関係にある。

(8) 南寧百華大楼股份有限公司（国営）

1956年の創業時，わずか92名の職員で始まった南寧百貨だが，1996年には新館である北館が建設され，総建築面積が約8万km^{2}で当時の南寧市最大のトレードシティになった。その後も進化し続け，2005年には「国家100社」の最大の小売企業，2006年には国家商務部から中華老舗の称号を獲得し，現在は持株子会社も含め経営地の面積は約10万km^2，販売品目は12万点以上に達し，従業員においても1,200人以上，セールスマンは4,000人在籍している。

(9) 南寧軌道交通集団有限責任公司（国営）

2002年に社会・経済発展，都市計画と建設を促進し，交通渋滞の問題を解決するために，南寧市党委員会と市政府は南寧市の都市高速鉄道システムを構築することを決定し，2005年に南寧鉄道輸送の建設プロジェクトが組まれた。その後2008年に南寧鉄道グループが設立された。最近では地下鉄のライン1が1周年を迎え，列車が99.98％の時間厳守率を達成，また乗客が4,000万人に達した。

グループテーマ1：
中国企業にみるインセンティブ制度とその特徴

舟橋杏美

　将来仕事に就いた時，何のために頑張るか。もしくは何を与えられたら頑張れるのか。

　筆者の場合，高い賃金よりも職場の人間関係を重要視する。良好な人間関係があるからこそ，その会社のために尽力したいと思うし，自分の持てる能力を最大限に発揮できると思うからだ。働きやすさこそが筆者にとってのインセンティブとなる。この考え方は極めて日本的であるため，理解に苦しむ中国人もいるだろう。

　この問いには，幾通りもの答えがあると思う。その種類は人，そして国を越えるとさらに多様化していく。中国では社員のやる気を引き出すために，どのようなインセンティブ制度を採用し，それはどのような特徴があるのだろうか。このテーマについて，筆者ら4名は以下の4つの視点から研究に取り組んだ。

　Ⅰ　中国人従業員のやる気を引き出すインセンティブ
　Ⅱ　長期勤続従業員が企業に留まるインセンティブ
　Ⅲ　中国企業に罰則制度は必要不可欠か
　Ⅳ　南寧企業に見る現代中国企業でのインセンティブ制度の現状と展望

Ⅰ　中国人従業員のやる気を引き出すインセンティブ

舟橋杏美

　まずインセンティブ制度とは何か。企業経営者は，従業員に企業が目指す業績目標に貢献する働きを求めている。その要求は簡単なものばかりではなく，従業員のやる気を鼓舞するための動機づけ，すなわちインセンティブが必要となる。その代表的なものは金銭，昇進，表彰といった外部から与えられる外発的インセンティブである。従業員に刺激を与え，動機づけによって従業員の働く意欲を高めることで，企業の業績向上を目的としている。

1　先行研究

(1) 欲求5段階説

　モチベーションに関する代表的な2つの理論について概説する。

　図1は，米国の心理学者アブラハム・マズローが提唱した「欲求5段階説」を図式化したものである。マズローによると下層の欲求が満たされると，より上層の欲求に動かされるという。図1の下層2つの生理的欲求と安全欲求の第一段階では，食べていくため，また金銭的・地位的報酬を得て豊かになるという目標があり，それに対する欲求が強い状態である。つまり「明日の生活もままならない」状態であれば，「人間関係に動機づけられる余裕はない」ということだ。第一段階を抜け，社会的欲求・尊厳欲求・自己実現欲求の第二段階に入ると，賃金が入るだけでは満足できず，仕事そのものにやりがいを求めるようになる。

　第一段階は以前の日本，そして今回調査した南寧市はこの段階に位置すると考える。この段階では，外発的インセンティブが適用される。報酬形態は金銭や昇進で，従業員が仕事に取り組むうえで即効性があり，強力な原動力になるが，長期的な効果は見込めない。個人が頑張ればキャリアと収入がアップすることがメリットだが，個人で利益を追求するため，企業への愛着心を感じにくいことや，企業として掲げる目標や利益の追求のた

図1　欲求5段階説（マズロー）
出所：モチベーション理論を学ぶ(1)「欲求5段階説」
http://kayumi.jp/archives/1393470.html より筆者作成。

めの行動が失われるなどのデメリットも指摘されている。

第二段階は，金銭や昇給以外の報酬で，活動そのものが報酬の源泉となるため，外発的インセンティブなしでもモチベーションが高められる内発的インセンティブに相当する。内発的インセンティブによって生まれる行動は，自分を取り巻く環境を自分自身がコントロールできているという有能さの感覚と，外部的な制約からではなく自らの自由意思で行動しているという自己決定の感覚をもたらす。例えば，その行動について「報酬が与えられるからやっている」という認知を持つと，報酬によってコントロールされているという感覚が強まる。外部からコントロールされているという感覚は自らの意志で積極的に取り組もうとする内発的インセンティブを弱める。一方得られた報酬が「持てる能力を活用して努力した結果が評価されて，正当に獲得したもの」と認知されれば，有能感と自己決定感は強まり，内発的動機づけは強まるのである。

この段階に位置する現在の日本では，金銭や昇進がモチベーションとはならない。必死に働いて経済的な豊かさを得ることで，心も豊かになり，生活状況の変化によって仕事に求めるものも変化してくる。仕事の楽しさや自分自身のスキルアップがモチベーションとなっており，働くことそのものが喜び・目的となっていくのである。

(2) 二要因理論

2つ目が米国の臨床心理学者のハーズバーグが，人間には2種類の欲求があると提唱した「二要因理論」である。二要因とは，心理的に成長しようとする人間的な欲求の動機づけ要因と苦痛を避けようとする動物的な欲求の衛生要因である。

図2はハーズバーグが多様な母集団を用いて計1,685人を対象に「会社生活の中で，最もやる気の出た満足した出来事や経験」と「会社生活の中で，最悪でやる気も失せた不満足だった出来事や経験」という両極端な質問をする調査を行った結果である。もし，給料が多かった時が最高で，少なかった時が最悪だったのであれば，賃金こそが

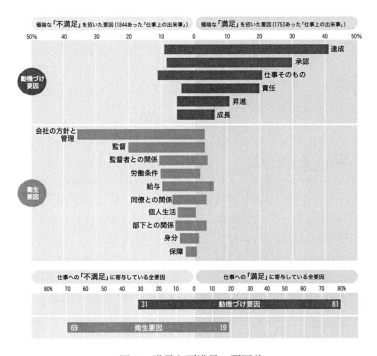

図2　満足と不満足の要因差
出所：フレデリック・ハーズバーグ「モチベーションとは何か」
『ハーバード・ビジネス・レビュー』2003年4月号, pp. 44–58

実際に働く人のやる気を最も左右する要因と特定できただろう。しかし，実際の調査結果は，満足をもたらす要因と不満足をもたらす要因は異なったものであった。

二要因理論は，モチベーションを高めるために最も大切なのは，仕事そのものということを示唆している。給料や職場環境は不満足を低減するが，満足をもたらすわけではない。それは，それらが提供されることが権利となったからである。満足を高め，やる気を引き出したければ，従業員が達成感や成長実感を得られるように仕事そのものを工夫する必要がある。

従来の金銭や昇進が奨励となっていた外発的インセンティブには限界がある。個人の成果が明確に測れるような業務であれば機能するが，今日のように組織的な知的生産活動が主流となっている時代では貢献度を個別に正確に評価することが困難なため，従業員の不公平感を高めることになり，機能を果たさなくなっている。これらのインセンティブは絶えず引き上げていかないことには効果を発揮できないため，現実的にいつか限界を迎える。そこで重視すべきは仕事そのものであり，上司が部下に与える仕事において少しの改善が大きなインセンティブとなることもあり得る。

2　調査結果・考察

モチベーションに関する主要理論を踏まえたうえで，今回の企業訪問調査では，以下の3点について聞き取りを行った。

1）インセンティブ制度を導入しているか，しているならどのような内容で対象は誰か。

2）内発的インセンティブは行っているか。

3）過去（10年前）と比較して，外発的インセンティブによる同じ効果が得られているか。また，効果は上がっているのか，下がっているのか。

上述の通り，南寧市は現在，欲求5段階説でいうところの第一段階にある。南寧市が経済的に発展途上にあり，市民の所得水準はそれほど高くないことに起因する。南寧市のある広西チワン族自治区の1人あたり名目GRP（2014年）は3万3,090元で全国平均（4万6,629元）を大きく下回っている。そのため，従業員のモチベーションを上げる際には外発的インセンティブである金銭・昇進が用いられることが多い。その他に多く挙げられたのが，優秀社員や部署に対する表彰である。ほとんどの訪問企業では，表彰された部署や社員の写真や名前を貼り出すことで，名誉と同時に奨励も与えるようにしていた。名誉を与えるだけでは動機づけの意味を持たないと認識しているためである。

しかし内発的インセンティブがまったく行われていないわけではない。個人の能力を発展させるためにさまざまな機会が設けられている。例えば，優秀職員や部署が表彰・激励される機会，職務訓練を受けられる機会，仕事の多様化から挑戦性，責任感，達成感を持たせる機会などが挙げられる。

外発的インセンティブが社員のモチベーションを向上させるための手段として大変有効であることは上記の通りだが，過去と比較すると効果や内容に変化が生じている。時代の変化と共に人も社会も変化する。そうなると制度が当初のままでは，従業員は当然満足できなくなるため，変化させなければならない。賃金が上がれば，奨励金も上げなければならない。特に1990年以降生まれの人は仕事に限らず何に対しても求めるものが多い傾向にある。彼らのモチベーションを高めるため，社内にWi-Fiを導入するなど日々試行錯誤を重ねている。

まとめ

南寧市の状況から判断すると，従業員のモチベーションを引き出すには，外発的インセンティブを用いるだけではなく，内発的インセンティブと上手くバランスを取ること，そのためには上司が多様な価値観を理解し部下を正しく評価して，昇進など一人ひとりにあった奨励を与えることが必要となる。特に1990年以降生まれの若者は，要求するものが多い。この企業にいて自分が成長できるのかどうかも彼らにとっては大きなモチベーションとなる。そのため，報酬を与えるだけでは良いアプローチ方法とはいえず，中長期の未来図を見せることが効果的である。成長の筋道を説明しながら，3〜5年程度のキャリアステップを具体的に提示する。そのうえで，勉強方法や情報源

などをアドバイスすれば，目標へのルートが明確になり，部下はモチベーションを維持しやすくなる。

今回の調査結果は南寧企業9社の事例に過ぎず，中国全土の状況を示すものではない。そこで，北京という大都市で生活する，今回共同調査を行った中国労働関係学院の学生たちにも聞き取りをした。日本では仕事の楽しさや自分自身のスキルアップがモチベーションとなり，働くことそのものが喜び・目的となるが，どう考えるか，という質問に対し，自分の能力を高めることが仕事の効率を高めることに繋がるという面は日中の共通点だと思う，という認識だった。しかし，自分は地方から出てきているので，故郷にいる両親のためにやはり金銭による外発的インセンティブは依然として重要であるという意見もあった。

南寧市での調査では外発的インセンティブが有効であるというイメージを受けたが，数人の学生に聞いただけでも異なる意見を得ることができた。今後機会があれば，他の都市でも調査し，生活状況の違いによって仕事に求めるものも異なるのかを考察してみたい。

参考文献

モチベーション理論を学ぶ(1)「欲求5段階説」 http://kayumi.jp/archives/1393470.html （アクセス日：2017.8.23）

何為民，朱永浩「中国辺境地域における日本との経済交流の現状と可能性—広西チワン族自治区の事例を中心に—」『ERINA REPORT』No. 127，2015

北垣武文「ハーズバーグの研究方法に関する一考察—実効性の高いやる気のマネジメントの実現に向けて—」『オイコノミカ』第48巻第2号，2012，pp. 43-59

佐々木圭吾「やる気のない部下をエース社員に変えるには？」『PRESIDENT』2016年9月12日号

フレデリック・ハーズバーグ「モチベーションとは何か」『ハーバード・ビジネス・レビュー』2003年4月号，pp. 44-58

横田雅俊「【部下のやる気】「やる気がない」と嘆く73.7%の上司の大間違い」『PRESIDENT』2008年3月17日号

「マズローの5段階欲求とハーズバーグの二要因理論の限界点」http://impro-club.com/strategy/460 （アクセス日：2017.8.25）

II 長期勤続従業員が企業に留まるインセンティブ

田中良美

日本と中国の労働事情の大きく異なる点として，「労働の流動性」がしばしば指摘される。中国では，30代になるまでは数年おきに転職することが一般的である。職場に不満がある場合だけでなく，むしろキャリア形成の一環として転職が行われている。企業経営者としては有能な社員にできるだけ長く勤めてもらいたいところだが，中国人社員の相次ぐ離職依願に戸惑う日本人駐在員は非常に多い。

しかし，こうした中で，特定の企業に10年以上長期勤続する中国人従業員は存在する。中国人従業員はどのような条件が整うと，長期勤続を選択するようになるのだろうか。この問いについて，訪問企業に対して行ったアンケート調査結果をもとに，日本と比較しながら考察する。

1　転職理由の日中比較

なぜ日本人は特定の企業で長期勤続するのか。その主な背景として，戦後の経済復興，高度経済成長期において，不足しがちな労働者を安定的に確保する必要が生じ，終身雇用，年功序列，退職金といった，能力や実績とは関係なく同じ職場で長く働いた方が有利な諸制度が定着していったことが挙げられる。こうした中，入社後，上司や会社への恩や忠誠心を感じるようになり，転職して後悔したくない，転職回数が多いと良くないイメージがつくなどの理由から，転職をよしとしない労働慣習が根づいていった。それでも転職を選択するのは，労働時間，休日，休暇の条件が良くなかった，人間関係が良くなかった，仕事が自分に合わないという理由による。一方，中国人が転職する主な理由は，キャリアアップのため，給料の不満，職業的発展の見通しがない，新しいことにチャレンジしたい，などとなっている。

2　調査概要

企業8社に対し，10年以上勤務している社員

を対象にしたアンケート調査を実施した。アンケートには年齢，性別，勤務年数，出身地，結婚の有無，職務，学歴を記入してもらい，2つの質問，1）なぜこの会社で長く働き続けているのか（3つまで選択可），2）ある企業から現在の2倍の給料を出すと提示された場合，転職するか否か，に答えてもらった。回収結果は279名で，そのうち10年以上勤務している社員が228名，10年未満の社員は51名だった。

アンケート調査のほかにも，企業訪問の際に次の3つの口頭質問をした。3）仕事において，どのようなことに最もやりがいを感じるのか，4）10年以上働いてきて感じるその会社の魅力は何か，5）会社を辞めたいと思ったことはあるのか，あればその理由という質問である。

3　調査結果・考察

有効回答228人の調査対象者の性別は，男性が47.0％，女性が47.0％，無回答が6.0％であった（図1）。出身地は都市が38.0％，農村が56.0％，無回答が6.0％（図2）。結婚の有無は，既婚が83.0％で未婚が11.0％，無回答が6.0％（図3）。学歴は，小学校以下が2.0％，中学が5.0％，高校あるいは中等専門学校が26.0％，大学以上が38.0％，無回答が29.0％（図4）であった。

質問1）（なぜこの会社で長く働き続けているのか）で最も回答が多かったのは「家族のために安定した職を得たい」（73.0％）だった。次いで「自宅から職場が近い」（42.0％）「仕事にやりがい，楽しさを感じる」（28.0％）「人間関係がよい」「会社に対して不満がない」「福利厚生が充実している」「今の職位に満足している」「給料に満足している」「その他」の順になった（図5）。

この結果について分析する。圧倒的に多かった回答「家族のために安定した職を得たい」については，調査対象者の83.0％が既婚者であったこともあるが，転職を繰り返すことは，やはり中国でもリスクを伴い，その影響が最も大切な家族に及ぶことへの懸念を示したものといえよう。賃金や職位，福利厚生など待遇改善よりも「安定した職」であることが最優先されていることがわかる。興味深かった点としては，質問1）の長期勤務する理由の中で「自宅から職場が近い」が2番目に多かったことである。中国人は長期勤続を前提とした職選びにおいて，自宅から職場に近いことを重要視し，それが転職を抑止する要因のひとつとな

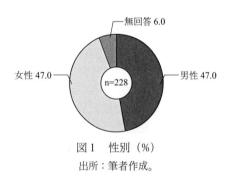

図1　性別（％）
出所：筆者作成。

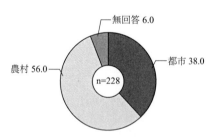

図2　出身地（％）
出所：筆者作成。

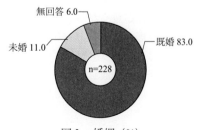

図3　婚姻（％）
出所：筆者作成。

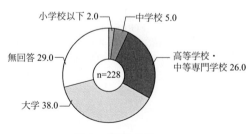

図4　学歴（％）
出所：筆者作成。

第 1 章　南寧の就業インセンティブと職場環境 …… 27

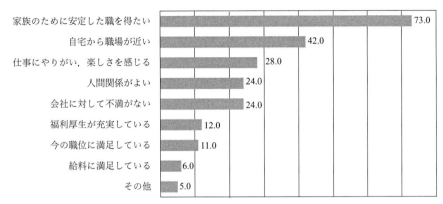

図 5　なぜこの会社で長く働き続けているのか（%）
出所：筆者作成。

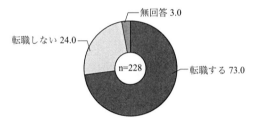

図 6　ある企業から現在の 2 倍の給料を出すと
　　　提示された場合，転職するか否か（%）
出所：筆者作成。

っていることを示唆している。

次に質問 2 ）（ある企業から現在の 2 倍の給料を出すと提示された場合，転職するか否か）については「転職する」が73.0%と最も多く，次いで「転職しない」が24.0%，無回答が3.0%という結果となった（図 6 ）。筆者はほぼ全員が「転職する」と予想していたが， 4 人に 1 人が「転職しない」と回答したことに非常に驚いた。「転職しない」と回答した従業員の理由の共通項をみると，「会社に情がある」「結婚して妻子がいるから安定したい」「社員同士の関係がとてもよい」「家から会社が近い」が挙げられた。先行研究から見ると，中国人は給料に不満を感じたりキャリアアップの見込みがないと思うと躊躇なく会社を去ると思っていたが，日本人と同様に長期にわたって働いていると上司や会社への恩や忠誠心を感じるようになる人もいるということがわかる。

口頭で尋ねた質問 3 ）（どのような時にやりがいを感じるのか）については，主に「上司に褒められた時や仲間と協力して目標を達成できた時」「周りから認められた時」との回答があった。質問 4 ）（会社の魅力は何か）では，「会社に将来性があること」や，「昇進の機会を与えてくれることに魅力を感じている」などが挙げられた。質問 3 ）と質問 4 ）の回答から中国人は周りからの評価が昇進という形になることや，仲間と協力して会社と共に自分も成長することを望んでいるのではないかと感じた。そして質問 5 （辞めたいと思った理由）では，「若い時は給料に不満があった」「自分のスキルアップに繋がらない」という回答が多く，転職理由の日中比較で述べた中国人が転職する主な理由と全く同じ回答になった。

勤続10年未満のため無効回答扱いとした51人の調査結果についても分析してみた。対象者の性別は，男性が45.0%，女性が49.0%，無回答が6.0%。出身地は，都市が4.0%，農村が88.0%，無回答が8.0%。結婚の有無は，既婚が67.0%で未婚が29.0%，無回答が4.0%。学歴は，小学校以下が6.0%，中学が25.0%，高校あるいは中等専門学校が16.0%，大学以上が29.0%，無回答が24.0%であった。

質問 1 ）で最も回答が多かったのは「自宅から職場が近い」（51.0%）だった。次いで「家族のために安定した職を得たい」（41.0%），「人間関係がよい」（20.0%），「その他」「仕事にやりがい，楽しさを感じる」「今の職位に満足している」「会社に対して不満がない」「給料に満足している」「福利厚生が充実している」の順になった。この結果

から、勤続10年未満の従業員は最も自宅から職場の距離を重要視することがわかった。また、既婚者が67.0％と多かったものの、安定した職を得たいと考えている従業員の割合は40％台にとどまった。さらなる安定した職場を求めている労働者も少なくないということであろうか。

次に質問2）（ある企業から現在の2倍の給料を出すと提示された場合、転職するか否か）では「転職する」が65.0％、「転職しない」が17.5％、無回答が17.5％という結果になった。「転職しない」と回答した従業員の理由の共通項をみると「自宅から職場が近い」という理由が圧倒的に多く10年以上の従業員のアンケート結果と比べると「転職しない」と回答した従業員が減り、会社に情がある社員はいなかった。

質問1）の結果が長期勤続者の調査結果と似ているため彼らはまだ勤続して10年未満だが、将来長期勤続者となることが予測できた。

まとめ

今回の調査によって、中国人は若いころは生活基盤が安定していないため高い給料を求めて転職を繰り返す傾向があるが、年齢を重ね、結婚して家庭を持つようになると安定的に給料を求めるため1つの会社で長く働きたいと思うようになることがわかった。また、勤続が長期にわたると、仕事内容にやりがいや面白さなどの価値を見出すようになると共に日本人と同様に会社や上司に対して情が出て、義理を感じるようになる。若年労働者のやる気を引き出すには昇給や昇進といった外的報酬が有効で、中年労働者のやる気を引き出すにはやりがいや充実といった内的報酬が有効といえるようだ。また、長期勤続者と若年労働者に共通して、企業は長期勤続してもらうために会社の立地も重要であることがわかった。

南寧中国企業を調査するにあたって、アンケート調査を事前に依頼したが、このように多くの皆さんに回答していただき、非常に感激した。協力していただいた企業、従業員の皆様、そして手配をしていただいた南寧市総工会の皆様に厚くお礼申し上げたい。

参考文献
田中秀太郎『知らないとバカを見る 中国人の取扱説明書（トリセツ）―中国人はいったい何を考えているのか―』日本文芸社，2012
「どうして日本人は転職しないの？」 http://jfg.jp/green/news/essay201503.html（アクセス日：2017.6.20）
厚生労働省「平成25年若年者雇用実態調査の概要」 http://www.mhlw.go.jp/toukei/list/4-21c-jyakunenkoyou-h25.html（アクセス日：2017.6.20）

III　中国企業に罰則制度は必要不可欠か
山城七海

社員のやる気を引き出すインセンティブ制度には、2つの手法がある。いわゆる「アメとムチ」である。アメは会社に利益となる行為をした社員に報酬を与えやる気を引き出す手法で、これに対しムチは会社に不利益となる行為を減らすためにそういった行為をした社員を罰する手法である。

それでは、どの企業でも日常的にみられる従業員の遅刻は、罰則を科すこと（ムチの手法）によってなくなるのだろうか。同様に、仕事上のミスも罰則を科せば減っていくのだろうか。

筆者は社員の意欲向上のために用いられるインセンティブのうち、中国における罰則制度の有用性について研究した。ムチの手法によるインセンティブは、日本の企業ではあまり馴染みがないものの中国では必須の措置であることを知り、南寧で罰則制度をとる企業の実態を調べてみたいと思った。また、罰則制度を用いることにより社員の仕事への意欲にどのように影響するのか、中国では罰則制度がないと意欲を維持することは不可能なのかについて、日本と比較しながら考察してみたい。

1　「ムチ」の日中比較

日本では、罰則制度は一般化していない。その理由として日本の会社の報酬制度が個人の会社への貢献を総合的に評価して決まる仕組みになっていることが考えられる。例えば遅刻が多い社員にはマイナス査定がなされ、多くの売上げを達成した社員には高い評価点がつく。しかし遅刻した社

員に対し口頭注意はするが，回数で定量化して給与を減らすような制度はあまりない。それゆえ，台湾企業の鴻海精密工業に買収されたシャープで発表された信賞必罰制度は衝撃的だった。シャープでは2017年度のボーナスを平均4カ月とするも，社員の貢献に応じて最高8カ月，最低1カ月で傾斜配分し，最大8倍の格差をつけた。さらに特別な貢献が認められる社員には，社長特別賞を支給するといった信賞必罰の制度を新設した。

なぜ日本では罰則制度が一般的ではないのだろうか。日本では労働基準法第16条で罰金制度は原則として禁止されており，目標を達成できなかったら罰金，備品を壊したら罰金，といった賠償予定の禁止が定められている。罰金制度を用いるとなると多くの条件を満たさねば法律違反となる可能性があるというのも日本で罰則制度が一般化しない理由の一つといえるだろう。また，日本の企業文化には，職場の人間関係が重視されており，業務上のミスを犯した従業員に厳罰を科すことへのためらい，温情的な措置がとられることも多い。

それに対し中国企業では罰則制度は一般化している。ある工場では58もの罰則規定が存在し，そのうち41は罰金を含んでいるという。例えば商品に品質上の欠陥が見つかった場合は，その労働者に一日の生産ノルマを達成した際に出される割増金から罰金が差し引かれたり，労働者が食事休憩以外の機会に昼寝をとった場合は100元が手取りから差し引かれるといった内容のものである。こうした規定は作業分野ごとに異なり，それらは工場内の労働規程には明記されておらず，中には作業場にある掲示板に示されているだけのものもあった。また，その他にも中国の生命保険会社に勤める女性が忌引き休暇を申請したところ，1日目は病欠扱いだが2日目以降は私用休暇にあたるとして罰金が科せられたという事例があった。しかしこれは会社の規程であり，誰に対しても平等に科せられるものだという。罰金は製品の品質のみならず労働者をコントロールする手段としても頻用されていることがわかった。

上に挙げた事例は，多くの企業が罰則制度を取り入れている中国でも問題であるとされごく一部の極端な事例ではあるが，遅刻した際には分単位で罰金が科せられたり，会社の備品を破損したら実費を支払わせたりすることは珍しくない。現在でも中国でこういった罰則制度が一般化している理由として，そうでもしなければ従業員を管理できないという中国企業の古くからの考えによるものではないかと考えられる。

2　調査結果・考察

今回この調査を行うにあたり，企業9社に以下の3つの質問をした。
1）不正やルール違反を防ぐために何か方法をとっているか，それはどのような方法か。
2）罰則制度を取り入れてどのような効果があったか。中国で罰則制度は必要だと思うか。
3）罰則制度がある場合と無い場合ではどちらがモチベーションの向上につながるか。

（1）罰則制度を取り入れているか

罰則制度を取り入れているかを尋ねたところ，9社すべてに罰則制度やそれに準ずるきまりがあった（表1）。そのうちの多くの企業で違反した従業員に対し罰金を科していたが，1回の違反ごとに罰金を行う企業と，いくつか段階を踏んだうえで最終手段として罰金や解雇をする企業があった。また，遅刻した従業員は朝礼で遅刻した理由を他の従業員の前で説明し，謝罪をさせる企業や，罰金を科したにもかかわらず，違反を繰り返す従業員に対しては実名を掲示するなど，面子がつぶされることを嫌う中国社会ならではの規則もみら

表1　罰則制度の有無

企業名	罰則の有無
勝美達電機（広西）	○
皇氏集団	○
富士康科技集団（南寧）	○
南寧哈利瑪化工	○
広西夢工谷科技	○
大賽璐（南寧）	△
広西華興食品	○
南寧百貨大楼	○
南寧軌道交通集団	○

備考：△…罰則制度に準ずるきまりがある
出所：筆者作成。

れた。また，信賞必罰に対しポイント制度を導入する企業やどのような違約行為でも1元のみ罰金を科す企業もあった。

(2) 罰則によるルール遵守の効果

それでは罰則制度は本当に規則を守らせる効果があるのだろうか。今回の調査では，効果があったと答える企業がほとんどだった（表2）。ある企業は，製品不良率がなかなか下がらないという理由からポイント制度を導入した企業があった。この制度は3カ月連続で不良品を出さなかった場合などにはプラスでポイントを付与する一方，遅刻したらポイントを減らして最終的にたまったポイントに応じてボーナスを付与するというものである。制度導入を提案した当時は違反行為によって減給されるのではと不安の声もあったが，決められたことを決められた通りにやればプラスになることを根気よく説明し，同意を取りつけた。結果は不良品，違反行為は減少し，ほぼ全社員がプラスとなったという。罰則が大きな効果をもたらした事例といえるだろう。しかし，本当に罰則制度を取り入れることによって会社に不利益になる行為を減らせたといえるだろうか。この企業の場合，罰則で一時的にマイナスになっても，年度末までにプラスになればボーナスが支給されるため，ルール遵守に対する緊張感が薄れてしまうリスクがある。

その他にも1回遅刻するごとに1元を支払わせる企業があった。この企業ではミスそのものに対し厳格に処罰することが目的ではなく，そのミスを社内で共有し，どうしたらミスの再発を防ぐことができるかを話し合い，改善していくことが目的であり，この点で日本と似ているように感じた。これらの聞き取り結果から罰則が効果的に働く場合とそうでない場合があることがわかった。

(3) 中国には罰則制度が必要か

では企業側は中国人を雇う上で罰則制度が必要だと思っているのだろうか。調査では，すべての企業で罰則制度はあった方が規律を保てるという回答だった（表3）。

「罰則は公正に行うことが重要」と認識し，ルール違反に対しては情を廃し，制度に従って罰則を厳格に科すことは，「従業員に公平・公正を示すことになる」との声が多く聞かれた。また，罰則制度は従業員の積極性を低下させるため，違反行為の原因究明と再発防止にむけた本質的な解決策を図るべきとする意見や，自ら意識して規則を守り，楽しい職場をつくるために罰則の程度が低くても制度はあったほうがよいといった回答もあった。

まとめ

罰則制度は南寧企業では有効に働き，その多く

表2　罰則によるルール遵守の効果

企業名	効果の有無
勝美達電機（広西）	△
皇氏集団	○
富士康科技集団（南寧）	○
南寧哈利瑪化工	◎
広西夢工谷科技	△
大賽璐（南寧）	◎
広西華興食品	―
南寧百貨大楼	◎
南寧軌道交通集団	○

備考：◎…非常に効果があった
　　　○…効果があった
　　　△…罰則制度を運用していない
　　　―…回答なし
出所：筆者作成。

表3　罰則制度は必要か

企業名	中国企業に罰則制度は必要だと思うか
勝美達電機（広西）	○
皇氏集団	◎
富士康科技集団（南寧）	○
南寧哈利瑪化工	◎
広西夢工谷科技	○
大賽璐（南寧）	△
広西華興食品	△
南寧百貨大楼	◎
南寧軌道交通集団	○

備考：◎…とても必要だと思う，○…必要だと思う
　　　△…罰則制度を行うことを目的としていない
出所：筆者作成。

が罰則を厳格に実施することで，社内の規律を保ち，違反行為を抑えることができると考えていることがわかった。しかし，罰則があることにより従業員はミスを恐れ，成功が保証されていないことに挑戦しなくなり，結果的にモチベーションが低下するというデメリットがあるのではないかと感じた。

また，遅刻などすぐに改善が見込める違反を除き，仕事上のミス等で罰則を行うだけで，ミスがなくなるのか疑問に思った。また，遅刻に関しても罰金を払えばそれで許されたと解釈し，一時的には遅刻者を減らすことができても完全になくすことは不可能ではないかと感じた。

今回南寧での聞き取り調査を通じ，日本で罰則制度がなくても特別問題にはならない理由は法律によって定められているからというよりも，罰則制度がなくても自ら反省し，会社に迷惑をかけるような失敗を二度と繰り返さないようにする，と意識して行動に移せるといった理由のほうが大きいのではないかと感じた。中国の中でも南寧という，北京や上海と比較すると発展途上にある地域性もあり，南寧では罰則制度が多くの企業において効果的であるが，そのデメリットも危惧されるということがこの調査を通じてわかった。

IV 南寧企業に見る現代中国企業でのインセンティブ制度の現状と展望

鈴木賢祐

企業をより発展させていくためには，そこで働く人材がいかに自らの能力を高め，その力を発揮していくかということが重要になってくる。そのためには，まず社員にやる気を出してもらわなければ始まらない。しかし，一口にやる気を引き出すと言ってもさまざまな方法が考えられる。また，その国の文化によっても差が出てくるはずである。

今回の調査地である南寧において，筆者は日本で一般的に採用されている内的報酬を用いたやる気の引き出し方が，中国企業でも行われているかについて訪問企業に対し聞き取り調査を行った。

企業組織における社員の「やる気」を引き出す方法には大きく分けて2つある。1つは給与や昇進を与える外的報酬によってもたらされる外発的動機づけ，もう一つは従業員を褒める，達成感ややりがいを与える，人間関係を重視するといった内発的動機づけである。

1 日本におけるやる気の動機づけ

日本では一般的に外発的動機よりも持続性が高いとされる内発的動機づけが用いられることが多い。ただ単に高収入を保証するだけでは，やる気はなかなか持続できない。

ではどうすればやる気を引き出すことができるのか。それは仕事にやりがいを与えることである。その例が顕著に出ている「エン転職」と「47求人.com」によるアンケートの結果から次のことがわかった。

まず，「エン転職」のアンケート結果から転職希望者8,156名を対象に「仕事にやりがいを感じていますか？」と言う質問を行った回答結果である（図1）。

ここから約半数が仕事にやりがいを感じないため転職を希望しているという結果が見て取れる。ではその「やりがい」とはどういったものなのだろうか。これは「はい」と答えた人の意見からわかる。（図2）

このグラフからわかるように，「お礼や感謝の言葉をもらった時」が61.0％と最も多く，次いで「一つの仕事をやり遂げた時」「責任ある仕事を任された時」と続いていく。ここで，「お金」「昇進」に関する回答を見てみると，その他を除いたワースト3になっていることがわかる。

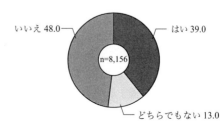

図1 仕事にやりがいを感じていますか？（％）
出所：エン転職（エン・ジャパン） https://corp.en-japan.com/newsrelease/2015/3026.html より筆者作成。

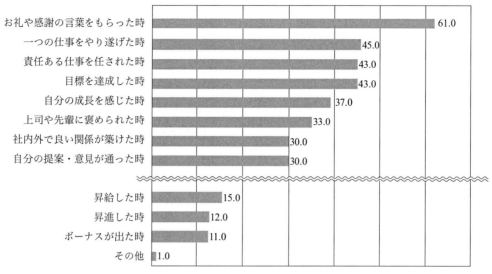

図2　どんな時にやりがいを感じますか？（％）
出所：図1に同じ。

　また，業種別に調査した結果，『営業系』『販売・サービス系』『専門職系（コンサルタント，金融・不動産』『専門サービス系（医療，福祉，教育，ブライダル）』『公務員，団体職員，その他』は「お礼や感謝の言葉をもらった時」，『企画・事務・管理系』は「責任ある仕事を任された時」，『クリエイティブ系』は「自分の成長を感じた時」，『技術系』『施設・設備管理，技能工，運輸・物流系』は「ひとつの仕事をやり遂げた時」に最もやりがいを感じていることがわかった。ここから，どの職種でも多少の差はあるが，自分の成長や顧客からの信頼が上位であり，「お金」や「昇進」についてはほとんど意見がなかったということがいえる。

　「エン転職」のアンケートから，転職したいと思う人が約半分を占めるのは図2のようなやりがいを得ることができないためであるということがわかった。また，給与額を目当てに転職したが，その仕事にやりがいを感じることができなかったという回答を最も多く得られたというデータもあったため，やはり日本人は図2のような給与以外のものにやりがいを感じる傾向にあるといえる。

　次に「47求人.com」の「仕事でやりがいを感じる時は？」というアンケート結果から次のことがわかった（図3）。

　この結果から1位は歴然としていて，「お客様に喜んでもらえた時」がトップとなっている。続いて「仕事をやり遂げた時」「目標を達成できた時」と続き「昇給・昇進した時」と答えた人は7人にとどまっている。

　2つのアンケート結果から日本人労働者は，給与や昇進は二の次であるということがわかる。

　日本の内発的動機づけに対し，中国ではどのような方法で社員のやる気を引き出しているのだろうか。筆者は中国では内的報酬を用いた内発的動機づけが主流なのではないかと考えた。なぜなら中国は，急速に発展し経済的に余裕のある人が増えたため，日本のように仕事に金銭以外のものを求めると推測したからである。また，プロ野球で優勝して「監督を男にする」といったようなやる気の出し方は日本独特のものであり，中国には存在しないはずであると考えた。この仮説を検証するために筆者は訪問企業に対し，以下の3つの質問を尋ねた。

　1）今後，御社が従業員のやる気を引き出すために，給与や昇進など外発的動機づけ，仕事での自己成長を促す内発的動機づけどちらを用いるか？

　2）日本の近年の若者は仕事に給与だけを求めるということは，少なくなってきているが，中国の若者にも同様の傾向は見られるのか？

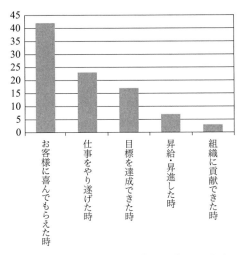

図3　仕事でやりがいを感じる時は？（人）
出所：47求人.com　http://47kyujin.com/column/job-worth-doing より筆者作成。

3）日本では例えば「監督を男にしたい」などといったように、ほれ込んだ人の評価を上げることにやる気を出すことがある。中国ではこのようなことはないか？

2　調査結果・考察

質問1）について「給与や昇進など外発的動機づけを用いる」との回答が多く挙げられた。その中でも特に印象的だったのは中国各地域間の「所得格差」に関する指摘である。ある企業からは「日本で内発的動機づけが有効なのは、食べる、住むといった生活基盤がしっかりとしている国だから」という指摘があった。中国でも上海や北京のような大都市であれば日本と同様の状況がみられるかもしれないが、南寧のような経済的に発展途上の地域で、社員のやる気を引き出すには外的報酬、つまり「お金」を与えなければならない。

富士康をはじめとした中国企業（外資系、民営）も哈利瑪と同じように給与や昇進重視という回答だったが、一方で富士康では福利厚生として従業員向け娯楽施設に多く投資しており、広西華興食品では人間関係を重視するといった内的報酬の一面を見ることもできたため、民営企業が一概に外発的動機づけだけを行っているとはいえない。

また、南寧百貨、南寧軌道交通集団の国有企業2社では、前述の民営企業とは正反対の回答を得ることができた。この2社は、両社ともに「社員個人の成長の機会を高めていく」ということであった。方法としては、社員に職業訓練を受ける機会を多く与えることで個人のスキルアップを促進するものである。また、両社ともに上級職への昇進が可能ということであったが、それは社員の成長を重視した結果といえよう。「昇進」によって社員の自己成長を促しているようであった。これは日本で行われているような内発的動機づけとは異なるものの、少なくとも社員の成長に期待しており、中国国内でも珍しい内発的動機づけを比較的重視している企業であるといえる。このように、日本に近い形での内発的動機づけの動きがみられるのは、国有企業の賃金と雇用が非常に安定しており、従業員がしっかりとした生活基盤を確保できるためといえよう。各民営企業も基本は賃金や昇進であるが、前述のような内的報酬といえるようなものを設けているなど、低次ではあるが内発的動機づけの動きがみられた。

次に、質問2）ついて、富士康や大賽璐といった外資・民営企業5社では「若者もやはりお金が大事である」との回答だった。それに対し南寧軌道交通集団と南寧百貨大楼の2つの国有企業では「日本の若者と中国の若者の仕事に対する考え方は、大方同じである」との回答だった。国有企業からは「これは個性の問題である。90年代以降生まれの若者にはプラス面でもマイナス面でもさまざまな潜在能力がある。そこで重要になってくるのは、その潜在能力を阻止したり制限したりするのではなく、自分の持っている潜在能力を発揮できるように導くことが重要である」という考えが示された。そのために職業訓練の機会をたくさん与えることにより、若者の学びに対する意欲に応える措置を講じていた。その結果、若手のうちからレベルの高い社員の育成ができるのであろう。

また、夢工谷では、さらに明快な回答を得ることができた。同社の従業員は大学卒業まもない20代の若者が多くおり、日本の若者同様、自己成長を求めていたり、顧客からの信頼を勝ち取りたいという意識が強く感じられた。

質問2）への回答が意味することは，質問1）と同じく，生活基盤の形成なくしては内発的動機づけに移れないということである。しかし，質問1）と同じように民営企業でも，資料の電子化といった若者への配慮も見て取ることができた。また，夢工谷のように創業精神あふれる若者で形成されている企業は周りがすべて平等な競争相手であり，互いに切磋琢磨しあい，個々の技術の向上を貪欲に求めるため，比較的日本の若者に近い意識が芽生えているのだと認識した。このような企業が中国でさらに増えていけば，中国企業の従業員のモチベーションはより高レベルなものになるはずである。このような面では，日本は見習うべき点なのかもしれない。

質問3）については，日本人であれば共感する方も多いと思われる。ウィリアム・オオウチは日本企業（J型）とアメリカ企業（A型）を比較し，J型の方が「信頼」関係の構築を重要としていると結論づけた。日本企業はこの信頼関係を重視している。そのため，社内での上司，部下の信頼関係が強固なものとなり部下は信頼のおける上司のためなら，と多少の無理でも承知するのである。

この問いの回答については，自分が思い描いていた以上に「そのようなことはない」という回答が多かった。特に大賽璐や哈利瑪に勤務する日本人従業員に聞いたところ，「ない」と即答できるほどであった。しかしながら，「上司のためなら」や「監督を男にする」などといった動機づけは見られなかったものの，「上司からの信頼を得る」という1レベル下げた動機づけは日本と同様に存在した。

ここから，設問のような考え方はやはり日本特有のものであるという結論に至った。

まとめ

今回の調査では，中国企業の従業員に対するモチベーションは所得向上が進展している状況から，日本と同様の内発的動機づけが行われているという仮説をもとに行った。しかし北京，上海など沿海都市と比べ相対的な所得格差のある南寧においては，そのような企業は少なかった。哈利瑪で得られた「経済的に発展した上海，北京では違うかもしれない」という意見がこのことを顕著に表している。反対に国有企業のような社員の生活基盤が安定している企業では，日本同様の意識を見ることができた。

同様に若手社員へのやる気の引き出し方も国有企業では，若者の成長をいかにして促進させるかということであったが，民営企業ではやはり給与が大事であるということであった。

もっとも，夢工谷のような事例は，これから中国企業がさらに発展していくための新しいモデルといえ，同年代の若者が切磋琢磨していける環境は非常に貴重なものであるといえる。

質問3）に関しては，筆者の仮説通り日本特有のものであった。またこのような機会を得られた時には，逆に中国特有のやる気の引き出し方もあるはずなので，それも調査していきたい。

参考文献

エン転職（エン・ジャパン）「約半数の方が，仕事にやりがいを感じていないと回答。次の転職で失敗しないポイントとは!?──『エン転職』ユーザーアンケート集計結果」 https://corp.en-japan.com/newsrelease/2015/3026.html

47求人.com「仕事のやりがい！ どんなときに感じるの？」 http://47kyujin.com/column/job-worth-doing

PPM戦略考「Z理論（セオリーZ）」 http://ppm-mm.jugem.jp/?eid=329

グループテーマ２：
よりよい職場環境を目指して

I　福利厚生からみる職場環境

松井真希

「福利厚生」と聞いて何を思い浮かべるだろうか。保険手当や社員旅行，従業員たちの誕生日の祝い金など，さまざまな取り組みが挙げられるだろう。福利厚生の狙いには会社の離職率を下げるためや従業員のモチベーションを上げるなど各企業の経営上の狙いが込められている。また会社の経営を左右する重要な意味をもつ場合もある。

本稿では中国企業の福利厚生制度を取り上げ，中国における福利厚生はどのような特色があり，企業から見ると従業員に対しどのような狙いがあるのか。そして福利厚生がよりよい職場環境づくりに影響しているのかを考察する。

1　日本の福利厚生制度の現状

南寧企業の福利厚生制度を調べるにあたり，その比較を行うために日本での福利厚生制度の現状について概観する。その歴史は明治時代から始まる。明治時代といえば「文明開化」「富国強兵」といったスローガンがイメージされるが，福利厚生はまさしくこの2つのスローガンのもとで導入された考え方であった。賃金・給与以外に支給される非金銭報酬が主に「福利厚生」と呼ばれている。

福利厚生は法定福利厚生と法定外福利厚生に大別できる。前者は法律で定められたもので，労働者災害補償保険，雇用保険，健康保険，介護保険，厚生年金保険，など社会保険料を指しており，後者は，企業の任意の上で行い，住宅手当，家賃補助，社宅・独身寮，がん検診などの法定健康診断の補助や，育児・介護休業，慶弔・災害見舞金，運動施設や保養所などの余暇施設，文化・体育レクリエーション活動の支援，資格取得や自己啓発の支援，社員食堂，財形貯蓄制度，社内預金などの制度を指している。

これまでの日本の福利厚生の位置づけは，社員が企業で働くために必要最低限の生活補助であった。現在は高度経済成長期やバブル景気と比べると福利厚生へのコストを削減せざるをえないことや，少子高齢化に伴い福利厚生費用の負担も大きいことから，個人のニーズに合わせて労働者が柔軟に給付内容を選択できるカフェテリアプラン（選択的福利厚生制度）を採用する企業も増えている。

福利厚生の意義としては，「従業員の定着性の維持・向上」「従業員の勤務モラルの維持・向上」「職場での生産性の維持・向上」「従業員への安心感の提供」「従業員の家庭生活の安定」などが一般的である。これらの結果としてもたらされるのが，企業への帰属意識，モチベーション・モラルの向上，生産性と企業業績の向上，企業のイメージアップによる人材採用や確保の定着，労使関係の安定などである。

2　調査内容

今回の企業訪問調査では，中国企業における福利厚生の現状を理解するために，以下の3点について聞き取り調査を実施した。

1）福利厚生の具体的内容（アンケートによる回答）

2）従業員に対する福利厚生の充実に向けた具体的な狙いについて

3）創業当初と比較した福利厚生内容の変化

3　調査結果・考察

本調査でわかった南寧企業における福利厚生の現状を踏まえ，日本の福利厚生と比較していく。まず，福利厚生の内容をみていく。法定福利厚生（社会保険料）にあたる「五険一金」はすべての訪問企業で実施されていた。ある企業では企業負担分が31％，従業員個人負担分が15.5％の計46.5％を支出している。なお，日系企業の場合，個人負担分も企業が負担するケースが多く，訪問企業もそのようにしていた。

（1）導入している福利厚生制度

法定外福利厚生は，表1のように項目ごとにその内容を列記したアンケート用紙を用い，企業独自の福利厚生についても記入方式で質問をした。記入方式のため，すべての企業からの回答は得られなかった。今回の訪問企業が南寧を代表する企業が多かったこともあり，その豊富さは日本以上の企業もあった。単身赴任者などが帰省する際の交通費追加補助，社員旅行での家族同伴可といったもののほか，妊婦のための食事補助，仕事場での育児室を設けるなど共働を対象にした内容もあった。また離職率を抑え，優秀な人材の確保のために社宅整備や住宅補助，勤続年数が長い場合の奨励金なども中国企業が注力している取り組みだと感じた。最近のネット時代を牽引する90年代生まれの若手従業員の要望を受け，Wi-Fi環境の整備をした企業もあった。また，夏は猛暑に見舞われる南寧市では，福利厚生の一環として工場内

表1　アンケート用紙（法定外福利厚生）

1	住宅関連	住宅手当，持ち家援助，地方勤務時の家賃補助など		
2	健康・医療関連	健康診断の受診補助（法定以上の詳細検査など）		
3	慶弔・災害関連	負傷，疾病，障害，死亡など予期できない出来事に対する給付金支給		
4	文化・体育・レクリエーション関連	保養所の割引利用，社員旅行など		
5	育児・介護関連	育児・介護休暇の付与，託児施設の提供など		
6	財産形成関連	持株会，社内預金など		
7	自己啓発関連	資格検定取得の補助，各種セミナーなどの参加費用補助など		
8	業務・職場環境関連	業務時間で使用するデバイスの貸与，食事手当など		
9	休暇関連	慶弔時の休暇，疾病時の休暇など		
10	その他に貴社特有の福利厚生があれば記入してください	1 2 3 4 5		

出所：筆者作成

のエアコン完備やミネラルウォーターの支給といった特色あるメニューもあった。また，洪水など自然災害の多い地域のため，住居崩壊等に対する補助も整えていた。貧しい職員は特別手当があり，大きな病気の際には募金活動を行う場合もあれば，子どもの教育費の援助も行われている。また日本では現在待機児童問題などが後を絶たない中，中国の企業でも妊婦のための食事補助や，仕事場での個室を設けるなど女性の社会進出に積極的なことがみてとれる。事故や病気等になった際にかかる費用は最低でも約3,000～6,000万元（60,000～120,000円）という。ある企業では，スローガンである職員の生活の心のもと，職員のみならず職員の子ども，親が病気になった際の補助や休暇についても大幅に融通が利く。また誕生日祝いや冠婚葬祭の祝い金，ギフトカードや食用油などの物を贈ることや，技能大会やスポーツ大会なども行われ，奨励金もでるという。

(2) 福利厚生の狙い

訪問企業の多くは，従業員の帰属意識や仕事へのモチベーションアップを挙げていた。帰属意識を高めさせるためや幸福感を得て安定して働けるように促すためにも，特に最近では，従業員に自己成長の機会をもたらす能力開発補助のメニューが増えている。その他にも，福利厚生が充実することで対外的に企業のイメージを向上させ，採用活動を円滑にし，優秀な労働者確保に結びつけたいとする回答もあった。仕事上のプレッシャーを和らげる効果がある娯楽施設には職員の交流を深める役割も担っている。その他にも，外部的には企業イメージをよくし，内部的には生産性向上を職員や幹部と共に発展させ，さらに，福利厚生の質を高めることによって入社希望者を増やしていくことを目的としている。利潤があれば福利にも余裕ができるため，生産効率を高めることも福利厚生の狙いとしている。

一方で，日本の場合も，福利厚生の意義として，「従業員の定着性の維持・向上」「従業員の勤務モラールの維持・向上」「職場での生産性の維持・向上」などが一般的である。福利厚生がよいから愛社精神も沸き，仕事を続けたいという意欲が高まることにも意味を持つ。

(3) 創業当初と比べた福利厚生内容の変化

大方の企業は方向性に大きな変化はないとの回答であったが，時とともにメニューは拡張しており，従業員のニーズに応じたものに変化している。福利厚生が創業当初と比べると徐々に良い方向へ向かい，環境改善を行っている企業も少なくない。このことから労働環境の改善のために福利厚生は成長過程にあるといえる。

まとめ

南寧の訪問企業の福利厚生制度は，大企業では日本と変わらないメニューが揃っていた。夏場が猛暑で，自然災害も多い南寧ならではのメニューを整えている企業もあった。企業が考える福利厚生制度の狙いとしては，中国では希薄とされる帰属意識や仕事上のモチベーション向上が挙げられる。

ある企業の所長は「福利厚生をいくら充実させたとしても，大半の中国人は，結局は何をするにしてもお金がすべてであると考えているため，福利厚生の一部である社員旅行を行ったとしても，現段階では，昇給を要求する者もいる」ともいう。名誉や帰属意識，安全欲求より比較的生理的欲求が目立つため賃金への要求が絶えない。しかし，上海や北京のような大都市とは異なり，南寧市の場合は仕事を辞めた後，立地条件や経済格差により再就職先を探すのは容易ではないという状況にある。また，能力の有無にかかわらず，高い賃金を求める人も多いため，賃金交渉としての福利厚生は難しいといえよう。

日本と中国では，従業員が福利厚生に求めるものは根本的に異なるととらえることができる。日本では心身的満足，中国では金銭的満足を求めていることがわかる。この違いから福利厚生に対する概念もやや異なると考えられる。南寧での調査の結果，賃金や物質による福利厚生と環境に適して行う福利厚生とのバランスが必要であるという課題が残った。南寧の福利厚生は置かれた環境の違いと従業員のニーズにより行われており，このことも一部では日本の福利厚生でも同様といえる。しかし，その中でも上述のような金銭としての福利厚生への要求が強くなる傾向が見られる。この現状であっても日系企業をはじめ，福利厚生と給与のバランスに重きをおき，従業員自身の要望に沿う形で，資格取得にかかる費用の補助といった，彼らの成長に役立つキャリアアップ支援を狙った福利厚生メニューも増えてきている。これは企業側が従業員の将来を見据えて日頃から促していることであり，同時にモチベーションの向上にもつながっている。

日本も中国も，企業は自ら掲げる業績目標の達成を目指している。従業員が幸福感を抱き働きやすい環境を作っていくためには，企業の発展と並行して福利厚生の充実を図っていくことが不可欠である。そして一時的な支援ではなく，継続していくことが福利厚生の役割といえるのではないかと考える。

II　離職率を抑えるための職場環境づくり

ノベラアリサ

「中国の離職率はどの程度か」と聞いて，すぐに正確なイメージが沸く人は少ないであろう。筆者自身も中国の離職率はかなり高いとの認識はあったが，日本以外の国は全体的に転職が多く，中国もその一つ程度のイメージに過ぎなかった。

中国へ進出した日系企業に勤務する方々からはしばしば「中国は転職社会で，離職率が高く，従業員が定着しない」という嘆きが聞かれる。経営陣は従業員の離職率をどのように抑えるかに日々頭を悩ましているようだ。

どうすれば中国従業員の離職率は下がるのか。本稿ではこの問題を職場の人間関係に着目し，日本の労務事情と比較しながら考察する。

1　離職事情の日中比較

現在日本の離職率は平均15.6％と決して低い数値とはいえない。それに対し中国の離職率は平均18.6％と世界的に見ても高い数値であり，さらに中国の会社員が5年以内に転職を希望している割合は72.0％で，世界平均の57.0％より高い結果であった。

離職の理由をみてみよう。日本は，上司・経営者に不満があったというのが最も多く，次いで労働時間や労働環境の問題が上位となっている。日本では大手企業より中小企業のほうが社員の勤続年数が長いといわれており，その理由は，働く面白味や，やりがい，上司の考え方が大企業よりも中小企業のほうが満たされやすいと考えられている。中小企業の場合，組織が大きすぎず，経営陣

との接点は持ちやすく，職場の要望を直接伝える機会があるからだと考えられている。

　一方中国では，給与への不満が最も多く，次いでキャリアアップ，上司との関係の影響が挙げられた。企業にとって給与アップは，固定経費の増加となることから，容易なことではない。加えて，日本と違い中国の若者は起業したいと考えている人が多く，キャリアアップ志向が強い。そうなると，上司との関係を改善していくことが離職率抑制のヒントになるのではないか。

2　調査概要

　中国で離職率を抑えるにはどうしたらいいのか。筆者は職場での良好な人間関係の構築によって，社内の雰囲気を改善することが有効ではないかと考えた。自分を理解してくれる上司，同僚に囲まれて，気持ちよく仕事ができる環境は安易な離職願望を打ち消してくれるかもしれない。もっともこの取り組みは日本では一般的である。職場の雰囲気を重視する傾向が強い日本では，従業員に居心地のいい職場環境を整えることで，離職率の抑制を図っている。

　今回の企業調査では以下の5つの質問項目を設定した。

　1）現在の離職率と，離職率を下げるために取り組んでいることは何か？

　2）従業員の長期勤続は職場の人間関係と関連性はあるのか？

　3）理想の上司像や上司との関係性

　4）人間関係をよくするためにどのようなことをしているか？

　5）企業を選んだ理由

3　調査結果，考察

(1)　離職率

　今回南寧では，業種の異なる9社を調査し，各企業の現在の離職率について尋ねた。その結果，10％を下回っている企業が7社，そのうち5％を下回っている企業も4社と，非常に低い結果となった（図1）。これは南寧市という地域性を反映したものと考えられる。北京や上海といった大都市では，選り好みしなければ容易に転職先が見つかるという環境が整っている。これに対し中国南西部の内陸都市である南寧市では，経済的に発展途上な部分もあり，採用募集している企業が絶対的に少ないという。もし転職を希望し退社をしたとしても，再就職先が見つからない可能性が高く，結果としてどの企業も概して離職率が低くなっているようだ。なかでも技術職，管理職の離職率の割合は非常に少ない。中国は人口も多く競争社会ゆえに，承認欲求が強い人が多いとされる。技術職，管理職の社員はともに自分の能力が認められやすいため，仕事に満足していることが多く，こ

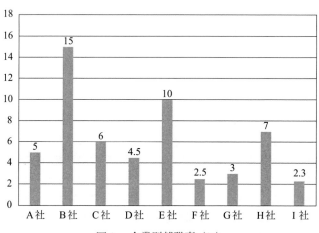

図1　企業別離職率（％）
出所：筆者作成

のような結果になったのだろう。もっとも，中国では所得格差が顕著であり，生活に満足できない人は，何よりも給与が大事と考えていることもあるだろう。

(2) 離職率と職場環境の関連

各企業に長期勤続は職場の人間関係と関連性はあるかとうかがったところ，ほとんどの企業は「関係ある」という回答だった。やはり長年働いている人は，社内でのコミュニケーションもスムーズに行えているようだ。また，人間関係の影響で離職する人はほぼいないという回答もいただけた。だが離職率を下げるためには給与を上げるという返答が多くあった。その中でも福利厚生を充実させることや，従業員の能力を高めるという職場環境の改善に関する回答も得ることができた。特に印象に残ったのは「離職率を下げるためにどうするかというより，個人が発展する機会を与えれば離職率は下がるはず」との指摘である。給与や福利厚生など物質的に何かをするのではなく，従業員が望む成長のために企業側がしっかりと機会を設けることが肝要との見解だ。中国では給与を重要視しているだろうと考えていた筆者にとってこの発言はとても衝撃的なものであった。それとともに，日本も同様の考えを持つことができれば，必然的に離職率は下がっていくのではないかと考えた。

(3) 上司との関係

中国人従業員が求める理想の上司像を尋ねると，「公平であって，自分の能力を認めてくれる人」さらには「能力が高く，自分をリードしてくれる人」という回答が多かった。自分の能力を認めてほしいと考える中国人にとっては当然の回答ではないだろうか。上述の企業の取り組みが中国では効果的といえる。

反対に嫌いな上司は「意見を聞かない，能力を認めてくれない」「部下の手柄を横取りする」との意見も多くあった。もし自分の上司が能力を認めてくれなかったら，上司に直接理由を聞くという人が大半だった。これは日本では考えられないことではないだろうか。中国のビジネス文化の特徴として，上司の権限が強く，意思決定は「トップダウン式」によることが有名である。部下が上司の誤りを指摘し，上司に意見することは非常に勇気のいる行動とされる。しかし，訪問した南寧の企業ではいずれも組織の風通しがよいため，部下が上司に進言することは全く問題ないとのことだった。離職率が低かった理由として，企業ごとの人間関係の良さも大きく影響していると思われる。

(4) 良好な人間関係を築くためには

良好な人間関係を築いていくためには，相手の立場に立つこと，さらにはチームワークを重視し，上司は部下に何か問題が起こった場合にしっかりと解決するということが大切とのコメントがあった。これは日本でも同じことがいわれている。筆者には中国人は自己中心的とのイメージがあり，仕事も個人プレイで行われていると考えていた。しかし問題があったらしっかりと解決をする。そうしなければ，上司への印象も悪くなり，企業全体の雰囲気も悪くなるという意見をいただき，しっかりと企業全体で人間関係に対して，意識を持っているのだと感じた。そして，ある企業では「法律を守っていく」と回答しており，例えば最低賃金や，有給休暇，残業手当などの制度を示している。これは日本でも同じようなことがいえるのではないだろうか。日本でも有給休暇の消化率の悪さや，残業手当の未支給などの問題がある企業もみられる。しかし日本では年功序列制が定着しており，問題視されないことも多いかもしれないが，中国のようにキャリアアップを目指していく人が増えれば，日本の離職率はもっと上がる可能性があるだろう。職場の良好な人間関係に加えて，両国共にとも法令遵守の必要性が求められると考える。

(5) 企業を選んだ理由

この質問は，中国では就職活動の際，職場の雰囲気や人間関係が重視されているのかを調べるために行った。日本の就活は就きたい職務があることが前提ではなく，まさに会社を選ぶ「就社」が実態となっている。それゆえ，企業の雰囲気，人間関係が重視される傾向にある。回答として最も多かったのは，「安定性があるから」だった。安定性，将来性があれば給与の面での不安もなくなるからであろう。給与の不満から転職する人が多

い中国人からしたら当然の答えであると考えた。日本と同じように「人間関係に魅力を感じた」、また「近くにほかの会社がない」から消去法で選んだという回答もあった。

まとめ

今回訪問した企業のほぼすべてが、事前に調べた中国の離職率よりもかなり低い離職率を示し、訪問した9社の平均離職率は約7.2％と日本の離職率15.6％よりも低い数値となった。キャリアアップ志向の従業員は多かったが、南寧では北京や上海など大都市と比べ求人状況は芳しくないため、失職するリスクを背負ってまで転職せず、安定を求めている人が多かった。離職する理由として給与への不満が最も多い回答だった。この不満は会社にとっても解決が難しいものであったが、それをカバーできるような福利厚生や法令遵守が徹底されていた。

さらに中国では、チームワークよりも個人プレーを重視するとのイメージから、従業員同士の協力は希薄と思っていたが、どの企業も人間関係は大切だと考えており、良好な人間関係を築くために、企業全体でさまざまな取り組みをしていた。部下は上司に不満があれば上司に直接それを伝え、上司が解決することができなかった場合は、さらに上の人に伝えるなど、会社の上下関係の中でも十分に連携が取れていると感じた。

Ⅲ　男女平等に輝けるよりよい職場環境を求めて

柳井優吾

日本ではほとんどの家庭で家事を女性が担っている。そして日本ではこの状態が依然として普通であり、このような現状が、日本の女性の社会進出を妨げているのではないかと考えられる。

よりよい職場環境をテーマにした時、筆者は男女が平等に輝ける社会の実現が日本の社会には必要だと感じた。それ故に、女性の社会進出について調査しようと思い、これをテーマとした。現在の日本では、政府が女性に対して労働力としての期待を大きく寄せており、筆者ら職場環境グループは女性が社会に進出するためには何が必要か、どのような社会なら日本の女性が企業で輝くことができるかを考えた。それでは「わが国最大の潜在力」としての女性に焦点を当て、日本の現状と南寧市の現状を比較する。

1　現状認識

日本政府が女性の社会進出について、どのような政策を実施しているのか。2017年6月6日に「すべての女性が輝く社会づくり本部」から発表された「女性活躍加速のための重点方針2017」では、日本の女性たちにさらに活躍してもらうために取り組む事項についてまとめたものがあり、その一部を抜粋する。

　男性の暮らし方・意識の変革は、我が国における女性の活躍の未来を拓くためにも極めて重要であることから、男性の家事・育児等への参画促進に取り組むとともに、男性が家事・育児等を行う意義の理解の促進を図る。
　配偶者の出産直後の男性の休暇取得の促進
　①女性リーダーの育成
　内部昇進による女性役員及び社外からの登用による女性役員の増加に向けて、役員候補等の国際的に活躍する女性リーダーの育成に向けたモデルプログラムについて、地方公共団体や経済団体等に周知し、広く実施を促進するとともに、平成29年度に複数地域においてモデルプログラムに基づくセミナーを実施し、その効果や課題を明らかにした上で、成果を全国に普及させる[1]。

この「女性活躍加速のための重点方針2017」で注目したのは男性の家事・育児についての取り組みへの項目と、女性リーダーの育成についての項目である。

そして、職場環境グループは日本で女性の労働参加率が低く女性管理職が少ない原因は他にもあると考えた。それは男性の家事・育児への参加時間の短さである。そこで政府は、男性の家事・育児参加時間を「2020年までに150分」にする目標を掲げた「第4次男女共同参画基本計画」を

2015年12月に閣議決定したのである。2017年3月には内閣府の男女共同参画会議の「男性の暮らし方・意識の変革に関する専門調査会」が，男性の家事・育児参加時間を増やすための課題や対策を整理した報告書をまとめた。

こうした内閣府の政策やキャンペーンで，家庭内における家事の分担化や，男性の家事への積極的な参加が可能になれば，女性の家事への負担が少なくなり，少なくなった分の労力や時間をほかの事柄にあてることで，女性の社会進出を家庭から支えることが可能になると考えた。

現在の日本の家事・育児の分担はどのような状態か。オウチーノ総研が2015年12月16–23日に首都圏在住で20歳から59歳の働く既婚女性813名を対象に行った「『家事』に関するアンケート調査」を見てみよう。「夫とどれくらい家事を分担していますか？」と聞いたところ，日頃のすべての家事を100とした場合，自身・夫・その他が担っている割合は，自身が73.9，夫が20.7，その他が5.4という結果であった[2]。

では次に日本の女性管理職のデータについて見る。2016年8月15日に日本経済新聞に掲載された，帝国データバンクがまとめた「女性登用に対する企業の意識調査」による，日本の調査対象企業の管理職に占める女性比率は平均6.6%である。さらに驚くべきことは，この帝国データバンクの調査では，管理職が全員男性で女性が1人もいない企業が50%もあることだ[3]。

2　調査概要

筆者が中国南寧市の企業に訪問し，調査したのは以下4つの項目である。1）男性の育児休暇が法的に認められているが，実際に使われているか。2）は家庭内における家事の分担のバランスはどうなっているか。3）は家事が女性の役割だと思うか。4）は会社の中の管理職（所長級以上）の女性比率はどれ程であるか。これらの回答について日本の現状と照らし合わせていく。

3　調査結果・考察

現地調査で南寧にある9社の企業を調査し，あまり多くのデータではないが，南寧市の女性労働者を活躍させるための環境および女性労働者の働き方の傾向について調査することができた。その結果，家庭での男性の在り方が日本と南寧市では大きく異なることがわかった。

南寧市で調査した結果は9社のうち，家庭内における家事分担のバランスについて男女比は約5：5と結果が出た。日本では男性は積極的に家事に参加していない。日本と南寧市の家庭内における家事分担のバランスをみると大幅に差がある。では南寧市の男性たちはどのようなプロセスで家事分担の比率を約5：5までもっていくのかというと，時間や余裕がある人が炊事・育児などの家事をする場合や，男性が力仕事をやり女性が軽い仕事をする場合，平日の仕事が忙しく家事に参加できない時は休日に自ら進んで家事をする場合などが例として挙げられる。このように南寧市の男性は家事に参加している時間が日本よりも長いと考えられる。そこで参考に他国の男性の育児参加時間と日本を比べてみる。内閣府の「男性の暮らし方・意識の変革に関する専門調査会」が3月に発表した資料によると，6歳未満の子を持つ夫の家事・育児参加時間は週全体でみて日本は1日あたり67分（2011年時点），妻は461分と大きな差がある。欧米先進国では，米国は夫173分（妻339分），ドイツは夫180分（妻371分），スウェーデンは夫201分（妻329分）など，日本と比べて夫の参加時間が長い[4]。

今回の調査結果で最も興味深かったのは，「家事は女性の役割だと思うか」という質問に対しては，9社の中の多数の企業の方が「この考えは前時代的である」と回答されたデータである。筆者はこれらの回答を聞き感心した。話を聞かせていただいた大半の南寧市の男性は意識的に家事を分担し，積極的に参加していく姿勢があり，まさに日本人男性も見習うべきところであると考えられる。

ではなぜ，南寧市に住む男性が積極的に家事に参加することができるのか。その理由の一つには，中国の社会の在り方があると思われる。「男性の育児休暇が法的に認められているが，実際に使われているか」という質問に対して，9社中全社の企業が「法律に従って25日間の休暇を与えてい

る」との回答であった。筆者ら職場環境グループの調査結果によると、中国企業では法的に認められている休暇は確実に消化されており、法律に従った休暇を所得する働き方ができるからこそ、家庭に割く時間が生まれる。そのため南寧市の男性は家事に積極的に参加できると考えられる。南寧市の企業の在り方や中国企業が日本企業とは大きく異なることがわかった。また、南寧市に住む男性の意見を聞いたところ、家庭を大事にしていることがよくわかる。

南寧市の家庭の在り方は結果的に女性の社会進出を促進させることを可能としている。各企業で女性の管理職の比率を聞いたところ、9社ともに違う回答が得られた。富士康では約35.0％、続いて大賽路で約25.0％。企業の業種上、女性の管理職が上記2社と比べると少ないケースもあるが、それでも訪問した9社中6社が女性の管理職の割合が20.0％を超えている。ここで日本のデータと比べると、中国企業がいかに女性の管理職が多いかがわかる。ではなぜ日本の女性管理職の比率が低いのか。日本の管理職の人数が少ないのは女性労働参加率の低さが一つの理由として挙げられている。2013年アメリカが発表した数値によれば、日本の女性労働参加率は約48％であり、中国は約68％で日本を大きく上回っている。図1は中国で訪問した企業の中から女性の管理職が多い企業を抜粋して、日本の平均値と比較したグラフである。あくまでも、中国でも南方の地方都市、南寧市の企業のデータであるため、中国全土と日本を比較した場合は数値が変わってくると考えられる。

しかし日本の女性の社会進出が遅れている理由は他にも存在する。日本厚労省の調査では15〜39歳の独身女性に「専業主婦になりたいかどうか」を聞いたところ、3人に1人が専業主婦になりたいと希望していたことがわかった[5]。日本の女性の社会進出を妨げる理由に女性の意識的問題があるのも事実である。

まとめ

今回の企業訪問で南寧市の家事分担と女性の管理職について調査した結果、男女で共に働き家事をしていることがわかった。女性管理職の割合についても日本と比べると南寧市の企業は割合が高く、女性の社会進出が日本よりも大きく進んでいた。特に今回、調査させていただいた南寧の企業で勤める方々は家事を積極的に分担していると感じた。なぜ日本と南寧市で女性の社会進出、家事・育児の分担の割合でこのような差ができるのか。その理由に南寧市では男性と女性が互いを尊重し、対等であると考えている人が多いためでないかと結論づけた。また、調査後に開催された日中大学生国際シンポジウムでは、共産党による改革開放政策の影響で女性の権利がしっかりと確保され女性が社会で活躍することができるなどのご指摘もあった。また中国の北と南、さらには夫の稼ぎなどでも、女性の家庭内での家事の分担の比重が変わるなどの意見などもあったので、引き続き女性の社会進出をテーマとした研究を続けていきたいと思う。しかしこれらの研究および調査を進めていく過程で、日本も数十年前と比較すると改善の兆しがあることに気づいた。日本政府および日本の企業は女性の社会進出を促進するためにさまざまな案を出し、実行していた。本稿では詳しく紹介することができなかったが、2016年に発表された内閣府主導の「おとう飯」という夫のお弁当作りを手助けするキャンペーン活動などもある。このように日本の女性の社会進出を家庭から支えていこうとする活動も政府主導ではあるが、出始めている。このような傾向から、これからの

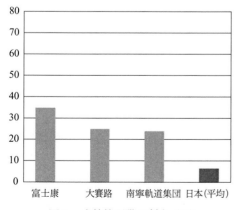

図1　女性管理職の割合（％）
出所：筆者作成

日本はさらに男女が平等に輝ける社会へと進んでいくと考えられる。この研究調査により日本の現状はその進歩の途中段階であるということが理解できた。これからの日本はより他国に目を向け，日本の風習・文化に適応できそうな政策や考え方を積極的に取り入れ，より高度な男女が平等に輝ける社会の実現を目指していくべきである。南寧の企業や男性の考え方はとても参考になる点が多かったため，彼らを見習い，これからは積極的に家事に参加しようと思う。

注
1) すべての女性が輝く社会づくり本部「女性活躍加速のための重点方針2017」 http://www.gender.go.jp/policy/sokushin/pdf/jyuten2017_honbun.pdf
2) オウチーノ総研，『「家事」に関するアンケート調査』 http://www.o-uccino.jp/article/archive/kurashi/20151225-souken/
3) 帝国データバンク「女性登用に対する企業の意識調査」 https://www.tdb.co.jp/report/watching/press/p170802.html
4) 男性の暮らし方・意識の変革に関する専門調査会「男性の暮らし方・意識の変革に向けた課題と方策―未来を拓く男性の家事・育児等への参画―」 http://www.gender.go.jp/kaigi/senmon/kurashikata_ishikihenkaku/pdf/0310honbun.pdf
5) マイナビニュース「専業主婦になりたい女性は●％……その理由は？―厚労省の若者調査―」 http://news.mynavi.jp/news/2013/09/13/132/

Ⅳ 工会がよりよい職場環境づくりに果たす役割

小島魁人

　所属する企業において，「こんな社内サービスがあったらな」「もう少し給料が上がらないかな」と思ったことはないだろうか。そのような要望を叶える組織があれば，労働者側はとても助かるだろうし，環境が整うと居心地も良くなり，この職場で働き続けたいと思うようになる。法人組織でその役割を担っているのが労働組合である。

　労働組合は組合員である従業員の権利を守るため，労働者を代表し，賃上げの交渉や福利厚生の充実化を図り，経営側と交渉する組織である。

　中国の労働組合「工会」はよりよい職場環境づくりにどのように関わっているのだろうか。本稿では，中国の工会の役割と特徴について，現地調査の内容をベースに，日本の労働組合と比較しながら述べる。

1　日本の労働組合について

　まず，日本の労働組合の現状について概観する。労働組合とは，労働者が団結して賃金や勤務時間，職場環境の改善に取り組む組織のことを指す。労働者が主体となって活動する組織であり，組合員として管理職は加入できない。また，加入している組合員が昇進によって管理職に就いた場合は自動的に脱退となる。

　日本の労働組合の主たる活動は，賃上げ交渉である。日本では春に交渉が始まることから，「春闘」（春季生活闘争）と呼ばれる。賃金には，定期昇給と，ベースアップの2種類がある。定期昇給とは，勤続年数や業績などに応じて給料が加算される賃上げである。つまり働いている期間や仕事での功績によって昇給が異なるため，個人差が発生する。ベースアップとは，労働者が受け取る基本給そのものをアップさせる賃上げのことである。定期昇給とは違い，実現すると全労働者に対して一律に賃金が上がる。労働組合はこの2種類をもって経営側に賃上げ交渉を行う。

　年次有給休暇（年休）の取得促進も日本の労働組合の大事な活動である。年次有給休暇とは，労働者の希望する日に休んで賃金が補償される休暇のことである。付与の対象は，勤続6カ月を過ぎれば定められた休日以外に，年次有給休暇が付与される。雇用関係が継続する場合は，6カ月を超えて勤務した1年ごとに，新たな有給休暇が付与される。年休日数に関しては，2015年実績で労働者1人あたり平均18.1日で，そのほかに病欠，冠婚葬祭時，産休などの休暇制度を国の法律に基づき設けている。しかし，日本の課題として，この有給休暇が利用しづらい環境が職場内に存在し，消化されない例が挙げられる。年休取得率を見ると，日本は8.8日と非常に低い。この背景には，①他の人が働いているのに休むという罪悪感を抱いてしまうこと，②休暇を取得することによって，上司や周りからの評価が下がることへの懸念，③上司がなかなか有休を取得せず使いづらい，とい

った周囲を気遣いすぎる日本人の特性に起因しているとの指摘がある。

また，最近の若手社員の傾向として，会社には賃金よりもプライベートな時間，福利厚生を求める傾向にある。多少賃金が安くても，自分のやりたい仕事や休日があるといった，自分の権利を行使できる職場を求めている。そのため，賃上げを主な活動としている日本の労働組合は従業員の福利的欲求にどう対応していくのかが課題である。

2　中国の工会について

次に，中国の工会について，その主な特徴を述べる。現在の工会の機能には，大きく4種類があるとされる。

1つ目は保護機能である。全国人民の全体の利益を保護すると同時に，労働者の合法的な権益を保護する責任があるとする機能である。つまり，労働者の権利保護もある程度はするが，それが中国国民全員の利益にならない場合には労働者の権利保護に重点を置かないということになる。「中国国民全員の利益」とは経済的利益も含むため，工会は時に企業の利益のために動くこともある。

2つ目は参与機能である。工会があらゆる手段を通じて，国家の事務に関し参与し，民主的権利を保障し，労働者と農民の団結を強固にするという機能である。後者の労働者や農民を団結させるという機能は，「社会の安定」を図るためである。中国は一党独裁国家といわれているが，このような工会を通じて「民主」を実現している。社会主義国家にとっての「民主」とは，工会が国家の主権者たる人民の意見を聞き，この意見を全人代などに提出し，結果として国民の意思が反映された政治が行われる。このため，ある程度多くの労働者の意見を聞くことができる県級以上の工会は政治に参加する権利を持っている。工会はこの政治への参与機能を使って，法律，法規，規章，政策を制定する権利を持つ。なお，工会はかつて中国共産党が社会主義革命を起こすために作り出した機関であるという性質上，現在も中国共産党の指導を受けている。

3つ目は組織機能である。工会は労働者によって組織され，当該企業の監督を行い，生産活動と業務活動を円滑にするという機能である。これにより工会は労働者を組織して労働大会を開催し，労働者の合理化を図り，技術革新や技術活動を行い，労働生産性，経済効率および社会の発展力を高める。また，労働者のための労働大会などの開催は現在も行われている。現在の工会は企業の監督とともに，労働者に対し技術的な職業訓練等も行っている。

4つ目は教育機能である。工会の会員に教育をし，「国家の主人公」としての労働者の自覚を持たせ，国家および企業財産を愛護し，労働に関する規律を遵守させる機能である。これを実行するために工会は，労働者に対し愛国主義，全体主義，社会主義，規律などを教え，さらには科学，文化，技術教育などの教育も行う。よって，思想，道徳，科学，文化，技術などのレベルの高い労働者を育成する。

次に工会の設立と加入について説明する。中国においては，工会法第10条により社員が25人以上の企業は基層工会を設立しなければならない。中国では一般的に「単に労働者が25人以上いる」だけでこの要件を満たすと解釈されている。つまり，労働者としての収入があればそれは工会会員の資格を満たし，管理職であっても工会には加入が可能である。日本でも管理職の労働組合加入は認められているが，労働組合法第2条但書に定められた「人事権を持つ監督的地位のあるもの」は加入できない決まりがある。

また，社員が25人未満の企業でも単独または2つ以上の企業の会員が連合して基層工会委員会を設立することができる。さらには女性労働者数が10人以上の場合には，工会女性労働委員会を設立しなければならず，女性労働者数が10人未満の場合には，工会委員会の内部に女性労働者委員を置くことができるとしている。

3　調査概要と調査結果

今回の現地調査では訪問企業9社を対象に聞き取り調査を実施した。調査項目は4つ，1）工会の主な活動は何か，2）工会に管理職人員が加入していることのメリット，3）若手社員の工会への職場環境の改善要望とそれに応じた取り組み，

4）休暇制度の概要，である。
(1) 工会の主な活動

工会も日本と同様，労働者の賃上げ交渉を主要活動としているが，今回の聞き取りでは，賃上げ交渉以外の活動について詳しく紹介していただいた。1つ目は従業員に対する教育である。主にアヒルの加工処理を扱っている広西華興食品では職業訓練を行い，ライン作業のスムーズ化を図っている。また，南寧軌道交通集団では，列車の模擬運転訓練の課程を6カ月間毎日行い，社員のミスや事故を防ぐための徹底した教育を行っていた。2つ目は福利厚生の充実化である。富士康では，バドミントンや卓球ができる体育館施設（写真1），南寧軌道交通集団では，屋外にフットサル場を設備しており，従業員が休憩や終業後に利用でき，大会なども開催している。また，哈利瑪では社員旅行を催し，勤務外でのコミュニケーションの場を設けていた。このように従業員のモチベーション維持や職場内の団結を図るため，様々な福利厚生が挙げられた。

(2) 管理職の工会加入

管理職の工会加入については，全ての企業で管理職が工会に加入していた。メリットとして富士康では，従業員と管理職が共に加入していることで連携が取りやすく，従業員の意見，要望などに瞬時に対応できることを挙げていた。また，国営企業の南寧百貨と南寧軌道交通集団からは，その加入と共に共産党の指導を受けていることと，管理職の加入は中国特有の制度であり，中国の特色であると回答があった。

中国企業の管理職が工会に加入できる背景には，加入により従業員と管理職が連携を取ることができるという管理層と非管理層の共存的考えを持っていることがある。また，共産党指導の下に定められた制度であるとし，政府との強い結びつきと文化的特徴が存在した。従業員の権利を主張するため従業員だけで構成する日本の労働組合とは，考え方と仕組みが大きく異なっている。

(3) 若手社員からの職場環境の改善要望とそれに応じた取り組み

ほとんどの企業が給与アップといった待遇改善を挙げていたが，いくつかの企業からはそれ以外の職場環境に対する改善要望について紹介していただいた。1つ目は教育の充実化である。富士康では，大学卒業の学歴がほしいなどといった要望があり，援助金を出すなどして対応している。南寧軌道交通集団では今以上の職業訓練の充実化を図ってほしいといった声があがっている。2つ目は福利厚生の充実化である。哈利瑪では社員旅行をこれからも継続して行ってほしいといった声が上がっている。南寧百貨では国と会社の制度による手厚い福利待遇のほか，さまざまな娯楽活動や行政訓練によって要望に対応している。

また，広西華興食品では年代によって要望が異なった。1990年代以降に生まれた若者からは，社内のネット環境整備や休日の確保などの福利厚生の充実化が要求され，それ以前の中年層からは賃上げを求められていた。このように中国も急激な経済成長と共に所得も増え，若者から徐々に日本と同様福利的な要求が高まりつつある。

(4) 休暇制度の概要

休暇制度については，調査した企業も日本と同様，病欠や産休といった休暇制度は取り入れていた。年次有給休暇に関しては，国の規定に基づき，勤続年数に応じた年休を与えており，大方の企業が，1～5年目は年5日間，6～15年目で年に10日間，それ以上の勤務年数で年15日間と，日本の年平均18.4日間を取得できるのと比べ非常に少ない。しかし，日本と大きく違う点は，その年休の取得状況だ。小売業や地下鉄など，業種によっては繁忙期の有無によって時期を制限される場

写真1　体育館内のバドミントン場
（8月8日　富士康）

合も見られるものの，年休を社員は自身の法的権利として気兼ねなく利用している。従業員の年休取得によって対応できない業務が発生した場合は，上司が周囲の従業員でカバーするように業務の再分担を行ったり，応援を呼んで人員を補ったりするため，申請通りの取得が実現している。年休の取得は，労働者に与えられた権利の一つであり，従業員が利用するのも，経営側がそれを承諾するのも当然だとし，制度的にも利用の面においても日本のような問題はなかった。

まとめ

今回，中国の工会がよりよい職場環境づくりに向けどのような役割を担っているのか調査した。現地に赴く前の日本での考察では多くの疑問や不安要素があった。中国は急速な経済発展を遂げ，中間所得層の割合が高まった。人件費が向上する中で賃金以外の福利厚生は手厚く支援されているのか。逆に日本は休暇が取得しづらい環境が深刻であるが中国ではどうなっているのか。調査の結果，企業では広い体育館や運動場が設備され，さらには従業員への教育，職業訓練を熱心に行っていた。休暇に関しても取得率が日本と比べて非常に高く，気兼ねなく取得できる環境が整っていた。このように中国の工会では充実した設備やサービスによる「居心地」の良い環境と，従業員への徹底した教育と職業訓練による「やりがい」のある環境の構築によってよりよい職場環境を形成していた。管理職の加入によって従業員と一層協力的な関係，支援できる体制を築けるとし，日本とは異なる組織構造となっていた。従業員からは賃上げを求める声がいまだ多いが，福利の充実を求める声も出てきており，価値観も変化しつつあるようだ。

参考文献

労働組合対策相談室「労働組合に管理職は加入できるか」 http://www.kumiaitaisaku.com/union/kousei01.html（アクセス日：2017.10.26）

社長のための労働相談マニュアル「管理職と労働組合」 http://www.mykomon.biz/saiyo/kanrishoku/kanrishoku_kumiai.html（アクセス日：2017.10.26）

国際経済労働研究所インフォメーションセンター「中国の労働者にとって労働組合とは何か」 http://www.iewri.or.jp（アクセス日：2017.10.26）

社長も組合員になれる大陸中国のびっくり仰天な労働組合「共産党独裁の国の『労働組合』」 http://ncode.syosetu.com/n7026l/2/（アクセス日：2017.10.26）

行動日誌

8月5日(土)

　徹夜で荷造りをして空港へ。現プロ以来，2度目のスーツケースへの荷造りも忘れ物の心配から徹夜に。問題なく時間通りに集合を済ませ，上海には予定より早く到着した。あとは南寧行きの飛行機に乗るだけだったが，悪天候のためか便が出なかった。この人数が乗れる代わりの便もなく，急遽上海のホテルで一泊。上海の空港で爆睡していた自分は訳もわからずホテルへ向かった(笑)。明日も南寧に行ける見込みはなし。(小島)

8月6日(日)

　上海での1日を利用して，ディズニーランドに行った。当日券がないかもしれないという状況だったので不安はあったが，いざ着いてみると当日券は普通にあり，人も東京ディズニーランドの平日並の数で安心した。キャラクターの対応が日本より良かったり，世界観はもちろんディズニーそのもので楽しかったが，乗り物に並んでみると中国のディズニーランドであることを実感した。ショーのあとのごみの量でもそれは感じられた。(舟橋)

8月7日(月)

　結局予定していた訪問先2社は労働関係学院の方が代わりに私たちの質問をしてくださり，今日は3時頃南寧に到着し，生活用品を買い，練習(明日の質問等)をし，3日目が終わろうとしている。久しぶりの中国語で上手く発音できなかったりと早々苦戦している。一方でウォールマートでの買い物はお手の物で現プロ以来の食に感動した。南寧の特産は米粉というそうで是非食べてみたい。すでに眠いがもう一度質問を行い，眠ろうと思う。本当に報告会が成功するのかと，不安がふとした瞬間に頭に浮かぶけれど，今やれることをこの中国できっちりやるしかないと思う。明日も1日ふんばろう。(松井)

8月8日(火)

　今日はついに企業訪問へ行った。午前中は南寧富士康公司へ訪問した。とても広い会社で見学も一部させてもらい，福利厚生が充実しているように思えた。質疑応答の際は一つひとつの質問に対して，丁寧に答えてくれたように思えた。午後に訪問した哈利瑪化工は，ぐるっと工場を見学し，質疑応答はあまり時間がなく，早いペースで進んでいった。2社訪問して，予想していたものと違った答えが返ってきたり，企業訪問1日目から大変だと改めて思った。明日からはこのことをふまえた上でし

っかりと調査をしたい。あと，とても暑かった!! 立っているだけで汗が出る!!(ノベラ)

8月9日(水)

　今日はお昼に中国人の男子2人と企業班の女子5人で阿部先生お勧めの米粉(ミーフェン)を食べに行った。中国人の男子は本当に親切で，私たち女子の米粉と豆乳のすごく甘いバージョンの飲み物を奢ってくれて，さらに席についていたら食べ物を運んでくれて，食べる前におしぼりも渡してくれた。エッグタルトを食べたいと話していたら「先にホテルで休憩していて！ 買ってホテルまで持っていくから！」と言われて，こんなにも優しい人っているんだ，と思った。阿部先生お勧めのエッグタルトのお店は探したけれど見つからなかったのでまた明日探しに行こうと思った。毎日早起きするのは辛いけど，普通の大学生では絶対にできない経験をしてるので明日も早起き頑張ろう。(田中)

8月10日(木)

　企業訪問も残すところあと3社。今日の午前中はアヒルの食品加工会社へ行った。アヒルがレーンに並べられているところや内臓を取り出しているところなど，今までで一番衝撃的な工場見学だった。夜は企業班と労働関係学院の皆で美食街へ行って食べ歩きをした。いろいろな屋台があり，サソリにも初めて挑戦した。見た目はサソリそのものだったが味はそんなに不味くなく，エビのしっぽのような食感がした。労働関係学院の子が教えてくれる料理はどれもおいしくて，皆で周る夜市はとても楽しかった。明日はいよいよ最後の企業訪問。悔いの残らないよう聞きたいことを全部聞いていきたい。(山城)

8月11日(金)

　今日は午前中に企業訪問へ行った。鉄道会社への訪問だったので沢山の車両があり，とても興味をひかれた。夜は労働関係学院の4人と企業班の8人でしゃぶしゃぶを食べにいった。大人数で食べるご飯はとても美味しく，ついついお酒を飲みすぎてしまいそうになったが，後に控えている発表準備のためにこらえた。お酒は発表会を成功させた後に飲もうと思う。南寧での生活はとても充実しており，ひとえに企業のメンバーのおかげであると思う。彼らには感謝しかない。ウォールマートで買ったマンゴスチンを田中さんに教えてもらいながら食べたが，とても美味しかった。マンゴスチンを食べて発表を必ずや成功させる。(柳井)

8月12日(土)

　今日は昼から日本人の方が経営している「吉派炭焼肉店」に行った。そこではたこ焼きや味噌汁，焼きそばな

ど日本で食べられる物と同じクオリティの日本料理を食べることができた。聞いた話によると、さまざまな材料を日本から輸入しているからこそ、この味を提供できるのだそうだ。また広西日本商工会事務局長の山根さんの話は参考になるものが非常に多かった。自分たちのテーマの質問にも丁寧に答えてくださり、今後の資料作りの助けになった。残った料理を持ち帰れたので、吉派炭焼肉店の料理を食べて発表を必ずや成功させる。（鈴木）

8月13日㈰
　今日は原稿作りの一日だった。起きてから寝るまでずっと原稿を作っていた。昼に気晴らしに企業班の男子とご飯に行ったが、それ以外は原稿を作っていた。今日は原稿とは別に伝えたいことがある。それはMINISO（メイソウ）という雑貨店だ。僕が現プロの頃から愛用している。そのメイソウを昨日南寧で見つけてしまった。見つけた瞬間駆けるように入店。安くて、魅力のある商品でいっぱいで、ワイヤレスイヤホンや充電器などを買った。メイソウで買ったおやつを食べて、発表を必ずや成功させる。（小島）

8月14日㈪
　ホテルにほぼ缶詰めになって2日目。もうパソコンは見たくないし、寝たいというのが本音。そんな中でも、中国人学生たちが手抓餅を買ってきてくれたり、壊れたボールペンの代わりといって新しいものを買ってきてくれたり、その他でもいろいろなことで手助けしてもらっているので、感謝の気持ちでいっぱい。明日は原稿の〆切で、次は発音練習をしなくてはいけないから結局まだ気は緩められないけど、ピークは越したはず。皆一旦お疲れ様！　体調崩し始めている人もいるので、睡眠をしっかり取って残り5日間充実させようね!!!（舟橋）

8月15日㈫
　你好！　やっと今、パワポが終わり…あとアニメーションと発音！　毎晩ありさやあみちゃんに起こしてもらって…深夜作業をムダにさせない発表をしたい。企業班はトップバッターだしその中の1番に発表と考えると心臓飛び出そう。でも今までやってきた仲間を信じて自分を信じてやりきりたい。おそらく労働学院の学生もレベルが高く、緊張感漂う会だと思う。今日で11日目だが、改めてホテルが良いことを思い知る。スタッフは皆よい人でニコニコしている。非常に快適である。やはり笑顔は大切だ。こんな素晴らしい環境で今しかできないことをしていることに感謝したい。（松井）

8月16日㈬
　今日は午前、明日のためのリハ！　ついに明日だー!!　時間たつの早すぎて実感がない。
　大丈夫かなー、心配。ちゃんと調査してきたことを伝えたい。あと今日は、お土産買う時間がもうなさげだから皆でウォールマート!!　たくさん買えた！　部屋に集まって準備するのも何だかんだ楽しいから、もう終わっちゃうって思うとちょっぴりさみしい。中国もあと少しだから楽しもう。とりあえず明日！　皆で頑張ってニコニコで写真撮りたい☆
　あと少し、今から発音練習がんばるぞ〜!!　ファイトー!!　皆で頑張ろー!!　企業班加油!!（ノベラ）

8月17日㈭
　いよいよ今日は報告会当日!!!　今まで夜遅くまでパワポ作ったり発音練習したりして、先生も夜遅くまでチェックしてくれたから絶対に成功させたいという気持ちがすごく大きい。発表はとても緊張したけど、自分の番になって向かう時に班の皆が「頑張れ!!!」って言ってくれたのでとても心強かった。（ほかの班も）全体的に内容が濃くて発音も上手で成功したと思う。私はパワポの操作をミスしてしまったので、それがとても心残り…。現地調査、参加するかすごく迷ったけれど、参加して良かったし、企業班にして良かったと思う。2週間お疲れ様でした！　ありがとう!!!（田中）

8月18日㈮
　今日は南寧最終日。朝早いのに労働関係学院の人たちが見送ってくれてとても寂しかった。もし来年の日本社会調査で日本に来た時には南寧でとても親切にしてもらった恩返しをしたいと思う。夕方には上海に着いてホテルから歩いて15分くらいの田子坊を見て回った。結構人気のある観光地なのに人の多さに対してタクシーが少なさすぎるように感じた。タクシーをつかまえるのに30分以上かかったのはこれまでで初めてだった。この2週間毎日の内容が濃くて本当に一瞬に感じた。ついに明日帰国！　無事に飛行機が飛びますように。（山城）

8月19日㈯
　午前中に上海を軽く散策して帰国へと向かった。機内で少々待ちぼうけして、クーラーの効きが悪く、汗だくになりながら無事に飛行機は飛び立ち、日本へとたどり着いた。思い返せばこの2週間、班長でありながら頼りなく、不甲斐ないところだらけだった。けれど、メンバーの皆が常に支えてくれた。助けてくれた。この調査の関係者、南寧という土地、訪問を受け入れてくれた企業全てに感謝を申し上げたい。ありがとうございました。（小島）

第2章

変わりゆく南寧の就職と教育
──新型都市化計画の最前線をゆく

【都市班】

調査概要

I　南寧市にみる新型都市化計画の最前線
刈谷　悠

1　調査テーマとチーム編成

　筆者ら愛知大学現代中国学部生は，社会経済情勢や政治体制から言語文学に至るまで，現代中国のさまざまな分野を勉強している。最近，講義において先生方が「新型都市化計画」という言葉を口にする。急速な経済成長を経た中国各地の社会では，一様でない変化が続く。その社会的変化のなかで大きな問題となっている事象も多くあり，それらの問題から生じる格差問題を解消するための方策について調べたところ，上述した新型都市化計画という国家プロジェクトとの関連を理解した。この点を糸口に検討を重ねた結果，南寧市における新型都市化計画を都市班の共通テーマとして設定した。

　筆者ら都市班は「教育チーム」と「就職チーム」に分かれて調査を行った（図1）。前者の教育チームは，日本と中国の教育状況を比較する視点から，教育関係者との座談会や家庭訪問でのヒアリングとアンケートを通じて，初等教育を中心とした制度・政策面での違いや，生徒らの勉強に対する意識の同異を検証した。さらに，中国独特のマナーは家庭教育でどのように教育されているのか，それらに焦点をあて，家庭での教育，とくに科目教育だけでなく，品徳教育といったマナーについて調査した。

　一方の就職チームは，南寧での就職状況を調査テーマとしており，来年度に就職活動を控える筆者たちの問題意識に直接かかわる。日本と中国の就職状況を比較することは，日本の就活のあり方を相対的に理解できるとともに，中国での就業／職業選択意識を比較対象として調べることで，自身らの就活に活かしたいと考えた。

　南寧市と同レベルにある中国各地の中規模都市でも，新型都市化計画の進展にともなって，教育と就職をとりまく状況は変化しつつある。戸籍問題に関してもさまざまな対策が講じられているが，それらの基盤をなすのは新型都市化計画である。都市班は，このプロジェクトが中国社会の諸相，とりわけ都市班の2つのテーマ領域にどのようなインパクトを与えているのか検証を試みた。

2　調査の日程と結果

　調査日程を示す（表1）。このうち第四職業技術学校は中学校卒業以上の者を対象とした専門学校である。自動車整備から語学まで，多様なコースを設けている。また，南寧市職工就業服務中心（以下，就職支援センター）は，労働者の就労問題について，法務支援や再就職のあっせんなど幅広くサポートを行う公的機関である。

表1　都市班調査日程

8月8日午前	南寧市教育局での座談会
午後	南寧市第四職業技術学校での座談会
8月9日午前	就職支援センター訪問・座談会
午後	家庭訪問　LY家，LY家
8月10日午前	家庭訪問　WG家，LA家
午後	家庭訪問　LY家，LS家
8月11日午前	南寧市五象小学校での座談会
午後	日中大学生座談会

3　新型都市化計画とは？

　筆者が関心をもつテーマは，中国の戸籍制度の現状と課題である。初めて同国の戸籍について耳にしたのは，大学1年次のある講義だった。その特徴としては，氏名や性別，出生地等の登録情報に加えて，「農村戸籍」と「都市戸籍」の区別が

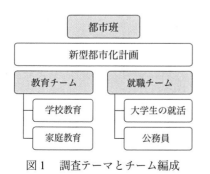

図1　調査テーマとチーム編成

ある。この制度の問題点は、戸籍区別や、登記された出生地が農村部か都市部かの違いによって、受けられる社会保障や公共サービスの内容に差があるため、結果的に、社会的権利にかかわる平等性が損なわれている。つまり、中国社会において個人の意思で戸籍を選ぶことはできず、農村部の人々の多くが生まれた環境によって「経済的弱者」として固定化されてしまうとのことだった。

　こうした講義内容をふまえ、のちに天津での短期留学を経験した筆者の中国認識は、大きく揺さぶられた。つまり、戸籍問題といった深刻な課題があるとは想像できないほど、天津の街は活気に溢れていたからだ。こうした経験を経て、戸籍問題に対する関心が高まった。そこでまず、事前学習では、戸籍問題について広く資料に目を通した。この戸籍制度から生じる格差問題を解消するための方策について調べたところ、「新型都市化計画」という国家プロジェクトに行き着いた。

　2014年3月17日、新華社は「新型都市化計画」について報じた。記事によれば、プロジェクトの概要は以下の通りである。中国社会は、2000年ごろまでは経済成長を重視するあまり、生態系の保全をないがしろにしてきた。その結果、深刻な社会的ひずみがあちこちで見られるようになった。そこで、諸問題の解決・改善にむけて重要課題の精査と解消が図られた。都市と農村の格差解消の推進、農業の現代化の加速、食糧安全保障の重視、社会主義新農村の建設、戸籍制度改革、土地管理制度改革の推進、都市化資金保障体制の創出、都市部住宅制度の改善、生態環境保護制度の強化、などが強調された。このように、成長と環境保全のバランスを重視した計画となっている。

　新型都市化計画の最大の特徴は、公共事業の拡充などインフラ整備のための開発とは対照的に、人を重視した都市化である。これをわずか5-6年という短い期間で実現することは容易ではない。2016年3月、全国人民代表大会は「第13次5か年計画」（2016-20年）を採択した。日本の国会に相当するこの機関では、新型都市化を通じた都市と農村の一層の一体化が強調されている。

　「新常態」に入った現在の中国経済は、これまでと同様に順調な成長を続けているとはいえないものの、新産業の創出や第3次産業の発展は加速している。近年は都市－農村格差の是正に力を入れており、なおかつ膨張しすぎた大規模都市および人口減少に歯止めがかからない農村部から中規模都市へと人口移動を促す施策の徹底に努めている。そのうえで環境保全を重視することで、バランスのとれた社会発展も期待されている。こうした対照的な側面を抱えながら、より良い社会を作り出そうとする一大政策が、新型都市化計画である。

　この計画プロジェクトは、1990年代まで展開されてきた一般的な都市化政策とは違い、都市と農村の融合型都市の建設を推進するとともに、戸籍制度や投融資体制メカニズムの改革を包含するマスタープランである。今まで「経済的弱者」とされてきた農民が都市部で就業でき暮らせるようにするために、高速鉄道を整備したり高層ビルやマンションの建設ラッシュが激化している。農民を都市部に送り込み、内需を拡大させることが目標だ。計画実施のための保障措置や実施体制の強化、その後のフォローアップにも重点が置かれる。

　しかし、近年の新型都市化計画の進展状況を精査すれば、都市戸籍の人口増加率はなお大きな伸びを見せている。常住人口のなかでは都市化率のギャップが縮まり大きな成果が見られるものの、都市の規模拡大や人口急増にともなう都市インフラの供給不足と環境問題が依然として深刻であることも指摘できよう。

4　南寧市における新型都市化計画

　南寧市では2016年から新型都市化計画が始まった。南寧市の新型都市化計画の状況としては、道路の舗装（工事中を含む）は100.0％とされ、家庭用水の88.0％が市政府の浄化施設で統一的に処理される。県レベルに目を向けると、下水処理システムが整備されつつある。また、ごみ処理場と街灯設置も100.0％に達したとされる。都市部の50.0％を超える地域に市営バスが運行するなど、都市化に着手して約3年間は迅速に進展していたが、2017年現在、そのペースは停滞気味となった。実際に南寧市での都市化率は、最高値を示す青秀区で91.0％、最低値である馬山区では25.8％である。

2010–13年の間に都市人口は毎年2万人以上増加しており，都市規模の拡張と都市人口の増加によって，生態環境に対する負荷が日々増している。一見すると都市化が進展しているともとらえられるが，近年，都市部における人的・物的資源供給が低下している。これには，農村部の近代化によって農業での生産性・収益性が高まったことも影響しており，2014–16年に市域面積は拡大していない。総じていえば，新型都市化計画の進展には停滞感が見られる。その結果，周辺の農村地域に都市の人的・物的資源が流出し，都市化レベルを向上させる諸要因が不足している。総論としては，南寧市の都市化は低迷している。

また農村戸籍から都市戸籍への移動ペースも停滞気味である。南寧市における新型都市化計画は，2020年までに100万人の農民を都市民にするという目標を設定している。そこで，ここ2年間は南寧市政府の関係機関は，農村人口が都市部に定着できるように支援する都市民化策に注力している。その成果によって，商業者や一般会社員，そして高校を卒業した人など多くの人が，都市部で生活することを選択している。

その一方で，農村人口の過半数が都市での生活に対してまだ不安な気持ちを抱いている。その原因は1つ目に，農民が都市戸籍になって以降，もともとある農作地と住宅用地を失う可能性があること。2つ目に，都市部の居住費用が高く，定住を促すための基本的な居住問題を解決するのが難しいこと。3つ目に，都市移住者の医療福祉とその子弟らの教育問題を解決する施策が明確ではないこと。4つ目に，都市での生活費が農村よりも高いこと。これらの理由から，都市戸籍に移行しようという農民の意欲は低い。

また県レベルでの経済発展が遅れているため，南寧市では都市建設用地と，第2次，第3次産業を展開する用地が不足しており，土地（面積）拡張型の都市化の持続可能性が危うくなってきている。

南寧市では新型都市化計画の問題点に対する解決策がいくつか講じられている。1つ目に，一定程度の都市化の条件をすでに有している農村部とその周辺地域を，新型都市化計画の範囲内に統合すること。2つ目に，「新型都市化建設発展計画」の方針に沿って，貧困家庭に対する支援を実行し，着実に農村から都市民化への人口移動が履行されるよう力を注ぎ，100万人もの農民の都市民化を実現し，南寧市の都市化をより加速させること。3つ目に，新たな時代ニーズに即した自然とのバランスがとれた工業発展，およびサービス業の近代化，交通エネルギーなどが目に見える発展を遂げ，農民の都市への移動を効率的に行うこと。4つ目に，南寧市の生態環境と文明建設の発展を加速させ，南寧市における新型都市化建設の質を向上させることである。

5　就職チームの調査結果

今回の調査を通して，南寧の学生が筆者ら日本の学生より就職に関して高い意識を持っている実態が見えてきた。特に農村戸籍の学生は，戸籍の違いから都市戸籍の学生よりかなり努力をしないと良い職業・ポストに就けないだろうという調査前の予想は，今日の南寧には当てはまらない。都市戸籍の学生も農民戸籍の学生と条件面では大差ない。努力しなければ理想の職業に就けない点では，日本も同じである。

この理由として，新型都市化計画で農村戸籍の人たちにメリットがあったことも少なからず影響しているようだ。大学や専門学校の1年次からインターンシップに参加する機会を与えられ，カリキュラムでも就職に効果的な科目が多く設定されている。こういった制度・環境整備の結果，就職に関する意識は高まる。

同時に，学生の意識の高さには，親や周りからの期待が関係しているのではないかと感じた。家庭訪問では以下の点が明らかとなった。子どもの就職，将来に多くを望む親は少なく，子どもが興味のある仕事をしてほしいという親がほとんどであった。もちろん，子どもからすれば目に見えない親からのプレッシャーがあるだろう。それは否定できないが，適度なプレッシャーによって，勉学に励む動機となっているようだ。この点は，日本人学生とは違う。

今回，調査対象となった南寧の学生の8割程度が，将来就きたい職業を決めていた。一方で，日

本の学生で2年次に職業を決めている学生は多くない。こうしたギャップに刺激を受けたことは，就活にむけてよい契機となった。

まとめ

まず就職チームは，南寧において新型都市化計画の進展にともない高速鉄道が整備され，都市部へのアクセスが向上したことで，農民も都市部で就業することが可能となった。反面，農業での収益性が向上したことにより，農民たちが職業として農業を選択できるようになった。次に教育面に関しては，新型都市化計画によって国家基準に則った教育改革の結果，農民戸籍の人も教育機会を広く獲得できるようになり，自身の将来に対して明確なビジョンを描けるようになった。学校に関しては新型都市化にふさわしい学校建設を目標とし，そのために南寧市周辺の県などと協力して教育環境を整備することが求められている。大学入試「高考」時にはなお戸籍制限が存在するものの，新型都市化計画のさらなる深化によって，この問題も解消されよう。

しかし急激な新型都市化のため，農村部の過疎化，教職員の不足が問題点として挙げられる。また，南寧市に移住して6年間の義務教育を受けなくてはならないため，高校への進学が難しい人もいる。

2020年を1つの目標にしている新型都市化計画は，筆者らが現代中国を学ぶにあたって避けては通れない道である。今回は南寧市で調査を行ったが，ほかの中国の都市での新型都市化が及ぼす影響についても調べてみたいと思った。

参考文献
胡建華，鄧学龍，鐘柳紅『南寧藍皮書 南寧社会発展報告（2016）』社会科学文献出版社，2016

II　南寧で就業するために

谷口琴美

筆者は就職チームのメンバーとして，南寧における就職活動に関する調査を担当した。今年度末には筆者自身が就活を始める。専攻する中国社会研究の一環として，中国における就活事情を理解することで，日本の就活事情を把握することにもつながると考えた。

日本では，就活時に学生時代に力を入れたこととしてアルバイトや部活動，留学の経験を話す人が多い。しかし，2年次に留学した中国・天津にある南開大学に在籍している学生には，アルバイトや部活動をしている人がほとんどいなかった。さらにキャンパスの外に目を向けると，飲食店で働く若者は学生とは対照的に，非正規の従業員が多かった。そこで中国人学生は就職にむけてどのような準備・活動をしているのかに関心をもった。

留学時には語学パートナー以外の中国人学生と交流する機会があまりなく，さらには語学力も足りず就活に関して聞くことができなかった。こうした経験が，就活についてを調査テーマと決定する動機になった。

1　調査方法

都市班は4日間の調査期間において，南寧市教育局，南寧市第四職業技術学校，南寧市就職支援センター，南寧市五象小学校および6軒の家庭を訪問した。訪問先では原則として教育チームと就職チームに分かれ，被調査者に対して事前に配布した質問項目についてヒアリングを行った。

筆者が所属する就職チームは，両親と中学生のひとり娘がいる核家族のLY家，33歳のひとり息子がいる核家族のWG家，同じく核家族で中学生の娘がいるLS家を訪問した。なお，事前に準備した質問項目に限らず，ヒアリング時気になった点は，通訳を介し随時質問した。併せて，共同調査のカウンターパートである中国労働関係学院の学生にもヒアリングを行った。

2　調査結果

(1) 新型都市化計画の影響

今回の現地調査において，都市班の共通テーマである新型都市化計画にともなう社会的変化と効果，課題についても各訪問先で質問した。一般市民や学生からは，新型都市化計画に関して，特段の感想やそれにともなう変化を実感していないとの回答が多く得られた。

対照的に，教育局をはじめ公的機関関係者からは，新型都市化計画の成果について，以下のようなポジティブな印象の回答を多く得た。「従来の経済発展を追求する都市化とは異なり，新型都市化計画は生態系環境を保全しながら農村と都市との融合を促すという事業である」「経済発展と環境保全を調和させる都市化である」「農村が自然の摂理を保持し続けながら，農業の生産性と収益性も向上する」「経済的権利を確立した農民の社会的地位も向上することとなった」。

「これまで他の選択肢がなく農業に従事することを余儀なくされてきた人がほとんどだったが，新型都市化計画が進み農業が産業化しつつあることで，農業を職業として選択する人も出てきた」という回答もあった。職業としての農業に従事する人が増えてきたが，その反面，交通整備も発達しアクセスが良くなって，通勤が難しかった地域からでも通勤可能となった。近代的農業に従事する人と都市部で就業するなど多様な職業の人たちが農村部に存在するようになったことも，新型都市化計画の成果の一つであろう。

また，農村戸籍の親が都市で半年間働けば，その子には都市戸籍の子どもと同等の教育の権利が与えられ，無料で義務教育が受けられるようになる。さらに農村戸籍の貧困家庭には，政府から1日あたり4元の助成金が出る。都市部と農村部の融合政策が進み，統一的な高校入試も実施されており，教育面での格差が是正されつつある。

新型都市化計画の下で農村出身者の都市部への政策的流入が進む一方で，農村部でも緩やかに近代的生活環境が充実しだしており，就業機会を求めて都市部へ出てきた農民のなかには，将来は出身地の農村に戻って自然の多い豊かな生活をしたいと考えている人もいるとのことだ。

(2) 学生からみた就活

中国の大学生の就活は大学3年次から始めることが多く，日本の大学生とあまり変わらない。なかには1年次から就活を意識し，長期休暇を利用してインターンシップに参加する学生もいれば，卒業してようやく就活を始める者もいる。このように個人差はあるが，大学として就活サポートが始まるのは3年次から，とのことだった。日本の大学でも3年次から就活のためのガイダンスなどが始まるのが一般的であり，この点は日本と中国で変わらないといえる。

就活にむけた学校側のサポートは，「職業課」「職業生涯規劃」という就職に関する講座や企業紹介などがある。企業紹介は，大学教員が学生とグループを作り求人情報を共有・推薦する取り組みである。学生はその求人情報の中から希望する企業にエントリーを行う。その他に，大学から企業に対する学生推薦などもしている。

大学生が就職先を選ぶ基準は高収入，安定した待遇，専門分野を活かせるなどが挙げられており，業種でみると金融系，デザイン系，公務員が人気である。成長著しい南寧ではあるが，将来起業をしたいと思う学生は少なく，安定志向が強いと感じた。

第四職業技術学校は3年制で，日本でいう専門学校のような位置づけである。概して，職業学校の学生は大学生より就職に対する意識は高く，入学時から就活が始まっていると認識している。最初の2年間は座学で，3年次は実習を行う。その後就職か進学かを決定する。就職の場合は実習先にそのまま就職することが多いとはいえ，就職するのは約2割ほどである。残りの約8割は大学進学を選択する。なぜなら大学卒業資格は就活時に重要視されるため，2年間は職業学校で専門知識を学び，2年次修了時に大学を受験する学生も少なくないそうだ。

大学卒業資格のほかに，近年では技術系職種に人気が集まっており，技術系の資格も就職に有利であることから，その取得に注力する者も多い。技術系の資格では5段階中3以上，語学系の資格では8級中6級以上が就活で有利となる。対照的に，公務員を志望する学生は減少傾向にある。

学校は生徒に毎年200企業以上を紹介しており，日本の大学でいうキャリア支援課のような部署が企業と生徒の橋渡しを担っている。南寧では現在の日本よりも労働，雇用に関する法令遵守に対する認識が低く，いわゆる「コネ入社」はなおも多くある。

上海などの都市部はやはり就職地として人気はあるが，深圳，広州などの近隣の都市での就職を

希望する学生が多い。同じ大都市でも北京はあまり人気がなく、環境問題や南寧からの距離に不安を感じているようだった。ASEAN諸国などの国外での就職を希望する学生もいるが、ビザに関する問題もあって、実際に就職するのは難しいのが現状である。

(3) 親世代からみた就活

現在の親世代（30-40代）が就職面で子に対して強く要望することはあまりなく、子どもの意思に任せるという親がほとんどであった。希望する職種も特に挙がることはなかった。その基本的姿勢は、子ども自身がやりたいことをやらせたいというもので、そのために親ができることは協力したいとの意見が多かった。

親世代が就職した時代は、彼らの両親が希望する職に就くことが一般的で、自分で自分の道を決められない人も多かった。それだけに、自分の子どもには自分と同じような道をたどってほしくないと考え、子どもの意思を尊重する親が多い。

ただし就職地に関しては、強制はしないもののできれば地元で就職してほしいという親が多い。上述のとおり、交通が整備され通勤も以前より楽になったため、わざわざ大都市に出なくとも、自宅から通勤できる範囲が広がり、就職先の選択肢が増えたことも理由の一つだと考えられる。さらに付け加えると、一人っ子が多いことも理由として考えられる。

(4) 企業・機関からみた就活

技能系、PC系、企画系の専門職が、就職しやすく、経験者や有資格者は優遇されるため、特に再就職で求人が多かった。語学系、会計系は在職者が最も多い分野であり、人材が充分賄えていることから求人自体が少ないため、結果的に、たとえ資格を持っていたとしても職に就くのは難しい。

就職支援センターなどに来る求人では即戦力が求められており、経験者や有資格の職業学校卒業者などが有利となる。アルバイト経験を問うことはあまりないが、ないよりは経験があった方が有利にはなる。そのため学歴によって採用が左右されることはほとんどない。しかし企業側は、教育しやすい、転職のリスクが低いという理由から、新卒者を優先的に採用する。

採用時に重視される点は人柄であり、採用条件で多いのは"身体健康"（健康であること）"有責任心"（責任感があること）"良好的服从服务意识"（サービスへの意識があること）である。面接が重要だと考える企業が多く、面接時には自己PRを重視する。男女による制限はあまりないが、採用条件に身長が含まれるものもある。

政策的に公務員数を減らしており、採用数も限られているが、やはり安定し、長く続けられる公務員は人気があるようだ。就職支援センターを訪れる人の多くも公務員、公的機関を志望しており、次いで一般企業の会社員が続くが、サービス業やコールセンター業務は人気が低い。

調査を通じて、職業・職場の選択肢が広がった、求人も増えたなど就活をめぐりさまざまな変化を実感する声は聞かれた。しかし、その変化が新型都市化計画と関連するものだという声は、あまり聞かれなかった。

まとめ

今回の調査では南寧市における新型都市化計画の展開が、いかなる社会的変化をもたらすのか、特に人々の就職への影響を調査課題とした。しかし実際のところ、新型都市化計画による社会変化を実感している人は少なかった。

対照的に、行政や公的機関で働く人からは、その関連を意識した回答が得られたことが、この政策がもつ政治的背景を感じさせる。もちろんこれは、経済成長を第一とするこれまでの都市化とは違い、環境や生態系に配慮し人間本位の発展を目指す、この政策がもたらす変化が緩やかなものであるからこそ、直接政策に関わる人以外には実感しにくいということなのかもしれない。ただし、都市部に移住した農村戸籍を持つ人に対して助成金などの補助があるため、調査対象となった人のなかには、新型都市化計画にともなう変化を感じている。むしろ、公務員など公的職務に就く人たちにとっては、この政策が中国社会に肯定的な影響をもたらしていると示すことが、職務的に求められるのではないのだろうか。

もともと都市戸籍を持つ人にとっては、取り巻

く環境もこれまでとあまり大きな変化はない。その結果，この政策について特段の意識をもたないのであろう。就活の条件，環境も個人差が大きく，この政策の影響を実感しているといった，期待していた回答はなかなか得られなかった。また就活はあまり数多く経験するものでなく，新型都市化計画の実施前後での比較は難しかった。

自己PRのためにアルバイトや部活動を頑張る日本人学生と違い，中国人学生は勉強に重点を置いているように感じられた。しかし，働く上で社会経験があるに越したことはない。そこでインターンシップや実習経験のある学生は就活で有利になるのだろう。面接の詳細は調査分野の対象外であったが，インターンシップに取り組む姿勢などはやはり重視されるのだと思う。

筆者が考えるに，学生が就職先に求めるものは安定と収入であり，企業が学生に求めるものは長く付き合っていける人柄である。日本と中国の就活に対する考えでは面接が重要という点も同じで，最終的には人柄が重視されるという。どのような社会でも，一緒に働く人材を選ぶ上でスキル以上に求められるものは変わらない。

参考文献
愛知大学現代中国学部編『ハンドブック　現代中国』（第4版）あるむ，2013

III　南寧における就職状況
大久保秀美

1　就職状況──日中比較の視点

日本の大学生が就活の自己PRで重視するのは，インターンシップやアルバイト，部活動やサークルに加えてボランティアなどの活動とともに，TOEIC, TOEFUL, 簿記，日経TEST, MOS, 秘書検定，ファイナンシャルプランナーに公認会計士など，多岐に渡る資格が挙げられる。なぜなら，企業側から学生生活を通じてどのような経験をし，なにを学んだのか，人となりがわかるエピソードを問われるからであり，その対策という意味合いが強い。

日本と比較して学歴が重視される中国社会でも，基本的には同様のことがいえる。ただし資格に関しては，専門職ならば重視されるが，それ以外の分野を志望する人は消極的である。対照的にインターンシップについては，専門職を志望する人は消極的である。

学校など教育機関による学生のサポートは，日本ではエントリーシートや履歴書の添削，インターンシップの募集を行ったり，就職ガイダンス，OB・OG座談会，内定者パネルディスカッション，業務説明会などを企画している。南寧では，実習や「職業生涯規劃」という就職に関する講座を開講したり学生に対して企業紹介を行ったりする際に，学生と教員間でグループを作り求人情報を共有し，サポート体制を構築している。

日本における大学生の就職先の人気業種としては，いわゆるエアライン系と呼ばれる航空業，金融業や保険業とともに総合商社が長らく人気を博している。近年はここにIT系企業の名が定着しつつある。一方南寧では，収入の高い業種に人気が集まっており，特に技術系やメディア系の職業はそうである。公務員は高収入ではないものの，その地位に関連した社会的なメリットが多いそうで，長らく人気が高い業種のひとつである。ただし近年は，社会的なメリットが制約されつつあり，以前ほど人気は高くない。

日本では企業の採用基準として1位は人柄，2位が自社／その企業に対する忠義，3位に今後の可能性，4位は性格適性，5位が能力適正である。競争が厳しく，学歴重視の大都市とは異なり，南寧では20〜30代を対象とする求人が多い。高卒以上であれば学歴や資格はあまり重視されず，採用基準としては人柄が最も重視されるため，面接に重きが置かれる。新卒と既卒者では，企業はゼロから自社教育を行いやすいため新卒者を優先的に採用する傾向があるが，アルバイト経験があることも採用時に優遇される。また，求人情報には健康であること，経験者優遇と書かれていることが多い。

就職地に関しては，日本では東京，大阪などの都市部とともに地元での就職を希望する者が多い。南寧では，上海，広州，深圳という華南地方

の大都市に次いで地元に人気が集まる。

　転職者にとっては，日本では卸売業や小売業，宿泊・飲食などのサービス業，医療福祉業，製造業は人気がある一方で，郵便局や協同組合などの複合サービス業は人材確保に苦労する。南寧では会社員に次いで公務員など公的機関の人気が高く，コールセンターなどのサービス業は給料が低いことから，特に新卒者から人気が低い。

　職業学校などでは，IT系，企画系は就職しやすく，会計や英語などの文科系は就職に苦労する。その有職者が多く経験者が求められており，新卒の求人は少ない。

　就活時期については，日本では大学3年次の7～9月に夏季インターンシップが実施され，10～2月に冬季インターンシップが実施される。3月から4年次の5月にかけてエントリーが解禁され，説明会が開催される。6～9月に選考・内定が行われる。

　南寧では4年次の3月から就活を始める学生が多く，3～6月に実施されるインターンシップは往々にして社員研修を兼ねている。なお，1年次の9～1月にもインターンシップは実施されるようだが，参加する学生はあまりいないとのことだ。

2　南寧の親が子に寄せる期待

　日本では親が子どもに期待する職業は，男子では公務員，研究者，エンジニア，医者，会社員である。女子については看護師，教員，公務員，薬剤師，保育士と医者と言われている。

　南寧での調査によると，男女問わず子に具体的な職業を強制する親は少なく，子が希望する職業に就くことを望むとの回答がほとんどであった。なにより「情熱をもって仕事をしてほしい」「自主性を大事にしてほしい」との回答が大半を占めた。なお，子の就職地については地元を望む親の思いをヒアリングできた。ただし，親世代が経験した就職事情を聞くと，両親の希望する職業に就くのが一般的であったそうだ。1世代前とは就職をめぐる社会情勢も大きく変わったことがうかがえる。

　農村戸籍の学生と都市戸籍の学生の違いに関してヒアリングしたところ，以前は農村戸籍の生徒や学生が都市戸籍の者と同等の進学機会をつかむには，いっそうの努力を要していた。しかし現在では，戸籍の違いに起因する進学面での格差は解消されつつあるとのことだ。また，以前は農村戸籍の学生は，教育や就職に関する社会的な情報が圧倒的に少なかったが，現在ではインターネットを含め情報網と選択肢が広がり，必要な情報を手に入れることが容易になったとのことだった。

　教育局へのヒアリングでも，「子どもたちは居住地にかかわらず，具体的な事例からイメージまで，将来の夢を幅広く持てるようになった」と聞いた。そのため，戸籍によって将来の夢に相違が生じるといったアンバランスな情況は大きく改善されたようだ。

　こうした変化の背景として，新型都市化計画と関連づけていうならば，2つの点が挙げられる。第1点は，農業の産業化である。先端技術の導入により農業の生産性が向上し，さらにインフラの整備にともない都市部へのアクセスが容易になった。結果として農村の人が望んで農業に就業するようになった。2点目は，これまでの都市化が環境問題を引き起こした教訓から，生態系の保持を重視している。それが経済成長と農村コミュニティとの両立にもつながっている。

　さらに，農村戸籍を持つ者であっても都市部で半年以上働けば，その子どもは都市部で義務教育を受けられ，しかも授業料の免除措置対象となる。その他の具体的優遇措置は，貧困家庭には1日4元を支給することが挙げられる。しかし，こうした農村部の持続的発展を担保した結果，農村戸籍を保持するメリットが大きくなりつつあることも否定できない。こうした傾向は実際に，それを理由に農村戸籍から都市戸籍への転換を選択しないとの声も少なくないようだ。親世代が，農村戸籍を維持したまま支障なく都市部で生活できる状況が続けば，子世代にも都市戸籍の取得を促したり期待したりすることもない。新型都市化計画の重要方針である戸籍問題は，子世代にも先延ばしになりかねない。

3　公務員をめざす理由，めざさない理由

　日本では，自分の長所・短所・適正を整理・把

握しつつ，3〜10月に公表される募集要項に基づいて自分が働きたい地域や職種を精査しながら就活の軸を定めていく。公務員を志望する場合は，5〜12月に採用枠，昨年の実績，試験形式などが確定し，インターンシップなどで職場環境を理解するなど，職種研究，採用状況調査を行う。12月から翌年の3月には，国家公務員試験の日程が公示される。

南寧で公務員を志望する理由としては2つ挙げられる。1つは収入が安定していることであるが，高所得階層ではない。2つ目は公のために働きたいという意志があることである。この2つは日本の公務員を志望する理由とも相通ずる。しかしながら，経済成長にともない物価上昇が断続的に続く中国社会において，給与所得の低迷は，大学生にとっていまひとつ魅力に欠けるとのことが，大学生との座談会において確認された。そしてなにより，各種手当や財政負担の減免措置といった公務員をとりまく社会的な優遇が以前に比べて減少したとのことで，近年，公務員志願者は減少している。

他方で，一般企業が重視するポイントは人格であることは，日本でも中国でも同じである。技術的能力よりも，一緒に仕事をする仲間として長く付き合えるかどうかに重きを置いていることが背景にある。愛知と南寧では，就活の開始時期や企業が求める人材など共通点も多いが，就職地に関して地元優先の愛知と大都市を志望する南寧という具合に，相違点も明らかとなった。

ここまで，日中比較の視点から就職状況を論じると同時に，中国の戸籍制度に関する現状にも言及した。つまり，「農村戸籍の学生は，都市戸籍の学生と比べてかなり努力をしなければ，高収入もしくは社会的安定を獲得できない」という，筆者らが調査前に抱いていた考えは，今日の南寧では当てはまらず，むしろ都市戸籍の学生も農村戸籍の学生と同等の能力，条件を備えていなければ，理想の就職先を確保できないことがわかった。

この理由として，農村戸籍の人たちに少なからずメリットがあったことも影響していると考えられる。新型都市化計画の諸刃の剣ともいえる現象を理解できたことは，調査の成果である。

中国人学生の就職への意識の高さは勉強面だけではなく，大学1年次から将来を意識したインターンシップ，就職活動を意識した授業が設けられていることなどからもうかがえる。こういった就職への意識の高さは親や周囲からの期待が関係しているのではないかと感じたが，子どもの職種について干渉する親は少なく，「子どもが興味のある仕事に就いてほしい」という親がほとんどであった。子どもにとっては，可視的か否かにかかわらず親からのプレッシャーがあるのかもしれないが，そうしたプレッシャーを受けることでさらに勉学に励む姿勢は，日本人学生とは大きく異なる。

そして，今回調査した中国人学生のほとんどが，就きたい職業を決めていた。しかし日本では，大学2年次に自分の就きたい職が決まっている学生は少ない。今回中国人学生の就職への意識の高さを調査できたことは，来年就活を始める筆者らに良い刺激になった。

参考文献

マイナビ「マイナビ・日経 2018年卒大学生就職企業人気ランキング」 https://saponet.mynavi.jp/wp/wp-content/uploads/2017/04/ マイナビ日経就職企業人気ランキング2018.pdf

Campus Hub「就活生が勘違いしがちな企業の採用基準ランキングを発表!!」 https://campus-hub.jp/article963

Ⅳ 南寧市における新型都市化計画を読む

柴山雄太

筆者らは，2年次に現地プログラムで天津の南開大学へ4カ月留学した。南開大学の学生と沢山交流するなかで，語学はもちろんのこと学生の意識など多くを理解する機会を得た。そして，就職をはじめ将来の人生設計に関して中国人学生らの意識の高さに非常に驚かされた。中国の学生は親，教師，友人など多方面から日々プレッシャーを感じており，日本人学生に比べて将来に対する目標をきちんと立てている学生が多く見られた。こうした経験から，中国人の就職意識は日本人と比べて何が異なるのか，関心を向けるようになった。

しかし，現地プログラムでは，地方政府の教育

局や就職支援センター，または一般家庭を訪問して詳しい話を聞く機会はない。日本でも，大学の講義や図書館の文献などで間接的に状況を理解するには限界がある。そこで，この現地調査に参加して中国へ赴き，現地の就職状況を自分自身の目で確かめ，理解したいと思った。また，今回の調査地が2016年より新型都市化計画を実施し，その最前線である南寧市ということもあり，今まさに変容をとげつつある就職状況や就職活動について考察したいと考えた。筆者は，都市班の就職チームの一員として，新型都市化計画にともない現地の就職状況がいかなる変化を生じているか，ヒアリングや座談会を通じて調査した。以下，その結果を報告する。

1　先行研究

2015年に発表されたニッセイ基礎研究所のレポート[1])によると，中国で大学生が希望する就職先は①外資系企業（24.4％），②国有企業（23.8％），③民間企業（17.0％），④政府系企業（16.3％），⑤政府機関（14.1％），⑥その他，という順である。国有企業への就職希望者は以前に比べて減少し，政府系企業・政府機関についても，民間企業より低い数値となっている。実際に雇用契約を結んだ就職先を見てみると，①民間企業（41.8％），②国有企業（25.6％），③外資系企業（20.7％），④政府系企業（5.4％），⑤政府機関（4.0％），⑥その他，ということである。中国の大学生は厳しい就職戦線で勝ち抜くより，堅実な就職先を確保するという現実的な考えに切り替わってきているといえる。

2　調査方法

筆者ら就職チームは，南寧市教育局，南寧市第四職業技術学校，南寧市就職支援センター，南寧市五象小学校を訪問し，座談会を行った。また，3軒の家庭を訪問し，親が子の就職に関して期待することなどヒアリングを行った。その3世帯の構成は次の通りである。
　①LY家：3人家族…父（共産党関係機関）・母（主婦）・娘（中学生）
　②WG家：3人家族…父（民間企業，単身赴任）・母（定年退職後，年金受給）・息子（無職）
　③LS家：3人家族…父（IT企業）・母（中国ASEAN博覧会事務局）・娘（中学生）

南寧市教育局との座談会では，教育制度や公務員の就職事情に関して担当者にヒアリングした。南寧市第四職業技術学校と南寧市就職支援センターでは，就活状況や企業の採用基準について説明を受け，担当者に質問する機会を得た。さらに，現地の大学生や新卒社会人との座談会では，中国労働関係学院の学生とともに彼ら彼女らの経験や就職に関する考え方を聞いた。

調査対象によって聞くべき質問が異なるため，あらかじめ質問を箇条書きにしておき，中国語で質問して回答をメモするという方法をとった。聞き漏らしの無いよう，通訳の白氏や指導の先生にサポートしていただきながらメモをとった。しかし，簡潔な質問だけでは相手先の方に質問の意図が伝わりにくい面もあったので，疑問に思ったことは常に質問を重ねることでヒアリング情報を増やし，内容を深掘した。

3　調査結果

(1)　南寧市教育局

南寧市教育局との座談会で，新型都市化計画の展開が南寧社会にどのような変化をもたらしたのかヒアリングすると，3点の特徴が挙げられた。1つ目は，先端技術の導入によって農業生産性が向上し，結果的に農業の産業化をもたらした。2つ目は，これまでの都市化が環境問題を引き起こした教訓から，新型都市化は生態系を大切にしている。それが農村の経済成長を促した。そして3つ目は，農村戸籍を有する人々に対して財政的優遇措置が採られたことである。

都市と農村の調和的発展を目的とする新型都市化計画について理解していることが，公的機関に勤める人々に求められているからなのか，回答ではおしなべて積極的な見解を口にしていたことは印象的だった。

(2)　南寧市就職支援センター

ここでは南寧における就職状況をヒアリングした。採用基準は，高卒以上であれば学歴や資格はあまり重視されず，人柄が最も重視されるため，

面接に重きが置かれる。新卒と経験者では，企業としてはゼロから教育しやすいため，新卒の方が採用されやすく，またアルバイト経験がある方が採用されやすい。求人自体は20～30代の募集が多く，求人情報には健康であること，経験者優遇と書かれていることが多い。

南寧では希望する就職地として上海，広州，深圳，地元に人気が集まる。転職者にとっては，一般企業と公的機関での総合職の人気が高く，サービス業やコールセンターなどは給料が低いため人気がない。求人情報としては職業学校などでは，IT系，企画系は就職しやすく，会計や英語などの文科系は就職に苦労するとのことだ。

(3) 大学

学歴が重視される中国では，大卒者は就職において比較的優位な状況にある。一方で，各種学校による学生の就職サポートは，実習や学生に対する企業紹介が行われ，大学内で教員と学生の間でグループを作り求人情報を共有し，学生はそこから企業を探し履歴書を送る。

大学生からは高収入の職に人気が集まり，技術系の仕事，メディア系の職業も人気がある。公務員は高収入とは言えないが，社会変動が大きいことも影響しているようで，安定志向の学生が志望する職業としてなお人気である。

(4) 家庭

家庭訪問では，男女問わず子の就職に干渉するという親の見解は聞かれなかった。子の希望する職に就いてほしいと考えるという声ばかりだったが，その実態はなかなか把握することができなかった。子の職種について具体的な願望を語る親はいなかったが，「情熱をもって仕事をしてほしい」「自主性を大事にしてほしい」と考える親は多く，また地元での就職を望んでいるようである。しかし親世代の就職状況は父母の希望する職に就くのが一般的であった。1世代前とは職業選択の状況が変わっていることがわかる。

まとめ

今回の調査で，新型都市化計画の展開によって農村戸籍を有する人々に経済的メリットが生まれつつあることが理解できた。農村と都市の融和が推進される反面，農村戸籍から都市戸籍へと転換するインセンティブが小さくなったことは，南寧社会の特に就職面で少なからず影響していると考えられる。

今回調査した中国人学生のほとんどが就きたい職を決めていた。中国人学生の就職への意識の高さは勉強面だけではなく，大学1年次からインターンシップに参加できること，就職活動を意識した授業が設けられていることなどからも見て取れる。こういった就職への意識の高さは親や周りからの期待が関係しているのではないかと感じたが，実際に話を聞くと，子どもの職種について干渉すると明言する親はいなかった。

しかし南寧市教育局との座談会と家庭訪問では，新型都市化計画の効果について評価が分かれているとの印象をもった。一般家庭の親世代が新型都市化計画にともなう社会的変化を意識したり，それに対する見解を明確に口にすることはほぼ皆無だったからだ。

彼らがかつて経験した就職状況は，激しく変化をとげつつある南寧社会のなかで大きく変わった。彼らは父母の希望する職に就くのが一般的であり，そうしてきたと聞いた。その経験からも子への期待は抱きながら，より自由に育ってほしいと願う親の視点と，そうした期待を受ける子の視点を理解できた。

注

1) 片山ゆき「2015年就職戦線，史上最悪の就職難の懸念もベンチャー支援の広がりが（中国）」ニッセイ基礎研究所レポート，2015　http://www.nli-research.co.jp/report/detail/id=42593?site=nli（アクセス日：2017.10.2）

V　南寧の家庭教育

山下未歩

筆者は，大学2年の春学期に天津市の南開大学で4カ月の現地プログラムを経験した。そこでの中国人学生との交流を通して，彼ら彼女らの学びに対する熱意や意欲，膨大な勉強量など，意識の高さに驚かされた。また，2年次にある授業で，NHKが制作した「中国こども民主主義」という

番組を見た。そのなかで，湖北省武漢市の小学校で学級委員を選挙で決める過程が描かれていた。自分の子が学級委員に選ばれるように，子を塾に通わせたり楽器を習わせたりする教育熱心な親の姿は，筆者の周囲の日本人学生にとっては不思議な光景であった。

中国の家庭では親が子どもの学校生活について，関与というよりも介入するのだという認識をもち，子の成長や教育に関して，家庭という要素は非常に重要であると考えるようになった。こうして形成された筆者の中国教育のイメージは，特に英才教育という側面に着目するもので，日本で筆者らが育ってきた家庭環境とは大きく異なるものだろうとの印象をもった。また，現地プログラムでは，日本と中国でマナーの違いが数多くあると感じた。

そこで筆者は，中国特有のマナーは家庭でどのように教育されているのか，科目教育よりも道徳教育といったマナーについて，関心をもった。

1 調査概要

筆者ら教育チームは，南寧市で教育局など教育機関関係者との座談会も行ったが，本稿では家庭教育に主眼をおくため，家庭訪問時に実施したヒアリングとアンケート調査をもとに論じる。家庭訪問を受け入れてくださった3戸の家族構成などを以下に示す。

①LY家（3人家族）：小学校教員で書記の父親，主婦の母親と中学2年生の娘
②LA家（3人家族）：パソコン関連メーカー営業職の父親，主婦の母親と幼稚園児の息子
③LY家（4人家族）：両親，中学2年生の娘と4歳の息子

2 ヒアリング調査とその結果

ヒアリングでは，まず子どもに対して「家庭教育に満足しているか」と尋ねた。親に対しては，「子に対する教育」を中心に質問を行った。これら質問の狙いは，次のとおりである。親の意思とは別に，子どもは親の教育目的や意思をどのように受け取っているのか。子どもはどのような思いで教育を受け，将来についてどのような夢をもっているのか。そして，子どもには親の思いが十分に伝わっているのかを確認するためである。

家庭教育の満足感について子どもに対して尋ねたところ，全員が「満足している」と答えた。その理由として例えば，「父親が物事の道理を話してくれたり，母親が料理を教えてくれるから」と話していた。また，「勉強面で親からプレッシャーを受けているか」という質問には，プレッシャーを受けている子はほとんどおらず，「親は，いつも自分が好きなことをさせてくれる」と答えた。その一方では，「もっと成績をよくしようと頑張り，自分にプレッシャーをかける」と語る子どももいた。その他，バイオリンを幼少から習っており，10段階のうち9等級を取得するほど熱心な子は，「父から買ってもらった大切なバイオリンだからこそ，勉強では感じないプレッシャーを受ける」と話していた。

次に親に対する質問として，「子に対してどのような教育をしているか」を尋ねた。すると，「無理強いをしない」「子どものやりたいと思ったことをやらせたい」「自立心，自主性を重視したい」「子どものやりたいことをやらせて，いまの成績を維持すれば十分だ」「バイオリンなど子の才能を伸ばすこと」といった子に期待する声が返ってきた。

「いつから勉強をさせているか」という質問に対しては，訪問したすべての家庭で「3歳から勉強をさせている」との答えが得られた。具体的には「ピンインや，言葉遊び，簡単な算数などをさせている」という内容である。これは，3歳で幼稚園に入り，6歳で学前教育に参加し，7歳から小学校に通うという年齢基準が，政府により定められているためである。

南寧を含め中国では，小学校入学前に1年間の学前教育が設けられており，塾に通わせるなどするそうだ。調査にむけた事前学習などもふまえて，これらのことから，中国の家庭は英才教育で科目教育を重視しているとのイメージが強い。しかし今回訪問した南寧市の家庭では，子どもは伸び伸びとしており，勉強面で親からのプレッシャーを感じることなく自ら勉強に取り組んでいた。家庭では勉強を強いることはあまりなく，どちらかと

いうと道徳など人として生きるうえで重視される「素質教育」を大事にしているとの声が多かった。

同じ中国でも状況は大きく異なるようで、筆者が2年次に授業で見たような「強制的な教育」は、大都市を中心とした状況であろう。もしくは、この数年で大きく状況が変化したのかもしれない。いずれにせよ、南寧市の家庭訪問では見られなかった。しかし、あくまで今回のヒアリングでは聞くことがなかったのであり、これを南寧の家庭教育として断定的に論じることは避けたい。

3　素質教育

人間の「素質」は教育によって発達を促すことができ、各種能力と同じように教えるものである。中国における「素質教育」について考察すると、諸外国の知識・技術教育を中心に参考としていることが見えてきた。ところが「素質教育」の中核には、学生の養成目標として、想像力、思考力、学習意欲、態度、自立能力、自己管理能力などが含まれている。このため、「素質教育」は日本のキャリア教育を参考にすることが適切であると考えられる。

日中でその目標を比較してみると、思考力、想像力、態度などは中国の「素質教育」にも見られるが、「勤労観・職業観などの価値観」「人間関係・社会形成能力」「課題対応能力」「キャリアプランニング能力」については、あまり考慮されていないようだ。これらをふまえて、筆者が南寧で調査したところ、素質教育とは、人として、立派な人材育成を意図しており、家庭が主たる場であるということがわかった。

4　アンケート結果と考察

中国と日本ではもちろん生活が違えば文化も異なる。他人とともに生きるうえで、「マナー」はとても大きく取り上げられる。そこで、中国の家庭ではどのようなマナー教育ないし道徳教育が行われているか、アンケート調査を行った。

対象は親を中心に（一部、教員を含む）10代から40代の男女20人である。以下の10項目を示し、優先順位を付してもらうことで、マナーとして何を重視しているのか、その認識をうかがった。

①ごみはごみ箱に捨てる
②路上に痰を吐かない
③大声で話さない
④列に並ぶ
⑤路上で立小便をしない
⑥老人に親切にする
⑦ご飯を残さず食べる
⑧友達に親切にする
⑨うそをつかない
⑩人のものを勝手にとらない

この10項目は筆者が考えたものであり、道徳と社会的マナーに二分できる。道徳は⑥、⑧および⑨で、社会的マナーは①、②、③、④、⑤、⑦および⑩である。調査した結果、約8割が⑥の「老人に親切にする」を最も重要と認識していた。理由は、中国には「尊老愛幼」ということわざがあり、年長者を尊重し幼いものをいたわるとの観念が定着しているからだ。また、これは人の本質にかかわることで人としてとても大切で最も重要であるという意見でもあった。

次に約7割が、①「ごみをごみ箱に捨てる」、②「路上に痰を吐かない」、⑤「路上で立小便をしない」の3つを同等に重視していた。これらはおしなべて公共の場における衛生観念にかかわるものである。これについては、「往々にして軽視されがちな小さなことだからこそ、重要である」という意見が挙げられた。「小さなことがしっかりできると、もっと大きなこともできる」「小さなことでも積み重なっていくからこそ、絶対にしてはいけない」「小さなことだからこそ、大切にすべきだ」という考えが基底にある。②「路上で痰を吐かない」などに関しては、「小さいことは見逃しがちだから、いっそう重視すべきだ」といった意見もあった。

一方で、⑤「路上で立小便をしない」という項目では、立小便をするのは幼い子どもがほとんどで、近くにトイレが無く子どもがトイレに行くのを我慢できないこと、トイレを探す時間がなく親がその場でさせるのも致し方ない、という意見もあった。逆に、②「路上で痰を吐かない」に関して、「痰を吐くということは中国人の多くがやっていることであるから、あまり重視していない」

といった意見の人もいた。

　また衛生観念の観点から、トイレ・マナーについて教えていることはあるか聞いた。日本ではトイレットペーパーを流すのが普通だが、中国ではごみ箱に捨ててあるのをよく見かける。その理由について聞くと、以前は水圧が低く、トイレットペーパーが溶けにくかったため使用後のトイレットペーパーをごみ箱に捨てていたとの答えが多かった。しかし最近は、トイレットペーパーが水溶性になってきていることから、流しても良いところが多くなってきている。そのため、家庭でも使用後のトイレットペーパーを流すように教育している。

　また、トイレ使用後に手を洗うことは、小さいときからの習慣で、衛生的な生活を重視している家庭も多かった。その他のマナーとしては、あいさつをきちんとする、食事の前に手を洗わせているなど、日本と同じ習慣も多かった。

　結果として、老人に親切にするという道徳心を最も重視しており、多くの子どももそうした観念を受け継いでいる。そこには、親ができうる限りの教育を子に提供しようと努める家庭教育の成果がうかがえた。反面、それ以下では公共マナーを重視する傾向が強く、その下位に、道徳関係の項目が並ぶ。

　以上のとおり、中国の道徳心と公共におけるマナー意識は、日本社会のそれと当然視する筆者らの予想とは大きく異なる結果となった。

VI　変化する教育——南寧での現地研究調査をふまえて

林　伸悟

　筆者は、大学2年次に天津市の南開大学に4カ月間留学した。天津での留学を通じて交流した中国人学生の中には、卒業後に大学院進学を目標にしている人や、海外留学後の将来目標を明確にしている人が多く、筆者自身のあいまいな将来像との格差を痛感した。

　なぜ彼ら彼女らは、自身の将来設計を明確に定め、そのためにやるべきことを決定できるのだろうか。将来を見据え前向きに努力する姿勢を羨ましく感じるとともに、もしかすると、それは将来に対する不安の裏返しなのかもしれないと考えるようになった。なぜなら、彼ら彼女らが話してくれた大学合格に至るまでの過程には、とても厳しい受験競争があって、競争は大学入学で終わりでなく、就職、さらにその後の社会的安定への道のりはまだ続くからだ。この留学がきっかけとなり、中国の教育について関心をもつようになった。

　さらに、筆者ら教育チームは、春学期の事前学習でNHKが放映した「中国こども民主主義」を見た。それは、湖北省武漢市にある小学3年生のクラスで学級委員長を選挙で決める様子を追った番組だった。選出基準は学力の他に特技の披露、他の候補者との討論、演説だった。候補者である子ども自身のパフォーマンスもさることながら、親が自分の子が当選するために、科目試験の成績アップのため勉強を強いたり、討論や演説をどう進めていくかを指導したり、さらには担任に賄賂を渡すよう指示する実態を描いていた。この番組で取り上げられた候補者は、親から過剰な期待やプレッシャーを受けており、中国の教育をとりまく状況に驚かされた。

　以上の経験や事前学習を重ね、教育チームは南寧での現地研究調査において、変化の激しい中国社会の教育事情という研究テーマを設定した。特に新型都市化計画の最前線である南寧は、少数民族が多く住む中規模都市である。そしてASEANとの交易拠点として大規模開発が進み、人口流入も著しい。こうした状況をふまえて、特に教育現場の状況や親の認識を調べようと考えた。

1　先行研究

(1)　厳しい教育競争

　中国の大学に進学するためには、毎年6月に全国一斉で行われる全国普通高等学校招生入学考試（通称「高考」）を受け、各大学で定められる水準をクリアせねばならない。日本の私立大学のように大学ごとに行われる試験がなく、一発勝負であるこの高考だけなので、義務教育段階から多くの宿題と塾といった詰め込み教育が課せられる。受験人口が多く、必然的に競争が激しくなるため、

親や学校は子どもの受験勉強に力を入れる。そして，長時間に及ぶ日々の受験勉強や親など周囲からのプレッシャーによって，中国の子ども，受験生は大きなストレスを抱き，自殺に追い込まれる者もいるという。

この背景として，一人っ子政策がある。中国では，急激な人口増加の緩和のため，1979年に一人っ子政策が施行された（2015年末に廃止）。これにより，1組の漢族夫婦が出産できる子は一人に制限された。両親や祖父母など周囲からの過剰な期待は，一人っ子にむけられる。しかし，この政策も時代を経て大きく変わった。また以前から，少数民族の夫婦に関しては緩和策が講じられており，特に南寧のような少数民族の多い地域では，法的効力も弱くなっている。これにともない，子どもの教育環境も都市部のそれとは大きく異なっているようだ。

(2) 新型都市化計画

変化を遂げつつあるのは人口抑制政策だけではない。人口移動・移住にかかわる政策もまた，変わりつつある。これまで出稼ぎ農民は，上海，広州など沿海部の大都市に集中していた。

新型都市化計画は，1億人の農民を中小都市に移動・就業させ消費者へと変えることで内需拡大を図るものだ。中小都市を再開発することで，大都市に流入する出稼ぎ農民を中小都市に誘導し，大都市の人口過密を緩和する。さらに周辺農村からも中小都市に農民を移住させ，都市住民となった人々は，所得も増えしっかり納税できる社会階層となり，教育・医療など幅広い社会保障を受けられるようにする。こうした制度改革を全国レベルで展開し，国家経済の構造転換を導くことが狙いである。

今回の調査地である南寧市は，2016年から新型都市化計画を実施している。南寧市政府は，新型都市化計画を通じて2020年までに100万人の農民を都市民にするという目標を策定している。新型都市化計画によって人口流動が激しくなりつつある南寧市だが，教育面では，特に教育現場でどのような変化がもたらされつつあるか，調査した。

(3) 伝統文化教育

筆者自身が受けた義務教育では，家庭科の授業で和食の配膳法を学び，総合的な学習の時間には百人一首大会や茶道体験をする機会があった。個人差はあれども，また個別事例ながら，日本では学校教育のなかで自国の伝統と文化を学習するようになっている。チワン族を主として少数民族が多く居住する南寧市の教育現場では，どのように民族独自の伝統文化を学習する機会が設けられているのか。以下では，筆者が現地で調査した内容を記す。

2　調査概要

今回の調査では，南寧市教育局での座談会，南寧市第四職業技術学校，就職支援センター，および南寧市五象小学校の訪問に加えて3軒の家庭訪問を行った。

南寧市教育局では，財務課，人事課，および基礎教育課の担当者と座談会を行った。南寧市第四職業技術学校では教員，在校生，および卒業生と座談会を行った。家庭訪問では，1軒目のLY家は核家族で子は中学2年生であった。2軒目のLA家も核家族で幼稚園児がいた。3軒目のLY家は4人家族で，子どもは中学2年生と4歳であった。

筆者は事前学習を進めるなかで，中国では「過度な受験対策教育が行われていること」と「科目学習に関するプレッシャーが大きいこと」を仮説としつつ，教育機関における伝統文化教育のあり方を検証することを，調査課題とした。

ただし，現地で調査を進めるなかで，その仮説が南寧市の教育実態に適合するかを問いなおすべき状況も明らかになった。それに加え，新型都市化計画にともなう教育分野の変化についても，さまざまな発見が得られた。

3　調査結果と考察

以下では，今回の調査で得られた結果とともに，それに関する考察を述べる。結論として，仮説とした「過度な受験対策教育が行われていること」と「科目学習に関するプレッシャーが大きいこと」は，南寧では必ずしも当てはまるものではなかった。概して調査対象の方々は，今後も適度な経済成長が続く南寧での生活に満足しているようで，

その意識と表裏一体のものとして，大都市に出て行くのではなく，ここで生活を続けていくために必要な選択をしているようだ。そこから，厳しい受験競争に勝ち残るための教育は，むしろ不要と考える南寧の人々の思考が垣間見られた。

(1) 南寧市教育局

南寧市教育局との座談会で，教育指導指針について質問したところ，「中国では従来，テストの得点を上げるための教育に特化していたが，最近は学生それぞれの特性や技能を重視し，学生の素質を全面的に発達させるように変化しつつある」との見解が返ってきた。また，南寧市の教育を発展させるうえで必要な要件を質問した際には，「居住地，戸籍の区別なく，どの学生にも同質の義務教育を保証すること」という回答を得た。

そのためには，農村部にも都市同様に資金を投入して，インフラと環境の整備が必要不可欠である。そしてなにより，教育の質的向上のために，校長昇格には3年間の教育実務経験が，教員には以前より厳格な採用基準が求められるなど，新たな対策が設けられている。

新型都市化計画にともなう教育面での変化について質問したところ，第一に「意識の変化が生まれている」との答えが返ってきた。農村部の発展が進んだことで，幅広い情報に触れる機会が格段に増えた。それによって，農村部の子どもが抱く将来の夢やなりたい職業も多様になったそうだ。

また，新型都市化計画にともなう新たな問題点としては，南寧市周辺の県（農村部の基層行政単位）からの移住者が増加することで，農村部のさらなるコミュニティ崩壊，そして農村部に残らざるを得ない子どもへの教育劣化が挙げられた。これに加えて，新たに南寧市の戸籍を得たとしても，南寧市で6年以上の教育を受けなければ大学受験資格を取得できない措置により，過剰な人口流動を抑止することは成果が見受けられた。

南寧市では，急速な人口増加のために新たに学校を建設しても，移住してきた生徒はそのまま入学，通学できない。つまり，公立学校は定員オーバーの状況が続くため，私立学校だけが受入れ可能だという。しかし，私立学校は公立学校に比べて学費が高く教育水準が低いため，市内においても教育機会の不平等が生じている。また，「経済開発区である北部河岸だけでなく市域全体で教育水準を均等にしなければならないため，環境整備が急がれる」との見解も聞かれた。

(2) 南寧市第四職業技術学校

次に，南寧市第四職業技術学校の教師，在校生，および卒業生との座談会について，以下の通り述べる。この学校の教育目的はなによりも就職であり，学生の専門技術を向上させることがカリキュラムの中心課題となっている。しかし，それだけを重視しているわけではなく，教育理念として「基本的技術」「基本的素質」「基本的価値観（文化）」の三大方針を掲げているそうだ。つまり，学生が卒業後も学習能力を身につけて自己啓発を維持できることがポイントである。

授業時間は8時15分から21時30分までと，日本に比べて長い。ただし，昼夜に3時間ごと，計6時間の休憩を含むとのことである。いずれにしても，1日のほとんどを専門学校で過ごすというタイトなスケジュールから，知識の詰め込み教育という印象を受けた。

しかし，そうではなかった。デザイン科と音楽科の卒業生と自動車整備科の在校生2人に対して，勉強に対するストレスやプレッシャーはないのか，学校教育に満足しているか質問したところ，「昼と夜の休憩で運動したり昼寝をしたりでき，ストレスやプレッシャーなどはなく，夜の自習時間では自身の専攻していることに打ち込めるからとても満足している」との答えが返ってきた。自習時間で好きなことに打ち込めることは，学生の自主性と特性を尊重した教育方針が反映されていると考える。

この学校では，3通りの進路パターンある。1つは，卒業後そのまま就職するパターンである。2つ目は，この学校で2年間学び，3年制の専門学校に編入するパターン。3つ目は，この学校で3年間勉強し，大学に進学するパターンである。昨年度（2016年度）は，1,500人の卒業生のうち1,100人が進学を希望し，その多くが実際に進学している。その理由は，進学して専門知識を深めたいというのがほとんどとのことであるが，就職チームの調査報告にあるように，中国の就職活動

では学歴重視が顕著である。つまり，大学卒・短大卒の方が有利となるからだ。

特に昨今では，日本では専門学校から大学に進学する者は少ない。先に示した事情から，この学校では約3/4の学生が進学を希望しており，日本との違いを理解できた。

(3) 南寧市五象小学校

南寧市五象小学校での調査結果を以下にまとめる。チワン族を中心に12の少数民族が在籍する五象小学校は，「民族融合」「民族団結」をスローガンに掲げており，南寧市政府から民族教育師範基地にも指定されている。そのため，伝統文化，民俗を非常に重視した教育が行われており，多くの視察を受け入れている。

筆者らが同小学校を訪問した際にも，チワン族の児童らが伝統歌謡である"祝酒歌"を歌って出迎えてくれた。その後，2人の児童が，同じくチワン族の慣習として歓迎の意を示すときに贈る"葫芦丝"（フルス。ひょうたん笛）を一人ひとりの首にかけてくれた。そして，伝統的な楽器のひとつ"古筝"の演奏を披露してくれた。この学校では2-4年の各年次の音楽授業のなかで，こうした伝統楽器の演奏を教えているそうだ。

授業では少数民族の伝統楽器の他に絵画などを学ぶ場を設け，少数民族の伝統文化とともに，全国的に求められる一般教養の充実を図っている。さらに，児童が学校生活を通して伝承文化を身につけられるように，そして人材育成と雇用促進のために，少数民族の教師が多く在籍していることもこの学校の大きな特徴である。

少数民族を多く受け入れるため，その児童らが受ける学前教育には質的・レベル的な差異があることも事実である。学前教育の，特にレベル的な格差問題について，どのような対策を講じているのか質問したところ，「因材施教」を行っているとの回答を得た。「因材施教」とは，それぞれの学生レベルに応じて教授法をアレンジするものである。中国語に関していえば，ピンインや文法など優先項目をそれぞれ変えつつも，1年次1学期のうちに到達する目標を共有し，そこに導いていくそうだ。

また，全国的に共有される一般教養を教授する素質教育と人格と道徳を兼ね備えた人材を育てる品徳教育が重視される。五象小学校には，サッカー，バスケットボール，書道，演劇などクラブ活動が32あり，児童の自主性や特性を尊重し，その選択は児童自身に委ねられる。

品徳教育では，6年間を通して道徳と人格を兼備することが目標とされる。今の暮らしに感謝し他者を思いやる心を育むように，まさに道徳心（マナーや礼儀を含む）を教えている。また，品徳教育の一環として社会体験する場を設けている。児童は小学校が所有する農地で農作物を栽培し，それを販売する経験を積む。このような社会的体験を通して商売するときに大事な誠実さ，金銭を稼ぐ大変さを理解させる。その先に，両親への感謝の気持ちや礼儀，マナーの習得があることは言うまでもない。

今回，現場の教員から各種教育プログラムについてうかがったが，なによりもその基盤にあるのは教育者としての思いである。それは，「児童一人ひとりが最も美しい少年時代を過ごせるように，教師一人ひとりが最も美しい教育人生を過ごせるように」という教育方針を実現するのに不可欠な要素である。その思いを教員が共有する姿勢が，とても印象深かった。

(4) 家庭訪問

家庭訪問では，親に対して「子どもにどのような教育を受けさせているか（受けさせたいか）」を尋ねた。また子どもに対しては，「家庭教育に満足しているか」「勉強にプレッシャーは感じているか」「1日はどのようなスケジュールなのか」を質問した。

1軒目の家庭訪問先LY家の子はバイオリンを習っており，10段階のうち9等級と，熱心に練習を続けた成果を筆者らに披露してくれた。「家庭教育に満足しているか」「勉強にプレッシャーを感じているか」質問したところ，「バイオリンを買ってもらうなど，親に大事にされていることに満足している」と答えた。なお，家庭での学習スケジュールは父親が時間割を立てているが，親からプレッシャーを感じることはないようだ。反面，大事にしてもらっている分，頑張らなければならないと答えた。

2軒目のLA家では，親としては「子どもが望む教育を受けさせたい」「無理強いはせず，自主性を尊重したい」との回答を得た。その理由は，自分がそのような教育を受けてきたからだった。

3軒目のLY家でも，子どもの趣味を尊重した教育方針が語られた。子は，日本の部活動に相当する「興趣班」としては演劇部に1年次のみ所属していたそうだ。またその子は，中国の伝統文化への関心がとても高いとのことで，中国の古典楽器である琵琶を習っていた。さらに，小学校の先生が昔の思想家の本を紹介していたのがきっかけとなり，『論語』『周易』『礼記』などの書物を読んでいるそうだ。

3軒の親に共通するのは，子にはできうる限りの最高の教育を受けさせたいとの思いである。もちろんこれは日本の親にも通じることかもしれない。ただし，新型都市化計画によって労働人口が増えつつあり，多様な雇用も生まれつつある南寧では，親が子の自主性を尊重するゆとりが大きいようだ。今回の調査では，こうした社会的背景の違いを理解できたことで，中国理解とともに日本理解の機会ともなった。

参考文献
胡建華，鄧学龍，鐘柳紅『南寧藍皮書 南寧社会発展報告(2016)』社会科学文献出版社，2016

VII 戸籍制度と学校教育制度の関連性について

晴山綾子

筆者は，2017年6月に日本のテレビで中国の「高考」（全国普通高等学校招生入学考試）に関するニュースを見た。日本の大学受験とは制度や雰囲気がまるで違い大変驚いたのを覚えている。例えば，日本の大学受験は，家族内だけで応援する，いわば個人戦であるのに対して，中国では集団戦の様相を呈している。そう感じた理由の1つは，中国では受験生のために夜に騒音を出さない，勉強の邪魔をしないなど，コミュニティ全体がさまざまな面で配慮・規制している点である。そして2つ目が，試験日には祭祀行事やフェスティバルのように，コミュニティ中の人が集まり受験生を応援することである。日本では，コミュニティ全体で受験生を応援する，支援体制を講じるなどと聞いたことがない。

筆者は，中国と日本の受験支援態勢のギャップを知ったことで，中国の学校教育，特に制度面について関心をもつようになった。さらに，日本での事前学習を行うなかで，中国の学校教育制度には，戸籍制度が深く関わっていることが理解できた。そこで，このテーマを現地研究調査の研究課題に設定した。

1 現状分析

中国には，社会主義的な生産体制と社会保障を確立するため，人口移動を調整する必要があった。よって，都市戸籍と農村戸籍の2種類に区分される戸籍制度が存在している。この戸籍制度は，学校教育制度に深く関係している。例えば，都市部の大学へ進学するには，農村戸籍の学生は都市戸籍の学生よりも合格のボーダーラインが高く，入学枠が少なく設定されている。それだけでなく，農村戸籍の保有者は都市戸籍の保有者と比べ，就業，教育，医療，介護など社会保障や税制面において不利な待遇を受けている。この格差は戸籍問題として一般に広く知られる。

これら問題を解決，改善することを念頭に置き，中国政府は2014年に新型都市化計画の実施を発表した。新型都市化計画では，農村戸籍保有者に対して都市戸籍を与え，戸籍による社会サービスの格差を改善し解消するさまざまな施策が行われている。まさに中国では，新型都市化計画が展開中であり，殊に南寧は2016年から重点政策としてこの事業を推進している。今回の現地研究調査によって，新型都市化計画の進行状況や教育面での改革のダイナミクスを検証することを試みた。

2 調査概要

(1) 調査期間
2017年8月8日から11日の4日間
(2) 調査方法
座談会，家庭訪問でのヒアリング調査

(3) 調査訪問先

南寧市教育局，南寧市第四職業技術学校，南寧市就職支援センター，南寧市五象小学校，3軒の家庭へ訪問した。

(4) 訪問先概要

南寧市教育局は政策法規科，計画財務科，基礎教育科などの部署が分担して市内全域の高校までの教育を主管している。南寧市第四職業技術学校は1965年に創立され，2012年に国家職務教育モデル校に指定された。南寧市就職支援センターは，南寧市総工会の下部組織として1951年に創立された。総工会の管轄の下，公益的な文化教育，労働組合教育を実践している。チワン族の生徒が多く通う南寧市五象小学校では，民族色豊かな伝統文化教育が充実しており，2-3年生から"葫芦丝"という笛を学び，4-5年生から民族楽器の"手风琴"（アコーディオン）を学ぶ。クラブ活動を指す「興趣班」では古典音楽，合唱，美術などに参加する生徒が多く，学校全体として民族芸術の教育に力を注いでいた。

3　調査結果

中国では年々人口増加の傾向があり，国土も非常に広いため，都市と地方で均一に教育投資を行うのが難しい。さらに中国には戸籍問題が存在するため，戸籍による入学制限があるのか調査した。さらに，新型都市化計画によって南寧市の教育制度ではどのような変化が見られたか，また新型都市化計画による新たな問題が存在するのかという点についても報告する。

(1) 入学要件としての戸籍について

中国語の識字率の向上を主たる目的とする義務教育では，入学要件として戸籍による制約は存在しなくなりつつある。特に少数民族や農村戸籍の人々が遍在する地域においては，その傾向が強い。例として，今回訪問した南寧市郊外に新設された南寧市五象小学校では，在籍生徒の80.0%が農村部から通っており，彼ら彼女らは原則として農村戸籍をもつ。

中学までは同様の対応がなされる一方で，高校および大学の受験に際しては，戸籍による制約が生じてくる。具体的事例としては，南寧市の都市部にある高校は，南寧市内の中学校に入学枠を配分している。一方で南寧市外から受験する中学生には，合格基準を上げるなどの一定の制約を設けている。その理由は，各校での生徒数を平均化するためであり，より広い視野でみれば中国全土にわたり人口バランスを保つためである。

大学受験についてはより厳格である。中国の文科省にあたる教育部は，各大学に省ごとの入学枠を設定しており，大都市（北京，上海など直轄市）や人口の多い省には多くの入学枠が割り当てられている。大都市の戸籍を有す生徒については制約が少ない反面，地方のそれは厳しい状況となっており，地方でトップレベルの成績にある生徒でも，都市部の下位層に入学枠を取られることもある。

(2) 新型都市化計画にともなう教育制度改革

上述のとおり，教育の量的均衡策がかえって教育格差を生む温床ともなっており，こうした不均衡を是正するため，近年では人口の少ない省に対して優遇策が講じられつつある。これまでも民族の調和策を講じてきた地方都市では，積極的に民族的かつ社会階層的な不均衡を緩和是正する対策に注力してきた。

特に南寧市教育局では，2016年に着手された新型都市化計画を推進するなかで，教育政策を抜本的に改革している。戸籍区分にかかる制約が少なくなり，都市部において経済基盤を築くことができる人口が増えた。この新興の豊かになりつつある人々をとりまく生活環境は大きく変わり，国家が目指す基準に則って教育の質的向上が現実的なものとなりつつある。学校に関しては，南寧市政府は新型都市化に相応しい学校建設を目標とし，そのためにハード面とソフト面の両方において同市周辺の県と協力して学校作りを行うことが求められている。

(3) 新型都市化計画がはらむ新たな問題

以上のように，各機関との座談会において，新型都市化計画が進展することによる多くのメリットが語られた。

しかし，それにともなう新たな問題について懸念する声がまったく無かったわけではない。具体的には，農村部におけるいっそうの過疎化やそれにともなう教員不足が挙げられる。新型都市化計

画により，都市戸籍が以前よりも得られやすくなったり，親の都市部居留証に基づき子どもが都市部の学校へ通うことができるようになったり，農村居住者の都市移住を促した結果，農村の過疎化がいっそう進んだ。新型都市化計画は都市と農村で教育の同質化を目指しているが，かえって農村部の教育水準が低くなり，教師も農村への赴任を拒むという悪循環も指摘されている。

(4) 新たな問題への改善・解決策

新たな問題に対する解決策として，農村への投融資の拡大が挙げられよう。投融資の優遇策は大きくは2種類ある。ひとつが教育環境の整備，つまり図書館やパソコンなどの設備投資であり，もうひとつが農村地域に赴任する教師への厚遇である。また南寧市は今後，教育面においてさらに充実を図るために，教員の能力向上と学生の特性成長に対して財政面に限らず全面的に支援することを計画している。

(5) 調査結果

事前学習の段階では，制度改革を中心に調べたものの義務教育への投資が効いているのか不明だったが，「識字率を上げるため」という明確な目標の下，しっかり投資がなされていることがわかった。

また，農村戸籍の学生と都市戸籍の学生の合格水準に格差を設けることで，不平等感が否めない状況が全国的に蔓延し，ひいては農村部の学生の学習意欲を削いでしまうことに強い疑問を感じていた。この点については，新型都市化計画を通して戸籍問題の改革に象徴されるが，南寧市は教育発展改革を行い，今後も南寧における戸籍と学校教育制度の関係性を変革させ続けるようだ。今回の調査によって，新型都市化計画は一定の成果を上げていると感じた。

4　戸籍と「高考」

2年次における天津の南開大学での留学，そして中国人学生による日本社会調査での中国労働関係学院の学生との座談会を通して，筆者は中国の高校生は「高考」に向けて朝早くから夜遅くまで勉強をしていることを知った。大学合格という目標に向かって努力する姿は，日本の学生が見習うべき点の1つでもあろう。一方で，「高考」も戸籍と深く関係しており，地方の生徒は大学が多い都市部の学生よりも合格基準などで不利な条件下にあることがわかった。そこで，新型都市化によって，高考と戸籍の関係性に変化が生じたのか調査した。

(1) 「高考」をめぐる戸籍問題

結論としては，「都市戸籍の取得が以前よりも容易になっており，南寧市の戸籍を持っていれば問題ない」と答える人が多かった。一方で，南寧市戸籍を持っていない場合は，市内に家やマンションなどを買うことで得られる居留証に基づき子の教育権利が取得できる方法をもって代替する措置が講じられている。

実際に南寧市五象小学校では，6年前から居留証をもって入学要件を満たすとする規制緩和策が施行されている。また，新しく南寧市の戸籍を得た人は，南寧市で6年以上の教育を受けると，大学進学に際して南寧市の戸籍保持者と同等の待遇を得られる制度も整備されている。一定年数を定める理由は，南寧市は都市部と比べると基準が低いことから，それを狙って一時的に南寧市に移ってくる人を制限するためである。

(2) 変化する戸籍問題

戸籍と入学要件に関する調査の結果，全国的に見れば「高考」時にはなお戸籍制限が存在するものの，南寧市では改善策が講じられ，実際に改善されつつあることも理解できた。現段階では，戸籍を取得するためには居住物件を買う必要があるが，そのうえで数年前に画期的な改革が行われた。農村から南寧市へ転居した場合，市内でマンションを購入することで元の戸籍に加えて二重戸籍を認めているというのだ。

さらに将来的には，教育格差を解消するため，居住物件を買わなくても戸籍を得られるいくつかのパターンを計画している。例として，南寧市で仕事をしている人は税金を払っているので，所得証明書を提出することで戸籍を得られるようにするとのことだ。

(3) 調査結果のまとめ

南寧市では，農村から都市への人口移動を促進するため戸籍取得の制限が緩和され，戸籍問題も

改善されてきたように感じた。

また，南寧市戸籍を取得したとしても，大学進学に際しては6年以上市内で教育を受けなければ，受験資格を取得できないという抑止策もあり，全国的な教育の質的均衡を向上するとの目的にも適った制度の整備がなされている。

しかし同時に，なお農村戸籍とそれに関連する農村部の教育環境の劣化，ひいては過疎化という課題は小さくない。南寧市政府としては，この問題の改善，解消に向けてさらなる政策を講じる努力を続けていることも理解できた。

まとめ

今回実際に南寧に赴き，新型都市化計画が効果的に展開されていると実感した。日本のテレビで「高考」についてのニュースを見たときには，戸籍を変更することはできないと言われていたが，新型都市化計画によって改善が見受けられたことは，重要なポイントである。1軒目に訪問したLY家の父親は，もともと農村戸籍保有者だったが，南寧市で居住物件を購入したことにより都市戸籍を取得していた。

農村出身者が実際に都市戸籍を取得することが可能になっていることから，戸籍問題の軽減が期待される一方で，戸籍取得方法の簡易化が新たな問題を生み出していることもまた事実である。上述したように南寧市では，農村の過疎化が進んでいる。戸籍の取得方法をどこまで簡易化させるかが重要である。厳しくし過ぎてしまうと戸籍問題は解決されないが，容易にしすぎても農村の過疎化がいっそう進んでしまう。そのため，一概に新型都市化計画によって戸籍問題を解決するといっても，農村戸籍保有者に対して，どのような基準で都市戸籍を取得させるのか，非常に難しい判断である。

また，中国と日本では，戸籍問題や農村過疎化において差異があるようだ。日本では受験時に戸籍が問題となることはほぼ皆無である。しかし中国では戸籍が受験において非常に重要なものとなっている。今日，都市戸籍の取得は緩和されつつあるが，以前は戸籍の変更は認められなかったため，子どもは親の戸籍によってその将来が左右さ

れた。日本では戸籍が自分の人生に大きく関わることがないため，戸籍が発揮する社会的な影響力や価値観の違いに非常に驚いた。

同様に過疎化についても日中でギャップを感じた。日本では山間地域の過疎化は深刻な社会問題であるが，村の住民がSNSなどを利用して活性化を図ったり地域おこしを行ったりしている。一方で，中国では地域住民に決定権はなく，あくまで政府主導で人口調整を行う。日本の地方自治体と中国の地方政府の違いはこうした点でもはっきりしていると感じた。

今回の現地研究調査において，南寧市における学校教育制度と戸籍制度の関係性について調査した。この調査テーマに加え，戸籍の価値観，農村の過疎化などについても日本と比較することができ，非常に多くの知見を得ることができた。

南開大学での留学では，漠然とした日本と中国の差異しかわからなかったが，春学期の4カ月にわたる準備と2週間の調査によって，ひとつのテーマに関連する多岐にわたる項目を理解したことで，本稿もまとめることができた。しかし，中国の新型都市化計画はまさに途上段階にあるため，2020年にどのような結果がもたらされるのか，引き続き注目したい。

最後に，今回の調査は南寧市でお世話になった方々と中国労働関係学院の皆様の協力を得て，成し遂げることができた。ここに感謝の意を記してお礼申し上げる。

参考文献

丸川知雄「中国，出稼ぎ労働者の子供たちの悲しい現実」ニューズウィーク日本版，2016 https://www.newsweekjapan.jp/marukawa/2016/04/post-12.php（アクセス日：2017.10.1）

何昕「現代中国の商品住宅における住宅管理の枠組み及び居住環境に関する研究――中国南部地区の集合住宅団地におけるケーススタディ」2013 http://hdl.handle.net/2241/120112（アクセス日：2017.9.20）

Ⅷ 変わりゆく南寧での家庭教育

前田藍子

近年，中国の厳しい受験競争を背景としたカンニング問題や自殺問題に関するニュースをよく目

にするようになった。もちろんカンニングは本人の責任が大きいが、ある事例ではそれを手伝っているのが親であったという。また、受験生など子どもが親や周囲の人々から受ける勉強のプレッシャーに耐えきれず、自殺に追い込まれることがあるそうだ。

日本での事前学習のなかで、NHK制作の「中国こども民主主義」を見た。そのなかで、わが子を学級委員長に当選させようと、親が必死になって楽器を習わせたり勉強を強いたりする姿が描かれていた。

率直にいうと、筆者は親が教育現場に介入する状況に違和感を覚えた。同時に、中国は日本に比べて学歴が重視されるため、大学や大学院を目指す受験勉強に熱心であるというイメージが強い。こうした感覚は、筆者のみならず多くの日本人が同感するであろう。その上で、勉強面では中国の親は日本の親よりも子に厳しく、特に家庭教育においては子に対してとてもシビアに受験勉強を強いているのではないかと想定した。実際はどうであるのか、関心をもったことで現地研究調査の研究課題を決定した。

1　中国と日本での家庭教育

現在の中国においては、受験競争が激しくなりつつあるという状況のなか、親は子どもに大きな期待を寄せ、子への財政的、時間的、物理的支援を惜しまない。その結果、勉強を強いることが常態化しているようだ。成績至上主義はかえって子どもの個性や自主性を失わせることになりかねず、そのことに多くの人々も気づいてはいる。

一方で、子どもは心身共にプレッシャーを与えられることで、自殺や少年犯罪などに陥ってしまうケースも増えてきている。この悪循環を断つためにも、中国では家庭教育を見直すことが課題となっている。

清朝までの中国では儒教の礼教主義が重んじられており、子どもに大人としての振舞いを身につけさせることが優先されたことで、子どもの独自性は認められず、自由な活動も制限された。今日の中国は、まるで昔の儒教文化が復活しているかのような錯覚さえ覚える。

では、日本の家庭教育はどうであろうか。子どもが基本的な生活習慣や生活能力、豊かな情操、他人に対する思いやりや善悪の判断などの基本的倫理観、自立心や自制心、社会的なマナーなどを身につけるための出発点である。まさにしつけの場であり、人として生きる力を養ううえで重要な場であるというのが、日本の家庭教育に関する一般的解釈であろう。

しかし近年では、都市化、核家族化、少子化などが進み、家族と家庭を取り巻く社会状況も大きく変化した。したがって、家庭の教育力が低下しているとの指摘も多く聞かれるようになった。例として、専業主婦は子育てに時間を費やすことができるが、仕事を持つ親はその時間が不足しがちである。周囲の人の助けを借りながら子育てしている親もいるが、一人で子育てを抱え込み追い込まれる親も少なくない。このように、人々のライフスタイルや意識の多様化によって、子育ての位置づけも変わってくるのである。

しかし、単身赴任や離婚等の原因から仕事と子育てを一人で担っている人々は、周囲の支えをより必要としているにもかかわらず、地域とのつながりが希薄なものとなる傾向にある。児童虐待の問題はさらに深刻で、頼れる人がそばにおらず一人で抱え込まなければならない親へのサポートは待ったなしの状況である。これは、ひとつの家庭の教育力の低下というよりも、家庭教育に関する日本社会全体の課題である。

このように、ひと口に家庭教育といえども、中国と日本ではそれぞれ課題となるところが異なる。中国の家庭教育の現状と課題は、中国の価値観や制度に根差す問題であり、それは日本の家庭教育についても同じことがいえよう。

2　調査概要

教育チームは計3軒の家庭を訪問し、ヒアリングによる調査を行った。1軒目のLY家は核家族で、父親の職業は小学校の教員で共産党委員会書記、母親は主婦、子どもは中学2年生であった。2軒目のLA家も核家族で、パソコン関連機器メーカーの営業職である父親と主婦の母親、そして幼稚園に通う子どもであった。3軒目は4人家族

のLY家で，子どもは中学2年生と4歳であった。

3　家庭教育におけるプレッシャー

まず，家庭教育の満足感について子どもに対して尋ねると，全ての家庭で満足しているという答えが得られた。具体的な理由としては，「父親が物事の道理を話してくれたり，母親が料理を教えてくれるから」とのことだった（LY家）。勉強面で親からのプレッシャーを感じる子どもはいなかった（全家庭）。しかし，もっと成績を良くしようと頑張るため，自分自身でプレッシャーをかけるという子もいた（LA家）。

バイオリンを小さいときから習っており，10段階のうち9等級を取得するほど熱心な子は，「父から買ってもらった大切なバイオリンだからこそ，勉強では感じないプレッシャーを受ける」と話していた（LY家）。このバイオリンの話と同様に，概して親は子の才能を伸ばすことを重視している。「子にどのような教育を受けさせたいか」を親に尋ねると，「読書など子どもが望む教育の機会を提供したい」「自分の意見を押し付けず，子どもの自立心を尊重したい」「子どもに任せている」という回答が挙げられた。

また，現在クラス内で成績が1位であるという子をもつ親からは，「成績が落ちない程度に頑張ってほしい」という答えが返ってきたが（LY家），1位を維持し続けるのはかなりのプレッシャーではないだろうか。親の思いとは裏腹に，無意識に子へのプレッシャーを生んでいるということがいえよう。

1日あたりの家庭内での勉強時間については，科目によって違うという意見もあったものの，平均して2時間ほどだった。中学校の時間割は，午前が7時から12時まで，午後は3時から5時までである。「多くの時間を学校での勉強に費やすことから，家庭での勉強時間はあまり多くは必要ない」とする回答が多かった。放課後に塾で午後11時頃まで勉強し，帰宅後に宿題をこなすという重慶などの大都市とは大きく異なる状況，考え方である。

日本では多くの生徒が参加する放課後の部活動は，中国では存在しない。「興趣班」という習い事を指すもので，学校の教室を開放して実施するところもある。また，小中学校にはあるが，高校ではほぼ皆無である。理由は大学進学のための受験勉強が忙しく，参加する学生がほとんどいないからである。

4　教育としての運動

中国の一般家庭では，運動面においてどのような教育をしているのか質問した。「体を鍛えるため，健康的な生活のため，武術の道場に通わせた」という回答や，ランニングをする家庭もあった。家庭では特定の運動はさせていないが，子どもが学校などで友人らとバスケットボールやバドミントン，水泳をしているといった回答も得られた。

日本では，幼少期には特に男子は武道を習ったり小学校でもマラソンしたりと，家庭と学校ともに運動する機会が設けられているのが一般的である。部活動は運動部だけではないものの，部活動を通して礼儀作法や協調性を学ぶことができると推奨される。多くの親も，部活動は運動と教育の両方の面で有益だと支持する。

筆者の経験では，小学1年生のころから高校卒業まで，半ば強制的に部活動に入り運動をしてきた。学校教育の一環としても，高校1年時は部活動に入ることが強制されていた。学校に行く目的がほぼ部活動になっていたと言っても過言ではないほどだった。

しかし，中国の家庭はさほど運動を重視していない。主要教科の勉強とは関係ないという認識があるからだ。そこで，勉強が優先される状況についてヒアリングした。いつから勉強をさせているかを聞くと，すべての家庭で「3歳から勉強をさせている」という答えが返ってきた。こうした取り組みは家庭の事情によるものではなく，政府が全国レベルで定める年齢基準に則ったものである。3歳で幼稚園に通い，6歳で学前教育に参加し，7歳で小学校に入学するという規定がある。小学校入学前の1年間に学前教育が設けられており，塾に通わせたりするそうだ。具体的には，ピンインや言葉遊び，簡単な算数などを学前教育として実施するとのことだ。

日本での学前教育といえば，私立小学校を受験

する子ども以外はほとんど参加しない。むしろ幼稚園に入ると平仮名を学んだりするので，それに加えて小学校での英語授業の開始を控え，近年は英語を教えるところもある。しかし，その前提として運動や体操の時間が設定されているのが一般的である。

5　マナーに関する家庭教育

日本と中国ではさまざまなシチュエーションにおけるマナーが違う。筆者は，現地プログラムで4カ月間中国に行った際に，トイレの使い方の違いに戸惑った。より率直に言うと，あまりの汚さに驚いた。

その一因は，使用後のトイレットペーパーの処理方法の相違によるものである。日本では使用後のトイレットペーパーは流すべきで，そのように教えられる。しかし中国では，トイレットペーパーは使用後にごみ箱に捨てることが一般的である。現に，便器横に置かれたごみ箱をよく見かける。現地プログラムで滞在した宿舎もそうだが，トイレットペーパーを便器に流すとよく詰まっていた。これを回避するために，使用後のトイレットペーパーは流してはならないというマナーがある。

ただし，ごみ箱周辺にトイレットペーパーやごみが散乱しているのが問題と考える点こそが，日本的マナーと中国的マナーの相違であろう。

いずれにせよ今回の調査では，中国の家庭では，子どもにどのようにトイレ・マナーを教育しているのか聞いた。まず，マナーについて何か教えていることはあるか聞いたところ，トイレットペーパーを流すか否か，意見が分かれた。

以前は水圧が低く，トイレットペーパーが溶けにくかったため，使用後のトイレットペーパーをごみ箱に捨てていたが，最近はトイレットペーパーが水溶性になってきていることから，トイレットペーパーを流しても問題ないトイレが増えつつある。まさに変わりゆく社会のなかで，使用後のトイレットペーパーを流すように教育する家庭と，流さぬように教える家庭が混在している。なお，どの家庭も自宅トイレは流せるものであったからこそ，公共マナーとして判断が分かれるかたちとなった。

この他に，日本ではトイレ使用後に必ず手を洗うよう教えると伝えると，いずれの家庭も「そうすべき」との反応を示したが，手洗いを教えているという家庭は1軒のみであった。これについては，衛生的習慣を重視する認識は定着していない。また，トイレ以外では，食事の前に手を洗う，あいさつをちゃんとするといった日本と同じマナー教育も挙げられた。

まとめ

筆者は，2年次の春学期に現地プログラムで4カ月間，天津の南開大学に留学した。そのとき，中国人学生が勉強に取り組む真剣な姿勢に驚かされた。南開大学で仲良くなった中国人学生の友達は，授業後に教室で自習し，寮に帰ってからも勉強してから寝ると言っていたのを覚えている。その学生は，誰かに勉強を強制されているのではなく，自らの意思でそうしていた。勉強中心の生活を自分から意欲的に送っているのには，勉強の意味が筆者ら多くの日本人学生とは異なるのだろうと考えた。

南寧市で家庭を訪問してわかったことは，今回訪問した南寧市の家庭の子どもは伸び伸びと親からのプレッシャーを感じずに，自分から勉強に取り組んでいたことである。つまり，自分が知りたいから教科書を読み，教師に聞くという姿勢が垣間見られた。

中国の家庭教育は英才教育のイメージがとても強く，科目教育に特化していると思っていたが，それは大都市のことであろう。長期的に経済成長が見込まれる南寧社会と混同してはならない。南寧での家庭訪問から，親が子にプレッシャーを与えるほどに勉強を押し付けることはしない姿が見えてきた。

家庭訪問の際，中学生が学校で使用する教科書を何冊か見せてくれた。教科書内容を見ると，どれも中学2年生とは思えないほど詳細で，日本では高校レベルの内容だった。中国では日本よりも勉強量が多くなすべき内容の比重が高い。これが前提となっているからこそ，中国と日本の学生では学習時間も差が生じるのであろう。

しかし同時に，筆者が受けてきた教育に含まれる心身ともに健全であることの重要性など，中国にはない要素も多い。今回の現地研究調査を通じて両者の利点を理解することができた。

参考文献
初子墨「〈修士論文概要〉中国における家庭教育の現状と課題――瀋陽市教育学会の親学校に着目して」『筑波大学「地域と教育」研究会報』第3号，2012，pp. 53-56　http://hdl.handle.net/2241/117309（アクセス日：2017.9.20）
感謝の心を育むには「感謝の心を育む子育てとは？――儒教文化圏での伝統的な子育ての現状と意識」http://web.kansya.jp.net/blog/2013/12/2940.html（アクセス日：2017.9.20)
文部科学省「家庭教育の現状とその支援上の課題」http://www.mext.go.jp/b_menu/hakusho/html/hpba200501/001/002/0102.htm（アクセス日：2017.9.22）
文部省『我が国の文教施策――心と体の健康とスポーツ』1988　http://www.mext.go.jp/b_menu/hakusho/html/hpad199801/hpad199801_2_051.html（アクセス日：2017.9.23）
愛知大学現代中国学部中国現地研究調査委員会編『学生が見た重慶社会――企業活動・都市生活・農村社会』あるむ，2016

行動日誌

8月5日(土)

　現地調査1日目。朝7時にセントレアに集合して上海へ。上海までは順調だったけれど，上海から南寧に行く飛行機が全然来なくて，空港で昼前から夕方まで待機。皆疲れきっていました。そのあと，別便も席が足りず結局上海に一泊。3人ずつタクシーに乗ったけれど，ホテルに1時間くらい着かない学生もいて，とても心配でした。色々なことがあったけれど，そのおかげで皆が協力して少し距離が縮まったかなと思います。また先生方のおかげでホテルがとれたり，自分たちだけじゃできないことがたくさんあり，中国語力の低さを実感しました。この2週間でもっともっとしゃべれるように頑張りたいと思いました。（山下）

8月6日(日)

　現地調査2日目。都市班は朝8時に食堂に集合して朝食をとりながらミーティング。飛行機の関係で1日オフになることが決まったので，午前中はパワーポイントを進め，午後からは自由行動。午前中の作業は時間を決めてやっていたこともあり，集中して順調に進められました。何が足りなくてどう進めていけばいいのか少しずつわかってきました。午後からは各自自由行動だったので，女子5人は最終日に行く予定だった上海ディズニーに行きました。現プロ以来の中国での生活は戸惑うことや不安なこともあるけれど，皆で協力しながら調査はしっかり進めつつ，中国での日々を楽しもうと思います。（谷口）

8月7日(月)

　今日やっと南寧に着きました。空港周辺は田舎に見えましたが，ホテル付近にはいろいろな店があって安心しました。ホテルに着いてすぐマックに行きました。美味しかったです。明日から本格的に現地調査が始まるので，頑張っていきたいです。（柴山）

8月8日(火)

　午前，教育局に行ってきました。移動中，バスの中から見る南寧の空は，上海や天津と異なり，とてもきれいでした。通訳の白さんの日本語が上手すぎてとても驚きました。午後からの活動の前に少し昼寝をしたら，時間がぎりぎりで焦りました。ホテルの設備がとてもよくて，毎日安心して眠れそうです。（刈谷）

8月9日(水)

　午前は職業センターへ行きました。昼食は中国労働関係学院の学生と麦当労へ。午後からの家庭訪問を終えて，ホテルに帰ってから都市班の皆で南寧名物の米粉を食べに行きました。その店のオーナーと仲良くなりました。また，食べに行こうと思います。（林）

8月10日(木)

　午前に訪問した家庭は，これまで訪問した家よりも中国らしい雰囲気で，最後お土産でゆでたピーナッツをたくさん持たせてくれました。午後の家庭は，部屋がとてもきれいで妹の3歳の女の子が本当にかわいかったです。家庭訪問する中で，いつも驚くのが，教科書の難しさと，子どもの字のきれいさです。中学生であんなに難しい問題を解くのと，大人のようなきれいな字を書くことは日本より優れている部分だと思いました。やはり中国では教育熱が高いのだと改めて思います。夜市でサソリを食べてみたいと思っていたけれど，ほかのゲテモノを見たら，食べる気が失せました。でもいつかはザリガニとサソリを食べたいと思います。（前田）

8月11日(金)

　現地調査7日目。午前中五象小学校に訪問しました。到着時には子どもたちが歓迎してくれてすごく癒されました。校舎内にも，私たちを歓迎するたくさんの催しが用意されていて嬉しかったです。午後は座談会があり，一緒に毎日行動している労働関係学院の学生と仲良くなってきているなと感じました。夜は都市班全員でずっと食べに行きたいと話していた米粉を食べに行きました。自分好みに味が変えられるように調味料が用意されていてさまざまな味を楽しめました。農村班にもらったパイナップルも皆で美味しくいただきました。調査は今日で終わりなので明日から報告会に向けて，頑張りたいと思います。（大久保）

8月12日(土)

　今日は南寧日本商工会の方々と一緒に昼食をとりました。久々の日本食で美味しくいただきました。いろいろためになるお話も聞けて，良かったです。昼食後は，都市班の女子で市内をぶらぶら歩いて写真をたくさん撮りました。ホテルに戻ってからは報告会に向けて原稿やPPTの作成をしました。明日から3日間本格的に準備が始まるので，皆で頑張りたいと思います。一時は報告会の準備が行き詰まり，きちんとした発表ができるか不安でしたが，ようやくなんとかなりそうな段階になってきて一安心です。原稿とPPTを早めに終わらせて，原稿の暗記に力を入れていきたいです。今日も農村のパイナップルを食べました。元気が出ました。（晴山）

8月13日(日)

　現地調査9日目。教育チーム、就職チーム、それぞれ原稿・PPTがだいぶ進んできました。今日は一日中外に出ず、部屋で作業を進めました。起きたのが遅かったのと昼からの皆の集中で、気づいたら夜の8時を過ぎていました。夕食はトランプを1枚ずつ引いてjokerを当てた2人が全員分のマックを買ってきて、部屋で皆一緒に食べて、またすぐ作業に戻りました。皆追い込みが始まり夜中も遅くまで作業をして、今日1日でだいぶ都市班として作業が進んだと思います。都市班の夕食はいつも皆でどこにいく？と先生も白さんも一緒です。皆で食べるのが毎日楽しいし、食事の時間は息抜きもできとても有意義です。今日のこの調子で残りの発表まで協力して頑張っていきたいです。(山下)

8月14日(月)

　現地調査10日目。部屋にこもって各チームPPTと原稿を進めました。毎晩徹夜続きで皆の疲労がたまってきていると感じました。昼から始めたからか、あっという間に夜になり気分転換もかねて都市班全員でずっと気になっていたタイ料理を食べに行きました。カレーがおいしくて好評でした。そのあとは買い物組と地下街組に分かれて行動しました。最近は仕上げに追われてあまり外に出掛けられないから、もっといろいろなところに出掛けて思い出もいっぱい作りたいです。発表も成功できるように追い込み頑張ります！(谷口)

8月15日(火)

　今日はPPTにアニメーションをつけたり、写真を貼ったりしました。夜は麻婆豆腐を食べました。とても美味しかったです。都市班8人とても仲良し。毎日順調に進んでいるので、明日のリハ、明後日の本番しっかりと成功させたいと思います。今日で団結力が増しました。(柴山)

8月16日(水)

　皆で"外卖"(テイクアウト)や、外食をする時間が短くなっていてとても寂しい。今日リハーサルをして、明日の本番にむけて原稿とかパワポを完璧に仕上げました。最後は発音だけ、しっかり練習して頑張りたいです。お世話になった加治先生と白さんに、感謝を伝えられたらいいなと思いました。明日は本番なのでもう寝ます。また明日！(刈谷)

8月17日(木)

　報告会で無事に発表を終えることができました。報告会の後は関係者をお招きして現代中国学部と労働関係学院主催のレセプションを行いました。多くの方と交流することができとても楽しかったです。明日南寧市を離れるのはとても寂しいです。(林)

8月18日(金)

　今日は無事南寧から上海に行けて、ホテルにたどり着きました。2回目の上海だけれど、今回は虹橋空港から40分のところにあるホテルで、買い物できそうなところがたくさんありそうです。報告会までの疲労が今どっときているので、今日はぐっすり休みたいです。明日帰国なのは本当に寂しいけれど、2週間で得たことはたくさんあるので、胸を張って帰れます。皆お疲れさまでした。(前田)

南寧初日のサプライズパーティ（8月7日　南寧飯店）

第 3 章

農業発展に伴う農民たちの意識変化

【農村班】

調査概要

森本敬子

1　調査目的と方法

近年，中国の農村部では新農村建設が進められており，都市部にはない魅力で発展を遂げようとしている。日本ではわからない中国の農村部の現状を知るべく，我々農村班は以下の5つのテーマを各自で設定し，聞き取り調査を行った。「農民たちの自己意識」「農村部における子どもの夢と親たちの子どもに対する期待」「南寧市農村部の食文化に関する考察」「娯楽に対する農民たちの考え方」「民居の変化からみた南寧市の新農村建設」である。

8月7・8日は隆安県那桐鎮定江村定典屯，10・11日は良慶区那馬鎮壇良村壇板坡を訪れた。調査方法は市場や資料館，農園や農家の訪問，また村民委員会との座談会による聞き取り調査である。調査期間中は，南寧市内のホテルと定典屯に宿泊。定典屯では，宿泊先の従業員にも聞き取り調査を行った。

2　調査地概要

(1)　隆安県那桐鎮定江村定典屯

南寧市の西北部に位置し，人口300人，87戸の村である。主にチワン族によって構成されている。「広西金穂農業集団有限公司」（以下，金穂集団）による投資によって発展した総合示範村である。金穂集団は村の主な農産物であるバナナを開発資源として，村とその周辺において6,000ムーの面積のバナナ園を開発し，そのほか中国国内では8万7,000ムー，ラオスでは3万ムーのバナナ園を所有する，という中国最大のバナナ生産集団となっている。現在，定典屯は広大なバナナ園を観光資源とし，観光開発も進められており，南寧市政府より新農村建設のモデルとされている。

「郷企結合」のモデルとして，村民は家族ごとに分割され使用権を有する土地を金穂集団に貸し出した際の地代と，バナナ園および観光施設などで働くことによって二重の収入を得ることができるようになっている。

村全体の発展と同時に，民居も世界遺産に登録されている「徽派」という建築様式を取り入れて建設された。

(2)　良慶区那馬鎮壇良村壇板坡

南寧市中心部から27km離れた場所に位置し，人口1,332人，301戸の村で，主にチワン族によって構成されている。2013年に政府の支援に加え，「郷企結合」のモデルとして発展した村である。村民らは，農産業と観光業で収入を得るようになった。

民居は従来の高床式のスタイルを取り入れた上で，「穿衣戴帽」というプロジェクトで，民居の外壁を白く塗装し，屋根は青煉瓦で覆うように画一的に整えられている。また外壁にはチワン族の伝統的な花模様が描かれている。そして，かつて2階を支えていた4本の木の柱は，現在ではコンクリートで造られるようになった。

村内は道路も整備され，土地を四つの企業に貸し出すことで企業とともに発展を遂げている。

まとめ

今回訪れた2つの農村は，企業の投資によって発展を進めており，農産業だけでなく観光業も同時に発展していることがわかった。綺麗に整備された道路や，塗り直された外壁を実際に見て，中国の農村が変化していることを感じ，農村に住んでいる人や働いている人に聞き取り調査を行ったことで，新農村建設に対する意見も聞くことができた。我々は各々異なるテーマを持ったことで，さまざまな視点から現在の中国の農村部について考察することができ，充実した報告書を作ることができた。

今回，調査を行う中で，多くの中国の方々に協力していただいた。日本とはまた違う優しさに助けられ，短い期間で一生忘れることのできない体験をした。現地調査中に協力していただいたすべての方に感謝している。

I　農民たちの自己意識

蓑田しずく

　大学の講義で中国について学ぶ中で，日本にはない中国の戸籍制度に興味を持った。中国には都市戸籍と農村戸籍の2種類の戸籍があり，中国社会を理解する上で，この戸籍制度はとても重要である。農村から都市戸籍への変更は難しいとされているにもかかわらず，都市部へ出稼ぎ等で移り住む農村部の人々が多いと聞いていた。以前，講義で鑑賞したDVD「激流中国　富民と農民工」（NHKスペシャル）では，都市部の高級マンションに住んでいる富裕層の人たちと生活費を稼ぐために小さな子どもを両親に預けて出稼ぎに来た農民工の家族が描かれていた。このようなことが実際にあり，中国社会では農村部と都市部の格差が想像以上に大きいことに驚いた。また，このことは，日本に住んでいる筆者にとっては現実離れしたもので不思議な気持ちさえ感じさせた。

　しかし，中国ではここ数年間で新農村建設にともなった農業開発を進めており，数多くの農村からの出稼ぎ労働者の若者が相次いで農村に戻り，新農村建設に携わるようになったこと，また，多くの農民が農民という身分で満足しているということなどを講義等で知ることができた。だとするなら，先述したDVDで描かれていた農村部と都市部の格差は現在の中国では解消されつつあるのであろうか。もし，そうであるなら，農村地域に住んでいる人々が農民という身分や位置づけをどのように理解し考えているのであろうか。現在の中国における農民たちの自己意識を確かめることを目的とし，本テーマを設定した。

1　調査方法

　今回は南寧市の隆安県那桐鎮定江村定典屯と良慶区那馬鎮壇良村壇板坡の2つの村で，事前に準備したアンケートをもとに，座談会や農貿市場，家庭訪問にてアンケート調査と聞き取り調査を行った（写真1，2）。総計25部のアンケート調査の結果を得られた。以下，今回得たデータに基づいて考察を行う。

2　調査内容と結果

（1）「農民として自分自身に誇りをもっているか」

　「誇りを持っている」が20人と圧倒的に多かった。「誇りを持っていない」が3人，「考えたことがない」が2人という結果となった。誇りを持っている理由として，「自給自足の生活ができている」「自分が栽培した作物を皆がおいしいと食べてくれる」などがあげられた。それに対し，誇りを持っていないと答えた人は，「農業が身体的精神的につらい」「生活が苦しい」という理由をあげた。こんなに多くの人々が，自分自身に誇りを持って生活しているという結果に驚いた。誇りという言葉には，自慢に思うことという意味もある。誇りを持って栽培した作物だから，おいしいと皆

写真1　村民委員会との座談会
（8月9日　那桐鎮定江村定典屯）

写真2　農貿市場でのアンケート調査
（8月8日　定典屯　撮影者：高明潔）

に言ってもらえて，またおいしいものを作ろうとする。このように良い循環になっていると感じた。

(2) 「現在，都市戸籍か農村戸籍か」

回答者の25人全員が現在農村戸籍であり，その中で2人が都市戸籍から農村戸籍に変えたという結果を得られた。戸籍を変えた理由は，「農村戸籍にすると農村の土地が分配され，その土地を農村開発に投資する企業に貸すことで地代がもらえるからである」とのことだった。また農村戸籍の66歳男性は「自分の息子夫婦とその子どもは現在，南寧市の都市部に住んでいるが，上記と同じ理由で，家族全員の戸籍を農村戸籍に変えた」と話してくれた。同様の理由により，都市戸籍から農村戸籍に戸籍を変更したいと思う人が増えているため，変更することを禁止している地域もあるという話を聞いた。

(3) 「農村戸籍から都市戸籍に戸籍を変えたいと思うか」

農村戸籍から都市戸籍に変更するには，都市部に土地（家・マンション）を買うという条件がある。

「戸籍を変えたい」が4人，「都市戸籍に変えたくない」が14人，「考えたことがない」が6人という結果に対し，1人は「中国の経済発展が進んでいるので，農村も都市も変わらない」と回答した。都市戸籍に変えたい理由として，「子どもをいい学校に入れさせてあげたい」「都市の方が良い生活ができる」「子どもの進学が心配」といった，自分の子どもに対する気持ちが込められた回答が多かった。中国では学校等の入学の際，都市戸籍でないと入学ができないことがあるとも聞いた。よって，子どものために戸籍を変えたいと思う親が多いようだ。

また，25人中，半数以上（14人）が「都市戸籍に変えたくない」と答えた。主な理由は，「農村は自由がある」「自然が豊かである」「おいしい食べ物が多い」「村民が親切である」「現在の生活に満足している」などである。このことから，新農村建設にともなった農業開発は，農民たちの生活環境を次第に良くし，農民たちが都市戸籍に変えなくても，不便はないのではないかと思う。また，「おいしい食べ物が多い」という当たり前で普通のように聞こえる回答も，自給自足で生活している彼らにとって，質問(1)で得られた「農民として自分自身に誇りと持っている」という意識にも繋がるものだと思った。

(4) 「もし戸籍を都市戸籍に変更する場合，どの機会で変えたいか」

「結婚後」が5人，「都市で仕事をしてから」が4人，「大学卒業後」が1人，「出産の時」が0人，「その他」が15人という結果を得た。その他の回答のほとんどが，質問(3)の「農村戸籍から都市戸籍に変えたいと思うか」の回答と同様，「考えたことがない」であった。現在，農村自体が発展しつつあるため，変えようという考えが出なかったのだと思われる。

(5) 「日本では歳をとってから農業を始めることが多いが，中国ではどうか」

「歳をとってからも仕事（農業）をしなければいけない」「死ぬまで働く，死ぬまで農民」「孫の面倒をみる」「年金がもらえるから仕事をしない」「好きなことをする」などというさまざまな回答を得た。農村部では，孫が祖父母と暮らしている家族が多かった（写真3）。彼らは今までは農業をしていたが，歳をとってからは年金を受け取りながら両親が共働きの孫の面倒をみることが多いことがわかった。また，健康を維持するために，農業をする人もいるという。中国には日本の年金制度と同じように養老保険制度というものがある。しかし，「歳をとってからも仕事（農業）をしなければならない」「死ぬまで働く，死ぬまで農民」という回答から，農村部では高齢者への政府からの待遇が行き届いていないのではないかと考えた。

(6) 「都市に住んでいる人の印象はどうか」

人によって印象の感じ方はさまざまであるため，答えやすいように6つに項目をしぼり，その中から選択してもらった。「熱心」が8人，「正直」が6人，「親切」が5人，「冷たい」が5人，「都市の人と出会う機会がない」が3人，「その他」が6人という結果を得た。「熱心」「正直」「親切」と良い印象と答える人が多い。しかし，農村戸籍と都市戸籍に分けられていたり，農村と都市の間には貧富の格差があったりと，それらの理由から

写真3　家庭訪問先の家族（祖母と孫）と
（8月8日　定典屯　撮影者：高明潔）

写真4　店番をしている子どもたち
（8月8日　定典屯）

都市の人は「冷たい」という印象が生まれたのではないかと考えられる。

(7)「農村部の長所と短所」（複数選択可）

長所は「空気が良い」が24人、「環境が良い」が16人、「家族と一緒に暮らすことができる」が14人、「食べ物がおいしい」が13人という結果を得た。それに対し短所は、「収入が少ない」が16人、「文化施設が少ない」が16人、「交通が不便」が5人、「仕事がない」が3人であった。農村部の家庭を訪問した際、祖父母も一緒に暮らしていたり、曾祖父母もいたりと、家族が多いことがとても印象的だった。短所の「収入が少ない」と回答した3人は、定典屯の市場で食品や生活用品を販売していた人々だ。市場で売っているものはとても安く、都市部のスーパーマーケットの3分の1ほどの値段で品物が売られていた。また、2つの村での座談会で「収入が少ないため、若い時はだいたいの村の人は出稼ぎに行っていた」という話をうかがった。

農民の長所と短所について調査したところ、長所は圧倒的に「自由な暮らしができるから」という回答が多かった。農村部にはそれぞれ村特有のルールがあるが、都市のように厳しいものではなく、人々が生活しやすいのだと感じた。また、定典屯の宿泊した周辺の売店では、村の子どもたちが店番をしていた（写真4）。店番を子どもに任せられるほど、村民同士の信頼が固く、皆知り合いのため、安心して暮らすことができるのだろう。短所は、「都市部の人々や政府からの信頼が薄い」という回答が多かった。

(8)「自分の子どもにも農民になってほしいか」

「農民になってほしくない」が10人、「農民になってほしい」が9人、「考えたことがない」が6人、「子ども次第」が4人という結果を得た。農民になってほしくない理由としては、「子どもに良い教育を受けてほしい」「勉強して外の世界を見てほしいから」とのことだった。これは質問(3)の「農村戸籍から都市戸籍に変えたいと思うか」についての戸籍を変えたいと思う理由と同様で、子どもの将来への気配りによるものであると考える。農民になってほしい理由は、「農業技術が進化しストレスを感じなくなった」「農民は自分の土地を持つことができるから」「都市部に比べ農村は自由で自然が豊かであるから」などがあげられた。

(9)「自分の子どもに将来どのような職業に就いてほしいか」（複数選択可）

「教師」が11人、「公務員」が7人、「会社従業員」が3人、「その他」が10人という結果を得た。その他では、「子ども次第」という答えが多く、「犯罪者にならなければいい」と答える人もいた。調査地には、中国で最も大きなバナナ園（写真5）があり、「仕事は大変だがバナナ園を継いでほしい」という回答もあり、また、「安定した職業に就いてほしい」と願う親が多かった。筆者自身も、自分に子どもができたら、子どもには大変な思いをせず、安定した暮らしをしてほしいが、子どもがやりたい職業に就くべきであると思う。子ども

写真5　金穂農業集団の広大なバナナ園
（8月8日　定典屯）

の気持ちを尊重したり，子どもの幸せを願ったりすることは，中国や日本に限らず子どもを持つ者は皆同じ想いであると感じた。

(10)　「現在の生活に満足しているか」

「満足している」が22人と圧倒的に多かった。その理由は「子どもや孫と一緒に暮らせるから」や，「食べるもの着るもの住むところなどの生活条件が整っていることで，満足している」などである。「満足していない」と回答したのは3人であった。その理由は「収入が少ない」「交通が不便である」「人から信頼されない」などであった。

まとめ

　調査を通してわかったことは，中国南寧市の定典屯と壇板坡の2つの村の人々は，以前と比べると多くの人々が現在の生活に満足していて農民としての誇りを持っている人も多いということである。回答の多くに，「自分の子どもにはより良い環境で生活してほしい」「良い環境で育ってほしい」「勉強をしっかりしてほしい」という自分の子どもを想う意見が述べられていた。それは，現在の生活に満足している大人による，子どもたちに対しての想いや願いであると感じた。また，自分自身は農民であることに誇りを持つということは，「郷企結合」に基づいた新農村建設や農業開発にともなって現れてきたものであり，農業も産業・職種のひとつであるという認識に繋がるものであると考えている。しかし，インフラ建設に力を入れる新農村建設を進めていくなかで，

・定典屯の市場で商売をしている人々への調査で，識字率が低いために困難を感じたことがあった。
・大人も子どもも方言が強く，"普通話"（標準語）は伝わりにくかった。
・新農村建設が進められて仕事が増え，多くの人が生活に満足している地域でも，現在の生活に満足していない人や生活が苦しいと感じている人も一定程度いる。
・学校教育の諸整備が都市部に比べて整っていない。

という今後の課題となるであろうこともわかった。

　最後に，この現地調査で関わったすべての方々に感謝したい。また，引率してくださった先生方，苦労をともにした農村班の皆さんにありがとうと伝えたい。

参考文献
NHKスペシャル「激流中国　富人と農民工」
第6章「社会」愛知大学現代中国学部編『ハンドブック　現代中国』（第4版）あるむ，2003，pp. 124-133, 138-143

II　農村部における子どもの夢と親たちの子どもに対する期待

森本敬子

　農村に生まれ育った子どもたちの夢を聞くことは，その地域や民族，また国家の将来を知る手がかりとなるものであろう。近年，中国の農村部では新農村建設という国家プロジェクトのもとに，観光開発や農業を産業化するなどの手段で発展が進んでいるが，都市と農村間の格差はすぐには解消できないのも現実であろう。これにともなって子どもたちは将来をどう考えるか，また農業の実情を知る親たちは子どもの将来をどう考えるのか。未来を作る子どもたちによって農村の未来は大きく変化し，農業の行く末も変わるだろう。このような問題意識に基づき，今回の現地調査では，実際に農村で生活する子どもと親を対象にアンケート調査を行うことで，農村の現状だけでなく，未来も知ることができると考え，このテーマを選

定した。

今回訪れた江西省チワン族自治区の隆安県那桐鎮定江村定典屯と良慶区那馬鎮壇良村壇板坡において，アンケート調査や聞き取り調査によって，総数47部の回答を得ることができた（その内，親からの回答27部，子どもからの回答20部）。ただし，各質問に対する有効回答数は異なる。以下，調査地で得たデータによって「子どもたちが考える将来」と「親の期待」について考察していく。

1　子どもたちが考える将来

まず，「将来は何になりたいか？」という質問に対し，「教師」が4人，「会社員」が3人，「労働者」が2人，「その他」11人という回答が得られた。その他としては「デザイナー」「農村で働く」「まだわからない」があげられた。農業従事者という回答は少なく，都市で就ける職業が多いように感じた。

農村のこれから先を知ることは，子どもたちが「両親の仕事をどう思うのか」を知ることであると考えた。この質問には「よいと思う」という回答が12人，「よくないと思う」という回答が4人得られた。「よくない」と答えた理由として，重労働であることがあげられた。両親の仕事を「よくない」と考えている子どもは少なからずいた。その理由として，子どもの目から見ても両親の農業の仕事は重労働に見えてしまっているためだろう。

さらに同じく両親の仕事に関する質問で，「両親と同じ仕事をしたいか？　仕事を継ぎたいか？」という質問に対し，「したくない，継ぎたくない」という回答が13人，「したい，継ぎたい」という回答が7人という結果になった。「同じ仕事をしたい」と回答した子どもたちは，農村で衣服などの洗濯を請け負う仕事をする家庭の兄弟で，皆まだ幼い様子だったが両親の仕事を誇りに思っているように感じられた。一方で「親と同じ仕事をしたくない」という回答について，村でバナナ園を営んでいる家庭の複数の子どもたちからは「仕事がきついから」という回答が得られた。

新農村建設が進む定典屯には中国国内で最大のバナナ園が建設されており，給水と給肥はコンピュータで管理し，行っている。とはいえ，人力でしか補えない害虫の駆除や，バナナの収穫作業といった仕事もあり，子どもたちの目から見て両親の仕事は重労働に見えてしまうのだろう。他にも，「同じ仕事はしたくない」という理由として，「都市へ行きたい」「都市に出て働きたい」という回答が多く得られた。農村の子どもたちは都市に対して強い憧れを抱き，移住を望んでいることがうかがえる。

この都市への憧れについては，「将来どこで働きたいか？」という質問への16人の回答からも読み取ることができた。「将来は都市で働きたい」という回答は，「農村で働きたい」という回答が3人であるのに対し，7人と多く得られた。さらに，ここで筆者が驚いたのが，「その他」という選択肢に含まれていた，「海外」という回答である。農村の発展にともなって，子どもたちの将来に対する視野も，国内に限らず国外へも広がっていることに驚かされた。日本ではグローバル化が進み，子どもの外国語教育，就職後の海外への転勤や，外国の企業への就職も増えてきているが，開発と発展のただなかにある中国農村部でも，そのグローバル化の傾向が表れつつあることがうかがえた。

子どもたちの勉強に対する姿勢としては，「将来のために勉強は重要だと考えるか？」という質問に対して回答した全員が「重要だと考える」と回答した。働くうえで知識や教養は必要だと考えているようだ。さらに，「勉強は好きか？」という質問にも19の回答のうち14人の子どもから，「好きである」という回答が得られた。中国の子どもたちは勉強に対する意欲が非常に高く，勉強をし学問を身に付けることが夢をかなえることに繋がると考えているようだ（写真1）。

また，親たちも子どもの夢を応援するために勉強を強要する場合もあるようだが，「勉強を強要したことがある」という回答が14人と，「強要したことはない」という回答が12人でほぼ半数に分かれていた。そして，親たちへのアンケート結果を見ると，親たちも子どもたちと同じように，何の職業に就くかという以前に，勉強ができることが，良い職業や良い収入に繋がると考えている

写真1　アンケートに協力してくれた子どもたち
（8月11日　那馬鎮壇良村壇板坡）

ようである。親子で共通の意識を持つことで，子どもは親の期待に応えようと勉強に励むのだろう。

2　親たちの期待

子どもたちに「将来について」の質問をした一方で，親たちに「子どもに将来何の職業に就いてほしいか？」（複数回答可）という質問をした。質問に対して「教師」が8人，「会社員」が5人，「公務員」が2人，「労働者」が1人，「その他」が13人という結果が得られた。その他として「自営業・経営者」「子どもの意思を尊重する」などがあげられた。農村で働いてほしいという回答は少なく，親たちも子どもの都市への移住を望んでいることがわかる。教師という職業が選択肢の中では最も多く回答が得られ，中国の子どもたちは教師に憧れを抱いていることがわかった。

また，この質問で得た回答の中で「自営業・経営者」という回答は，日本ではあまり見られないもので，中国独特の考え方が表れていると感じた。さらに親たちの具体的な意見としては，43歳男性の「勉強ができて，仕事があればいい」，66歳男性の「仕事があればいい」，31歳男性の「子どもの選択を尊重する」といった回答が得られた。親たちは子どもの将来に対して子どもの意思を尊重し，見守るような寛容さがうかがえた。

親たちが子どもの意思を尊重するという考えを持つ一方で，「子どもに自分と同じ仕事をしてほしいか？」という質問をしたところ，「してほしくない」という回答が18人，「してほしい」という回答が3人，「どちらでもいい」という回答が3人得られた。「どちらでもいい」と回答したのはすべて男性であり，「してほしくない」と回答したのは女性が多かった。このことから，父親は子どもの将来に対して寛容であり，母親は子どもに対する期待が大きいと感じられた。農村の現状を知って働いてきた親たち，特に母親は，自分と同じ農業ではない他の職に就いてほしいと考えているようである。

また，「現在，村で農業を営む高齢者たちは，若いころは都市へ出て出稼ぎをしていたのか？」という質問に，「若いころは出稼ぎに行ったことがあったが，歳をとってから帰郷した。出稼ぎをしていたころは子どものために旧正月など，年に1～2回帰郷していた」と話してくれた。農業だけでは暮らしていくために十分な収入が得られなかったようだ。子どもにも年に1～2回しか会えなかったという経験もあり，自分の子どもにはそんな思いをしてほしくないという考えから，親たちは，農業以外の職に就くことを期待しているようである。

「自分と違う仕事をしてほしい」と回答した37歳で教師をしている女性からは，「自分と違う仕事をしてほしい。大きい会社に入ってたくさん稼いでほしい」というまた違った意見も得られた。

まとめ

今回の調査を通じて，両親のしている仕事はよいと思うが同じ仕事はしたくないという考え方を持つ子どもが多いことがわかった。同時に農業を強制する親も少なく，子どものなりたいもの，したいことをしてほしいと考えているようである。

この結果から，農村での仕事は重労働であることに加え，子どもたちの都市への憧れの気持ちも非常に強いため，農業を希望する子どもたちは少ないことがうかがえた。しかし，村を案内してくれた人は，「これからの農業は新農村建設によって，人力で行う重労働でつらい仕事ではなく，技術によって支えることができるようになる可能性が高い」と言っていた。実際，今回訪れた定典屯のバナナ農園では給水や給肥はコンピュータで管

理されるようになり，農作業の負担の一部軽減化に成功している。これからさらに技術が発展し，農業従事者の負担の大幅な軽減化に成功し，その技術を全国区に広げることができれば，農業は重労働であるという今までの見方は変化するだろう。また，将来，農村だけでなく都市からも後継者が現れ，国全体の課題でもある農業従事者不足や後継者不足の改善にも繋がると考えた。

　一方で，農村の発展にともない，農業だけでなく観光業も行われるようになったため，外部からの情報や訪問客も増え，子どもたちは農村の外へと興味を示し，都市だけでなく国外で働くことも目標として視野に入れていた。戸籍制度改革が進み，将来，農村と都市間の移動が容易となった時，農村人口の都市への移動にともなう農業従事者不足もいずれ大きな課題となってくるだろう。農村はこれから，負担が軽減された農業によって後継者不足が改善されさらに発展していくのか，それとも農村の人々は戸籍制度改革によって都市へと流出するのか。どちらの課題を先に改善するかによって，進む道が変わってくるだろうと感じた。

　そして，子どもたちが将来に関してさまざまな夢を抱く一方で，農村で働いている親たちは，子どもの将来について，「職業は問わないので，ご飯が食べていけること，暮らしていくことさえできれば良い」というような，子どもの意志を尊重する意見が多く，自分たちが現在働いている農業を強制する気持ちは少ないようである。むしろ，農業ではない他の職に就くことで現在の自分たちより良い暮らしをしてほしいと望んでいるようである。しかし，上述したように，もし子どもたちが農村を離れ，都市へ移住した場合，家系の後継者不足も問題となってくるため，農家の息子たち，特に長男は農業を継がなければならない可能性もあるだろう。実際，家業を継いだと回答した親は男性ばかりであった。

　また，新農村建設の進む定典屯と壇板坡の農村を実際に自分の目で見て，想像よりもはるかにきれいに整備されていることに驚いた。今までは農業が主な産業であったが，近年は観光開発が進み，外から人を呼び込み，もてなすことで利益を得られるように変化しつつあると感じた。閉鎖的であった農村が開放的なものになろうとしているのである。企業が参入し，農村と契約することで，農村側は技術の発展と農業の活性化が進む。一方で，企業側は農民を雇用することで農村を整備し，観光開発も進めることで利益が得られる。農村側と企業側，双方にメリットがあるようである。

　今回の調査結果から，中国の新農村建設は中国国内だけでなく世界中から注目されうる事業であることがわかる。日本も中国と同じく，農業の衰退に加え，農業従事者の高齢化，後継者不足が問題となっている。企業と農村が一体となり，農業だけでなく新たに観光業にも力を入れる，新農村建設について学べることは数多くあると感じた。

　以上を踏まえ，今後の中国の農村では，家業として代々継がれてきた農業は，今まで通りこれからも農家の子どもが担っていけるのか？　それとも，農村の子どもたちの将来の職業の選択肢は都市だけでなく国外も含み，大きく広がっていくのか？　これらの問題は中国の農村だけでなく，中国全体，さらには成長著しい中国だからこそ世界をも動かしていくきっかけとなっていくと考える。今後の中国の発展に期待したい。

Ⅲ　南寧市農村部の食文化に関する考察

小河歩生

　今回の南寧市農村部の現地調査において，農村部の食文化について調べた。個人的に食べることが好きなので，「食文化」というテーマに関心はあるが，一番の決め手はやはり日本人から見る中国の農村のイメージであった。日本人は中国の農村は貧しい地域だとイメージしている人が少なくない。今回の現地調査で，そのようにイメージされた農村地域に行く機会を得たため，中国の農村部の人々は一体どのような暮らしているのかを検証すべく，自分の好きな「食文化」というテーマを選んだ。

　今回の調査地は，隆安県那桐鎮定江村定典屯，良慶区那馬鎮壇良村壇板坡という2つの農村であった。現地では，事前に用意した質問内容をもとに，座談会や家庭訪問にて聞き取り調査とアンケ

ート調査を行った。以下は調査内容とその結果である。

1 調査内容

質問項目には，自分の聞きたい内容と，日本と比較できるような内容を織り交ぜて食文化の違いについて調査した。

(1)「あなたは地元の料理，または地域外の食とどちらが好きですか？」（写真1）

この質問に対して，30人中18人が「地元の料理が好き」と回答し，9人が「両方好き」と回答し，3人が「地域外の食が好き」と回答した。安心安全であり美味しいという理由から，地元の料理が習慣として根づいていることがうかがえた。また，「地域外の食が好き」を選んだ理由は「新しい飲食文化を試したい」「地元の味に飽きている」であった。確かに，筆者を含め日本人も海外の料理に憧れることはめずらしくないため，多国籍料理も日本では普及している。それと同時に，18人の「地元の料理が好き」という回答のように，やはり地元の料理が一番安心安全だと感じている点は，食の安全を重視し地元の味にこだわる日本人と共通していると思われる。

(2)「南寧市の地産地消である農作物は何ですか？」（写真2）

この質問に対して，30人中28人が「バナナ」と答えた。次いで，「米」「ミカン」などがあがった。そして，余った食物は親戚や近所の人におすそ分けすることもあるそうである。南寧の主な農作物が亜熱帯地域の果物バナナとパイナップルである点は日本とは異なる。これは南寧が亜熱帯性気候に属するためである。実際，我々がバナナやパイナップルの産地である定典屯に滞在した時，毎日バナナとパイナップルを食べさせていただいた。村を離れた時もお土産としてパイナップルをいただいた。

(3)「現地の食品保存方法は何ですか？」（複数回答可）

この質問に対して，回答者30人中26人が"腌制""涼干"の2つをあげた。日本でいうと，漬物と乾物に当たる。現在では，農村地域でも冷蔵庫が普及しつつあるため，どの程度の人がこの保存法を利用しているかわからないが，数年前までは，"大陶罐""陶罐"（写真3）と呼ばれる陶器に食料を漬物にして保存していたことを知った。現地ではここ5年間で農村地域は発展したと聞いたが，まだこの2つの保存方法は続いていると思われる。

日本でも，昔はこの2つの方法は一般に使われていた。生きるために食料を獲得するだけではなく，食料保存法も講じなければならない点は，人間社会の共通点であろう。ただし，日本との異なる部分は，食品の管理方法である。農貿市場を観察した時，食材に虫が集まっているところをたび

写真1　バナナを食べて育ったアヒル料理
（8月7日　那桐鎮定江村定典屯）

写真2　農貿市場で売られているバナナ
（8月8日　定典屯）

第 3 章　農業発展に伴う農民たちの意識変化 …… 87

写真 3　食品保存用の陶器"大陶罐"（または"陶罐"）
（8 月 10 日　那馬鎮壇良村壇板坡）

たび見たため，販売食品の管理方法はもっと改善すべきではないかと思った。もちろん，それはあくまでも食品の管理に厳しくなっている日本人としての認識である。かつて農村部の露天市場は道端に散在していたが，現在の農貿市場のように一定の施設に集中させるようになった点からすると，ある程度市場の環境は改善されたといえる。現地の人も気にせず買い物をしていたところも目にしたが，農村部の人々の暮らしに密接な関係がある食品販売の環境改善も新農村建設の課題であろう。

(4)「イベントや冠婚葬祭の時の料理は普段と同じですか？　どのような種類がありますか？」

この質問に対して，30 人中 28 人が「違う」と回答した。「普段の料理は野菜が多いが，こういう特別な日には主に肉類と魚類，野菜も種類が豊富になり，量も多くなる」との理由があげられた。イベントや冠婚葬祭の料理は，鶏・鴨・豚・牛などを食材とした肉料理をテーブルから取り分ける伝統的な中華料理のスタイルである。例えば日本でも，結婚式では会席料理やフルコースなどが多い。両国ともに，特別な日の料理は普段の家庭料理とは異なることがわかった。

(5)「地元の飲食文化の中で，独特な習慣やルールなどはありますか？」

この質問に対して，アンケートではあまり情報を得ることができなかったが，座談会や口頭で聞いた結果，日本との違いがあった。日本でも食事の時のマナーなどは多く存在するが，南寧の農村部の人々の場合は以下の 5 つのルールを重んじることがうかがえた。

①ご飯に箸を刺してはいけない。
②料理を取る時に，隣の人と交差させてはいけない。
③人数分だけの食器を食卓に置いて，多めに置いてはいけない。
④料理を取る時は，自分用の箸で自分の好きなおかずばかりをひっくり返して選んではいけない。
⑤箸を口にくわえながら，ねぶってはいけない。

①の理由としては，ご飯に箸を刺す行為は，葬式などのお供え物を連想させるから縁起が悪いということであった。②の理由は，隣の人と交差して料理を取ることは失礼にあたるため，目の前に置いてある料理を取るのが礼儀正しいとのこと。③の理由としては，多めに食器や容器をそのまま食卓に置くと，亡くなった人を偲ぶことや，家族の人数が減ってしまうことを意味し，縁起が悪いからである。日本でも食事の時のマナーは多くあるが，この③の，食器を置いておくだけで縁起が悪いということにはとても驚いた。④と⑤の理由は一般常識であるとのこと。また，我々が訪れた農村では，海外に見られる宗教による食のタブーはほとんどないこともうかがえた。

日本では，ご飯の食べ方には箸で食べること，丼物もかき混ぜて食べないこと，お膳のおかずとご飯は交互に食べる，という慣習がある。また，汁物のいただき方には音を立ててすすらないこと，器に両手を添えて口をつけて汁を飲み，具は箸を使いレンゲやスプーンは使わないこと，いただいた後は，お椀にふたをかぶせた状態に戻すなどの作法がある。理由は，お椀の絵柄を傷つけないためである。

また，日本では宗教による食のタブーはあまり多くないが，食事に招かれたり飲食店などで出さ

れた料理は残さず食べることがマナーであり，常識である。これは食物を貴重とする日本の価値観によるものであり，日本における曹洞宗の開祖である道元はその理由を「食材は多くの人々の労力のこもった物であるから粗末にしてはならない」と述べる。この関係で，日本では飲食店で食べきれないほどの料理を注文することもマナーに反する。複数の皿が同時に客の前に出される場合と，一皿ずつ順番に出される場合とがある。同時に出される場合，一つの皿の料理だけを食べてその皿を空けてしまうのは「片付け食い」といい，無作法とされ，複数の皿の料理を順番にバランスよく食べる。多くの場合は，それぞれの料理を順番に口に運ぶことで，味を最大限に楽しめるよう工夫されている。

このように，南寧の農村部と日本ではそれぞれ独自の食事マナーがあるが，食物に関する禁忌（食のタブー）はほぼ無いという点は共通している。

(6) 「あなたにとって食文化は重要ですか？」

この質問に対して，30人中28人が「重要」と回答した。なぜかというと，中国では「"民以食为天"という伝統的な認識があるから」という回答が多かった。すなわち，人間にとって食とは天のような最上のものであるため，食文化は中国の伝統文化の中で最も重要な要素である，という理由であった。

まとめ

今回の調査を通して，筆者の中国の農村に対するイメージは大きく変わった。また，日中間の食文化にはさまざまな相違点と共通点があることに気付いた。調査を通して，理解できたことと考えたことを，以下にまとめる。

第1に，写真1に示したように，農村部で実際に食べた「食」（=料理）はいずれも地産地消の食材で供給や品質が保障されたものである。中華料理の共通点は油を多く使うこと，デンプンでとろみをつけること，食材の種類が多いこと，とりわけ地元風土に合う地方料理が多いということがあげられる。例えば中国の八大料理もそれぞれの地方風土にあって初めて定着したものであろう。一方，日本料理の特徴として，中華料理と異なり油を控え，日本でなじみの深い食材を用いること，その風土の中で発達した多様な食品の持つ素材の味を利用すること，一汁三菜など栄養バランスが良いことがあげられる。双方の紛れもない共通点は，地方風土に合った地産地消の食材を利用することである。

何よりも，地産地消という共通点から，地元ならではの食材を利用した料理は，地元の人と人とを繋ぐ絆であり，地元に対する愛着を生み出す源となり，伝統文化になる，ということを今回の現地調査で実感し，改めて食の意味合いを意識するようになった。

第2に，「食」という行為は，単純に食べる対象（食物・料理）ではなく，文化でもあることがわかった。とりわけ，"民以食为天"（民は食を以って天と為す）という昔ながらの考えが中国の人々の考えに根付いていることがわかった。例えば，中国語の"你吃饭了吗"（ご飯食べた？）という言葉は，日本語の「元気？」「こんにちは」のような挨拶言葉の代わりに一般的に用いられている。家族同士や親しい者同士，さらには他人同士に対する思いやりや礼儀を示すものとして，食は人間にとって何よりも重要であることをごく自然に表出しているのであろう。

また，"民以食为天"という言葉からは，食は人間が生きることを保障する第一条件であること，「食」があってはじめて人間がそれぞれの文化を創り出せるということを，改めて感じた。そして，中国の歴史上の王朝と政権交代を振り返ってみると，食問題の解決を国政の重要任務としてきたのであろうと考える。

短い期間での現地調査であったため，本稿であげた日中双方の食文化の相違点は多くはない。今回の考察を通して，食文化とは，普段筆者が考えてきた「食」とは大きく異なることが理解できた。筆者にとっての「食」はただ当たり前に食べるだけのことであり，食文化を構成する諸要素，すなわち，食べる対象となる「食」（=料理），料理を提供する自然資源からの食材の獲得・調理法・テーブルマナー・食のタブー，冠婚葬祭の食に関する作法などの意味合いに関しては深く考えたことがなかった。しかし，今回の現地調査で得たもの

は多かったので、より一層「食」というテーマに興味が湧いた。引き続き研究していこうと思う。

短い期間であったが、貴重な経験ができたこと、おいしい農家の料理を食べさせていただいたことを嬉しく思うと同時に、関係者に深く感謝したい。

参考文献

元台湾在住サラリーマンの徒然なる日々「「中国で食事をする時には少し残すのがマナー」は本当？ それとも嘘？ 実際に中国人に聞いてみました」http://taiwanlover.hatenablog.com/entry/2016/03/24/000000

島根県浜田市ホームページ「（国際交流員 劉悦）中国と日本の食事の違い」http://www.city.hamada.shimane.jp/www/contents/1001000002665/index.html

崔春基「中国文化と日本文化の相違点――言語から見た中国文化と日本文化の相違点」『北星論集（社）』第35号、pp. 155-160 http://ci.nii.ac.jp/els/contentscinii_20170930195819.pdf?id=ART0000417

IV 農村部における娯楽に対する考え方

山崎早希

現代中国学部に入学し、今まで持っていた中国への印象がすべてではないことを授業で学び、さらに留学生活を通して直接実感した。その後は中国に旅行したり、現地の友達と連絡を取り合ったりする中で中国への関心や交流がより一層深まっている。

娯楽とは、人間が生きていくうえで大切なことの一つである。一人ひとり娯楽に対しての考え方は異なり、またその考え方は生まれや育ち、環境によって多少の違いが生まれる。日本は先進国として比較的裕福であるため、筆者はこれまで娯楽と聞くと「楽しいこと・遊ぶこと」を想像してきた。しかし、今回現地研究調査という機会を得て、なかなか行くことのない中国農村部へ行くことになり、日本と環境や生活習慣・収入の違う中国の農村部ではどのようなことを娯楽ととらえているのか興味を抱き、今回の調査テーマとして選んだ。

今回訪れた広西チワン族自治区南寧市の隆安県那桐鎮定江村定典屯総合示範村および良慶区那馬鎮壇良村壇板坡で、アンケート調査や聞き取り調査を行った（写真1）。アンケート調査では28名（内訳：女性12名、男性16名）の回答を得た。その内10代が2名、20代が1名、30代が10名、40代が11名、50代が2名、60代が2名。現地で得たデータをもとに、以下の考察を行う。

1 娯楽のイメージ

上述したように日本では娯楽と聞かれると「遊ぶこと」を想像する。この時、日本人にとっての「遊ぶこと」とは旅行へ行く、買い物をするなど費用がかかることが多い。しかし、南寧の農村部で「娯楽と聞いて想像することは」と質問をすると「人と集まること」「伝統的なイベント」との回答が最も多かった。実際に現地で見かけた娯楽は、地域独自のルールがあるカードゲームや石板を使った"象棋"というゲーム、集会場に音楽を流し楽しんでいる風景などが見られた。決して旅行に行かないわけではないが、人と集まることが彼らにとって一番身近で心を満たす娯楽であると多くの人が考えていることがわかった。

2 旅行

「旅行に行きたいと思うか」という質問に対し多くの人々が行きたいと思うと答えた。10代と20代の人々は「いろいろなものが見たい」という意見が多く見られる。しかしその一方で30代以上の世代では異なる意見も少しずつあった。その中でも「国内・国外どちらに行きたいか」と質問をすると国内と答える人が多かった。年代別で意見が分かれ、若い人々より30代以降の生活を現実的に考える人々は、国内と答える人が多かった。

写真1 農貿市場にてアンケート調査
（8月8日 那桐鎮定江村定典屯 撮影者：高明潔）

また「日本に行きたいと思うか」と質問に対して，多くの人が「行きたい」と答えた。理由は「桜がきれいだと聞いたので見たい」「文化の違いを感じたい」「視野を広げるため外に出たい」とのことであった。しかし「行きたくない」「行きたいが行けない」と答えた人の意見では「遠い」「言葉が通じない」「自分は中国人である」「仕事が忙しく時間がない」というものが多かった。今回調査し，見学した農村部の人々は朝早くから仕事に集中し，果物や野菜などの農作物を取り扱うため，長期休暇を取ることが難しい。回答をする際にも仕事のことを口にする人が多かった。

そして，「日本に行きたいと思うか」に対する回答の中で，最も興味を持ったのは「中国人であるから」というものである。筆者自身，日本人であるから外国に出る必要がないと考えたことは一度もなく，そのような意見を周りの人から聞いたこともない。しかしこの回答をした40代の方にとっては，中国人であるから中国にいることが当たり前のことである，という愛国心が感じられた。中国では建国以来，愛国主義教育が盛んに行われ，学校教育の内容をはじめ簡体字や共通語を普及させることで，愛国主義や民族主義の意識を共有させてきた。

1983年には，中国共産党中央宣伝部と中国共産党中央書記処研究室により「愛国主義宣伝教育の強化に関する意見」が公布され，国家をあげて国民へ愛国主義教育を行っている。日本では，今まで筆者が受けてきた歴史に関する授業やニュースなどで取り上げられるものからは特別愛国主義を強く感じさせられることはなく，教育の行い方や内容が中国とは大きく異なると感じた。この質問から，中国と日本の考え方の大きな差を肌で感じることができ，中国人の愛国主義について改めて考えさせられた。

これらのことから，愛国心や，収入などの金銭面，言語の壁や農作業のために長期休暇を取ることができないなどの時間の制約により，近隣の地域へは旅行に行くが，国内でも遠いところへの旅行や国外への旅行は現実的に厳しい，と考える傾向があることがわかった。

3 長期休暇

「長期休暇はあるのか」という質問に対し，「ある」と答えた人と「ない」と答えた人は五分五分の結果であった。30代では「ある」と答えた人が多く，40代では「ない」と答えた人が多く対照的な結果となった。この結果と農村部での考察から，40代（1970年代生まれ）の人々は教育が行き届いている時代ではないため農業しかできず，農作物を長期放置することはできないため長く休みを取ることができない。しかし30代（1980年代生まれ）は教育政策が進み学のある人が多いため，農民でありながら企業に従事し休暇を与えられているため，年代別の差が生まれたと考えた。今回調査を行った定典屯は，農村部でありながら産業開発や観光開発が進んでいる地域である。そのため，大手企業に土地を貸し出す形で，技術的援助や経済的援助を受けており，学校教育を受けていた一部の農民が企業の社員として雇われ，かつ農業も兼業するため，きちんとした期間つきの休暇を与えられていたのではないかと考える。

次に「休暇中何をするか」という質問に対し，「旅行をする」という答えが多い結果となった。上述の旅行に関する質問では，遠い土地に行くことを回答してくれていたが，「どこに行ったことがあるか」と具体例を聞いたところ，貴州や雲南など比較的近隣の地域が多かった。少数ではあるが，上海や浙江省，広東，ベトナム，香港などの回答もあり，「親戚がいるから遠くへいくことができる」という理由があげられた。他にも休暇中の過ごし方としては，テレビを見る，普段の疲れをいやす，映画を観るなどの回答があった。

4 伝統行事

「伝統的なイベントはあるのか」という質問に対し，すべての人が「ある」と答えた。その中でも，多くあがったのが旧暦3月3日に行われる"三月三"という広西チワン族自治区に伝わる地域特有の年中行事である。"舞獅"（写真2）という獅子に扮して踊るものや民謡を皆で歌う"山歌"がある。今回聞き取り調査をした方の中に昔俳優や歌手をしていた方がいた。彼は我々に民謡を披露

写真2　三月三で踊る"舞獅"
https://kknews.cc/zh-mo/news/p8y6bo8.html より

写真3　民謡を披露したおじいさんと孫と近隣の子ども
（8月11日　那馬鎮壇良村壇板坡　撮影者：包一伶）

してくれた。それは普通に歌うだけでなくセリフのように歌うものであった。歌いながら行う振り付けも見せていただき，とても貴重な体験となった（写真3）。

他にも旧暦8月15日に行われ，家族団欒で"月餅"や果物を食べる"中秋节"（または"团圆节"）や旧暦9月9日に行われる"重阳节"という年中行事がある。"重阳节"では，年長者と共にカラフルなもち米などを食べたり，墓参りをしたりする。日本のお盆と似ており，目的としては「家族と集まることが大切である」とされている。農村部では，都市部では忘れられがちな年中行事がしっかり残っていると感じた。

これらの伝統行事はどれも有名で，周辺地域の人々や多くの村民が集まり，たくさんの人と友達になったり，久しぶりに古い友人に再会することができたりするイベントだとうかがえた。

他にも行事ではないが，行事中に行われる遊戯に"龙舟""拔河""用圈套鸡，套鸭"というものがあるそうだ。"龙舟"とは，竜の形に飾った舟のボートレース（"龙舟竞渡"ともいう）である。"拔河"とは綱引きをいう。"用圈套鸡，套鸭"とは，円形の輪を鶏や鴨に向かって投げ，首にかかった鶏や鴨をもらえるという日本の「輪投げ」のようなものである。日本の輪投げでは生き物が景品として扱われることはないため，大変驚いた。また，南寧市の中心部では，夜の10時を過ぎると道の端でウサギやモルモットの入った籠を並べ，1回10元で"用圈套鸡，套鸭"が行われているところを見かけた。

まとめ

今回の南寧の農村部での現地調査を通して，日本の娯楽と中国農村部の娯楽を比較することができた。バスで南寧市の中心部から隆安県の農村部へ移動したが，道路舗装は完全に行われておらず，砂利道もあり，移動時間もかかった。これも，農村部に住む人々が都市部などへ出かけることが難しい原因の一つであろう。また，40代以降では農業に従事するため比較的長期の休暇を取ることができず，娯楽に多くの時間を割くことができないことがわかった。また，金銭面にも余裕がないため，外へ旅行に行くことが少ないのであろう。このことから，世代による差異は見られたものの農村部に暮らす人々の多くは内向的であり，村という限られた場で簡易的な娯楽を楽しむ傾向にあると思われる。

しかし，農村という狭い環境に住む農民同士が，そのような環境の中で助合う関係を築くことができてきたのは，伝統行事に支えられてきたためではないかと思う。日本の伝統行事とは異なるが，共通する点は地域の人々の一体感であろうと感じた。

また，ある老人が「娯楽は健康であり生活する中では欠かせないことである」と語ってくれた。歴史や生活環境や生活水準の違いにより，娯楽の形や中身，娯楽に対する理解もそれぞれである。娯楽がなくとも生きていくことはできるが，娯楽

は人間の生活にとって欠かせない文化の一つでもあるといえる。娯楽が人々にもたらす幸福や笑顔を，現地調査を通して改めて実感することができた。

そして，新農村建設が進んでいる現在，伝統的な文化である農村ならではの娯楽をいかに受け継がせるか，いかに農村部の子どもたちやこの地を訪れる観光客の人々に受け入れさせるか，また農民たちにいかに新しい娯楽を受け入れさせるかは，新農村建設の課題であると思う。

今回，現地では村の人々やお店の人，我々が日本人であることを知り，興味を示してくれた方々など彼らの実際の声を聞くことができた。農作物を販売する農村部の農貿市場では字が読めない，書けない，標準語が伝わらないという人もおり，多くの困難な状況にも直面したが，農村班の班員間の助け合いや引率の先生や通訳の方々の協力によって，アンケート調査や聞き取り調査を行うことができた。今回の経験は異文化に対する適応力や物事に関する思考力アップに繋がるものとなった。

最後に，協力していただいたすべての人々に感謝の意を表す。

参考文献

武小燕「中国における愛国主義教育の展開——改革開放政策下の変容と課題」『比較教育学研究』第36号，日本比較教育学会，2008，pp. 25-44　https://www.jstage.jst.go.jp/article/jces1990/2008/36/2008_36_25/_pdf

ダイヤモンド・オンライン「中国人から見た中国のおかしな愛国主義教育」　http://diamond.jp/articles/-/96175

賀州新聞網「歡慶「三月三」醉獅，舞獅與民同樂」　https://kknews.cc/zh-mo/news/p8y6bo8.html

V　民居の変化からみた新農村建設

前田智也

今回，中国の農村地域の実態を調査する上で過去から現在に至る変化を知るため，農村の民居（建築物）に着目することにした。建築物とは，無言の歴史として過去を探し，現在を訪れる最も重要な手掛かりである。つまり，建築物を見ることによってその地域の発展具合を知ることができるのである。今回は，このような視点に基づき，隆安県那桐鎮定江村定典屯と良慶区那馬鎮壇良村壇板坡の民居の変化を中心に考察した。実際に訪れたこの2つの村はともにチワン族を中心とする「壮郷」[1]（チワン族の村落）であり，ともに「郷企結合」という発展モデルとして発展を成し遂げた村である。本考察の目的は民居を通して，この2つの村の過去から現在までの変化を検証するものである。

1　定典屯と壇板坡について

(1) 定典屯民居の特徴

定典屯は，広西金穂農業集団有限公司（以下，金穂集団）による投資によって発展することができた村である。金穂集団は村の主な農産物バナナを開発資源として，村とその周辺において6,000ムーの面積のバナナ園を開発し，その他，中国国内では8万7,000ムー，ラオスでは3万ムーのバナナ園を所有しており，中国最大のバナナ生産集団となっている。現在，バナナを中心とした果物の品種開発や栽培基地である定典屯は，バナナ園などを観光資源として観光業開発も進められており，南寧市政府により新農村建設のモデルとされている。

「郷企結合」のモデルとして，定典屯の村民は二重の収入を得ることができるようになった。1つ目は，1980年代以降の政策により家族ごとに分割された使用権を有する土地をバナナ園の開発建設のために，金穂集団に貸し出した。これにより，各世帯は毎年3万元以上の地代収入を得ている。もう1つは，金穂集団の経営するバナナ園や観光施設などで働くことによって，毎月1,000元から3,000元の給料を得ている。

そして，「郷企結合」のモデルである定典屯は，村全体の発展と同時に，村民たちが居住している民居（家屋）も，2000年に世界遺産に登録されている「徽派建築」[2]という建築様式を取り入れて建設を進めた（写真1）。

(2) 壇板坡民居の特徴

壇板坡は2013年に政府の支援に加え，「郷企結合」の形で発展した村である。村民は農産業と観光業で収入を得るようになった。定典屯との共通

写真1　徽派建築による民居
（8月8日　那桐鎮定江村定典屯）

写真2　定典屯の民居
（8月8日）

点は，ミカン，スイカやメロンを中心とした果物栽培のみならず，ナス，ラッカセイやオクラ，サイワイダケなどの野菜栽培，また観光開発も進んでいる点である。ただし，民居は従来の高床式のスタイルを取り入れた上で，新農村建設（一部では美麗農村建設ともいう）における「穿衣戴帽」というプロジェクトで，「徽派建築」のように外壁を白く塗装し，屋根は青煉瓦で覆うように，画一的に整えられている（写真2）。また，民居などの建築物の外壁にはチワン族の伝統的な花模様を描いているのも特徴である。そして，高床式の民居の一部である，1階にある2階を支えるための4本の柱は，かつては木製であったが，現在では，コンクリートで造られている。また，過去に畜舎として利用されていた1階は，現在，バイクや自動車を駐車する車庫として利用されているようだった。かつてと同じ点は，2階や3階が家族の住む空間として利用されていることである。

2　考察内容と結果について

今回，2つの村に対して以下の7つの設問を設け，アンケート調査を行った（(1)，(6)，(7)のアンケート対象は定典屯に限定）。計27部の回答を得ることができた。（(1)は計12人，(6)と(7)は計15人）

(1)　「安徽省の建築様式は好きですか？」（対象／定典屯）

結果，12人すべての人が安徽省の建築様式を好きだと答えた。理由として「綺麗だから」「この建築様式はこの地域の環境に合っているから」「外壁が美しい」などがあげられる。この結果から，村民は今の建築様式に対して，満足しているといえる。

(2)　「建築様式が変わったことは，この村の発展に繋がったと思いますか？」

27人中，26人が「繋がった」と答えた。理由としては「土木建築ではなくなり，雨漏りしなくなった」「外見が綺麗になり，村全体が整えられた」「道路が平らになり，下水や排水が整えられた」「比較的モダンな建築様式になった」「衛生面に注意を払うようになった」「時代の流れに沿って整えられた建築なので，外部からの投資を引き付けた」「村民の生活に大きな変化をもたらした」などがあげられた。この結果から，民居の建築様式が変わったことは村全体の見栄えを良くし，その影響からか，村民たちに村を綺麗にしようとする意識を芽生えさせたように思われる。

「繋がっていない」の理由としては「農業が中心であり，観光地ではないので変化はない」というものであった。この回答者は，観光業を発展させることにあまり賛同しておらず，昔からの農業を大切にしているようだ。

(3)　「伝統的な建築物，あるいは古い建物を残すことについてどう思いますか？」（写真3，4）

27人中「必要」が22人，「必要ない」が5人となった。

「必要」を選んだ理由としては，「子どもに昔の生活を教えるため」「昔を偲ぶ記念のものだから」「歴史を表すから」「昔の家の様子がわからないと，若い人たちが文化を受け継ぐことができないか

写真3　先人・祖先を祀る御廟
（8月10日　那馬鎮壇良村壇板坡）

写真4　現在は利用されていない古い民居。外観は白色ではない。（8月10日　壇板坡）

ら」「伝統的な建築は，中国文化の一部だから」「祖先の苦労や知恵を実物で物語っているから」「改装せずに古いまま残した方が，生活感が表れているから」「歴史は複製できないから。また，伝統建築を保護しなかったら，その文化はいずれ消えてしまうから」「伝統的建築物を現代建築に変えたら，この地方の本来の特色が失われてしまうから」。また，「中国は今，伝統文化を保護することを提唱している」などがあげられる。

　この結果から，この村民たちは過去を知ることを重要視しており，祖先からの伝統を忘れまいと，子孫たちに実物を見て受け継いでもらうことを強く望んでいるように思える。

　逆に「必要ない」を選んだ主な理由としては，「古すぎて，壊れすぎているため，保存する意味がない」「古い建築物は必ずしも伝統的な建築とはいえない」などがあげられる。

　(4)「建築様式が変わったことで生活方式も変わりましたか？」

　これも同様に27人から回答を得た。「変化をもたらした」は23人で，「変わらない」は4人という結果になった。

　「変化をもたらした」の理由としては「清潔感があり，整っている」「古い建築の場合，外壁だけを改装し，中身はそのままだったが，今は中も外も綺麗。さらに，以前はご飯を作る時，芝を燃やしていたため，煙が出ていたが，今ではガスや電気を使用し便利になった」「設備条件が良くなり，文化の水準が上がった」「生活と農作業の苦労の強度が軽減された」「収入が上がり，子ども を学校へ行かせられるようになった」「観光業を起こし，農民の収入を増やすことができた」などがあげられる。

　この結果から，(1)の質問と同様，今の建築様式を気に入っているように思われる。また，観光業においては，宿として観光客が民居に宿泊することが可能になり，村民の収入増加に繋がっているようだ。村の活性化に大きな影響を与えたのではないだろうか。

　「変わらない」の理由として，「従来のしきたりや生活習慣は村民の心に根付いており，変えられない」という理由があげられる。つまり，村の発展により，道が整備され，建築様式が変わり，生活水準が上がったとしても，村民の今まで慣れ親しんだ生活習慣は変わらないのではないだろうか。

　(5)「家の中で最も変化したところはどこですか？」

　この質問は「リビング・キッチン・トイレ・浴室・壁紙・家具」から選択してもらい，27人に回答してもらった結果，最も多く選ばれたのはトイレであった。これまでのトイレは家の外にあり，これを「茅房」と呼んでいた。夜は真っ暗になり，排水もなかったため，大変不便だった。現在は室内に設け，水洗式トイレに変えたため，大変便利になり，衛生的になったと思われる。

　(6)「新しい建築様式は好きですか？」（対象／定典屯）

　この質問は15人から回答を得た。結果，「新しい建築」を選んだのは6人，「両方」を選んだの

は6人,「古い建築」を選んだのは3人となった。

「新しい建築」を選んだ理由として「条件が良い」「綺麗になった」などがあげられる。

「古い建築」を選んだ理由として「レトロな建物が好き」「素朴な雰囲気や生活感が溢れている」などがあげられる。

「両方」を選んだ理由として「新しい建築は新しい社会を表し,古い建築は昔の町を表すから両方好き」「新しい建築は便利で,古い建築は古典的な美を感じる」「元々の様式を保護した上で,新しく設計された建築が好き」「現代の技術によって,中国伝統建築の美を取り入れたものが好き」「両方にメリット,デメリットがある」などがあげられる。

新しい建築を選ぶ人が圧倒的に多いと思っていたが,この結果から,意外にも両方好きな村民が多いことがわかった。村が発展し,収入が二重構造になったことで村全体の生活水準が上がり,便利な暮らしになりつつも,やはり昔から慣れ親しんだ生活習慣を変えることは難しく,変えたいと思わない人も少なからずいるようだ。

(7)「伝統的な高床式か,それとも遊園地の乗馬場が好きですか？」(対象／定典屯)

この質問は良慶区那馬鎮に建設されている遊園地の建築物を対象にしたものである。この質問に回答したのは15人である。その中で,伝統的な高床式を好む人が8人,乗馬場を好む人4人,その他が3人という結果になった。

伝統的な高床式を選んだ理由として「風に煽られないし,雨水を防ぐ」「伝統的な建築物であり,この村の特色」「外来の風格を導入するには一定の時間が必要であり,比較的地元の特色あるものに慣れているから」などがあげられる。

この結果から,やはり地元の特色を好むようだ。また,土木建築ではなくなったため,高床式の柱の部分がコンクリートに変わり,より便利になったのではないかと思われる。

まとめ

今回のアンケート調査では世帯数や村の規模においても2つの村の違いが見られた。定典屯は87世帯の村で,比較的小規模である。村民委員会と企業側との一体化した管理によって,村全体の運営も円滑で,質問に対する「現在の建築に満足している」という回答ともほぼ一致しているようだった。一方,壇板坡は300世帯1,300人あまりの人口を有しており,比較的大規模であるため,アンケートの回答には人々の考え方の多様性が見られた。

その中で,民居の変化からみた新農村建設という視点から,2つの村の共通点は以下の2点があげられる。

第1に,共に「郷企結合」という発展モデルで発展を成し遂げた村であり,ともに中国全体の社会転換期を迎える段階にある,新型のコミュニティである。

農業大国の中国における伝統的な村落とは,もっぱら単一的な農作物を中心に営んでいる人々とそれらの家族や親族からなり,村民の暮らしのすべては村落内部に限られ,外部との交渉も行政によって行われ,村落組織も家族単位を基礎としたものであった。

このような伝統的な村落組織の構成は2つの村にともに残されている。良慶区那馬鎮の展示館に展示された村落史では,黄という姓の家族が圧倒的に多く,相互間では親戚関係を持つことが示され,そのような構成は行政組織図にも示されている。

しかしそれと同時に,2つの村はともに,家族単位や親戚関係を超える外部の企業を導入し,定典屯は規模が小さいものの,バナナ産地として金穂集団の投資を導入し,中国一のバナナ産地となり,村民が金穂集団に雇われ,バナナ栽培や観光業に従事している。規模が比較的大きな壇板坡の場合は,4つの企業の投資を導入している。共通点は,村落という空間は企業のものになり,村民も企業側に従業員として雇われ,村民委員会も企業側の事務に協同し,企業側も村落全体の運営に携わるというかつてなかった,あるいは日本社会にイメージされる中国の農村の風貌と違った,新型の村落＝コミュニティになりつつあると考えられる。

第2に,(3)(6)(7)の結果のように,「郷企結合」により,新農村建設は人口規模によってもそれぞ

写真5　壇板坡展示館に展示された民居の比較写真（8月10日　壇板坡）
上：外壁を白く塗装し，屋根を青煉瓦で覆った現在の風景。
下：2013年以前の風景。

写真6　伝統の花模様が描かれた民居
（8月10日　壇板坡）

に表出している。また，定典屯の場合は，風土料理や村民たちの自己意識など様々な点に，村民たちが抱く彼らの過去＝生活スタイルや伝統文化への愛着心と，故郷への愛着心が反映されている。それは，村の景観や住居環境を改善するために外来の徽派建築様式を取り入れたことにも表れている。2つの村における村民たちの二重の愛着心は，過去と現在にまたがる2つの村という空間にはっきりと表出していると考えられる。

　建築は無言の存在であり，時代にともない変化はするが，それらを作り上げたり受け入れたりした人々のさまざまな思いを含んでいることがわかった。

れの差があるが，ともに新しいものを取り入れながらも過去のものと新しいもの両方を大切にしているということがわかった。

　このことから，2つの村には過去と現在の連続性が見てとれる。壇板坡の場合は，民居の外観を統一しているものの，高床式の建築様式やチワン族の伝統的な花模様が描かれている。

　写真5と6に示したように，民居の建築様式や外観は変わったが，人の心に根付いた，昔から慣れ親しんだものに対する感情や生活習慣も建築物

注

1) 中国最大の少数民族集団であり，主に中国南部やベトナム北部に住居する原住民族である。中国では広西チワン族自治区中西部や雲南省南西部，広東省東部，貴州省南部，湖南省南部などの山間部に居住する。人口は1,600万に及び（2010年），90.0％以上が広西チワン族自治区（1958年成立）に居住し，自治区総人口の4,800万あまりの32.0％を占めており，その大部分は「壮郷」というチワン族を中心とした村落に居住し，農業（米，亜熱帯果物など）を中心に営んできた。

2) 安徽省の古民居をいう。外壁を一律に白く塗装し，屋根は青煉瓦で覆われている。屋根に飾る馬頭の彫刻，レンガ・木・石の彫刻も特徴的である。また，2000年に

安徽省南部にある宏村と西逓の古民居が世界遺産に登録され、国内外から多くの観光客が訪れている。建築技術とエコ意識を一体化させ、世界建築アートと建築文化史上において独自の一派を成した。

中国網日本語版（チャイナネット）「安徽省黄山　天人合一の徽派建築」http://japanese.china.org.cn/travel/txt/2016-09/12/content_39283086.htm

行動日誌

8月5日(土)

　朝，期待と不安を胸に，中部国際空港で今回共に調査に臨む仲間たちと合流しました。寝坊しないか不安でしたが，緊張からすぐに目覚めることができました。南寧市という全く想像のできない地域だったこともあると思います。日本から上海まであっという間に着きました。しかし，アナウンスが流れ，先生によると悪天候の影響で今日の便はなくなったという連絡でした。そこで急遽上海に泊まることになり，「空港で1日過ごすのだろうか」と一瞬考えました。しかし先生方の迅速な対応のお陰で，ホテルやタクシー，飛行機の全員分の予約をしてくれました。冒険感溢れていましたが，無事上海のホテルに宿泊できて先生方には感謝しています。(前田)

8月6日(日)

　昨日上海に着いたけれど飛行機の便の関係で予定よりも大幅に遅れてしまいました。なので，今日は1日オフがもらえました。せっかくなので，上海ディズニーランドへ行きました。先生に「ホテルで作業した方がいいよ」と言われましたが，帰ったら作業しますと伝えて外出しました。ディズニーランドはとても楽しかったのですが，ホテルへ帰って肝心の作業はあまりできませんでした。明日からしっかり切り替えて調査に全力で取り組みたいと思います！　頑張ろう!!!(小河)

8月7日(月)

　上海から南寧に到着し農村に持っていく物の買い出しに出かけました。都市班の中国人学生が案内してくれたので，スムーズに買い物をすることができました。2月の日本社会調査で一緒に調査をした中国人学生にも会えて嬉しくて写真を撮り，少し話をしました。南寧のホテルは天津の賓江道にあるホテルみたいで，都会すぎて驚きました。農村へ出発して1時間半位で到着し，思っていたより綺麗でいい人ばかりで驚かされました。夜ご飯は，農村でとれた魚や野菜などたくさんのごちそうがあり，中でもパイナップルが一番美味しかったです。(蓑田)

8月8日(火)

　金穂農業集団のバナナ園へ行きました。展望台のようなところへ連れて行ってくれました。晴れていたため広大なバナナ園の向こうに連なる山々が見えとても素晴らしい景色でした。次に市場へ行きアンケート調査をしました。しかし日本とは衛生管理の意識が全く違い，豚の頭が露天の台の上に直に置かれていたり衝撃的なことばかりでした。夜は学生で集まり，夜食を食べました。その後片付けをしている時に歩生君の靴に辣白菜をこぼして赤くなってしまいました。申し訳なさもありましたが笑いが止まりませんでした。(山崎)

8月9日(水)

今日は定典屯の最終日です。皆大好きで毎日出してくれていた豚バラの炒め物を食べられる最終日です。あのお肉もあの市場から仕入れていたであろうということは食事中に触れていはいけないところです。農村を離れる時にお土産をたくさんいただきました。私たちが朝ごはんの度に「今日はパイナップルはないの？」と言っていたせいだと思います。いただいたパイナップルは葉の隙間から虫が出てきました。おいしい証拠です。市内に戻ってから通訳のレイチェルの家で洗濯をさせてもらい，外でご飯を食べて帰りました。安いのに美味しかったです。日本にもあんなお店が欲しいです。（森本）

8月10日(木)

今日は2つの貴重な体験をしました。1つ目は廟（日本でいうお寺のような所）に入ったことです。内壁が青く，奥に色の塗られた小さな石像が並べられていました。また，門をくぐる時は必ず跨がないといけないと通訳の方に教えていただきました。まるで相撲の土俵のようだと感じました。2つ目は，昔ながらの農民の家を訪問したことです。今では誰も住んでいませんが，貴重な文化財ということで，残してあるそうです。また，長男の部屋が家の入口のすぐそばにあり，なぜ長男だけ1人部屋があるのだろうと疑問に思いました。現地調査でしか味わえないような，良い体験でした。（前田）

8月11日(金)

今日は壇板坡にある家庭を訪問をしました。その家に村の子どもたちがたくさん遊びに来ていて地域の温かさを感じました。子どもたちに中国の絵本を見せてもらい一緒に読んだりして遊びました。そして，調査後は，村で選挙の手伝いをしてさらに親睦を深めました。貴重な経験ができたのでとても良かったです！（小河）

8月12日(土)

深夜に中国側の農村班の学生と誕生日会をしました。音楽を流して歌ったり踊ったり，国が違ってもノリは同じで楽しかったです。劉柏林先生が南寧に到着したので，夕食は農村班メンバーと高先生と劉柏林先生でピザを食べに行きました。先生がドリアンのピザを勧めてきたけれど，ドリアンの匂いが苦手で食べられませんでした。劉柏林先生ごめんなさい（笑）。ピザ屋さんの店員さんがとても親切で帰り際に一緒に写真を撮りました。夜まで皆で原稿やPPTを作っていたら，中国ではチーズ入りの飲み物が流行っているようで，レイチェルが買ってきてくれました。とてもおいしかったです。朝まで作業を頑張りました。（蓑田）

8月13日(日)

起きたら昼過ぎでした。レイチェルが"外卖"をしてくれました。中国では何でも全部"外卖"できるから新鮮！ 昼は中華料理を食べました。農村で食べた料理が忘れられず頼んでみましたが，農村には勝てなかった…。夜は韓国料理のチキンやトッポギを食べました。日本にない注文時の機能の楽しさに頼みすぎて食べきれませんでした。（山崎）

8月14日(月)

今日は労働関係学院の学生と夜市に行きました。私たちの荷物がとられないよう列の一番後ろを歩いてくれたり優しさを感じました。夜市は屋台が立ち並び，お祭り騒ぎでした。日本では見られない目新しいものばかりで，ヤギが丸ごと吊るされているのには衝撃を受けました。団長の前田くんが「ムカデを食べてみたい」と衝撃発言をし，幼虫を売っている屋台でムカデが素揚げされたものを買いました。中国人学生もそんなもの食べたことがないと言っていました。こんな顔くらいのムカデが実際にいるなんて想像するだけで寒気がします。前田くんが頭からかぶりつき「おいしい」。続いて小河くん，食べるの大好き山崎さんも「唐揚げ」。そんなわけないと私も食べてみると唐揚げでした。挑戦することの大切さを学んだ日でした。（森本）

8月15日(火)

シンポジウム本番まであと2日に迫っており，不安な気持ちでいっぱいです。現地プログラム以来の中国語の発音を練習し，自分の発音の悪さに落胆しました。落ち込んでいても仕方がないので，通訳の方に原稿を音読してもらい，録音させていただき，それを何度も聴き直し，また聴きながら発音の勉強をしました。まるで発音テストの練習のようでした。今回はテストがあるわけでもありませんが，報告会という本番に向けて必死に取り組んでいます。目標に向かってがむしゃらになるのは久しぶりかもしれません。明日はリハーサルです。会場はどんな広さで，どのような雰囲気なのか，緊張しますが，少し楽しみです。（前田）

8月16日(水)

今日は，明日に向けたリハーサルの日でした。この1週間たくさん発音練習やPPTの作業に追われてきて，それを仕上げる最後の日です。皆徹夜状態でやっていたので体は非常に疲れていました。レイチェルも自分の仕事と両立しながら私たちの面倒を見てくれてとても助かりました。苦しい時は班で助け合い団結力が増しました。本番に向けて睡眠をとらないといけないけれど，緊張してなかなか寝付けませんでした。（小河）

8月17日㈭

　今日は報告会。農村班の発表が一番最後なので、他の班が発表中もずっと緊張していました。班長の発表の動画が流れないハプニングが発生しました。また、私自身、農村班の中で一番最初の発表だったので緊張しすぎて、最後の最後で"大家谢谢"と考えられない間違いをしてしまい、かなり焦りました。しかし、皆優しくて笑ってくれました。農村班の最後にも紹介動画が流れなくて諦めていたけれど、中国人学生の手助けで流すことができました。皆の優しさを感じることができました。夜はレセプションで中国人学生の歌やダンスを披露してもらいました。（蓑田）

8月18日㈮

　上海に移動。レイチェルや中国人学生との別れは辛くて泣いてしまいました。またどこかで会えるといいな。夜は豫園へ、綺麗さにびっくり！　外灘に向かって歩いていたら…探しても私の携帯がない。失くしました。絶望しながら先生に連絡をし、タクシーがつかまらないので警察の車で送ってもらいました。鉄格子の付いた護送車。生きてきて一番凄い体験をした日でした。（山崎）

8月19日㈯

　昼は小籠包のお店へ行きました。日本とは比べ物にならないくらい安く、美味しすぎてこれでもかというくらい食べました。隣の方が注文の時手伝ってくださったりして中国人の優しさを感じました。帰りの飛行機では乗り込んだ後になかなか飛び立たず、動いていないとクーラーが効かないので灼熱の機内で1時間は待たされました。無事日本につき一安心です。この濃かった2週間の現地調査も終わりです。日本に帰った後も報告会や報告書の編集などやることはたくさんありますが、ひとまずお疲れさまでした‼︎　（森本）

隆安県那桐鎮定江村定典屯にて（8月9日）

第2部

第19回日中大学生国際シンポジウム

第19回日中大学生国際シンポジウム(調査報告会)プログラム

開催日●2017年8月17日㈭
会　場●南寧市総工会工人文化宮職工文化総合楼　B座4階会議室（南寧市興寧区民主路20号）
主　催●愛知大学現代中国学部，中国労働関係学院
協　力●愛知県，一般財団法人霞山会，公益社団法人日本中国友好協会，中華全国総工会国際部，
　　　　広西壮族自治区総工会，南寧市総工会
司　会●高明潔

開会式
9：30　開会
　　　　学生代表挨拶　　前田智也　　　　　愛知大学団長
　　　　　　　　　　　　郭子涵　　　　　　中国労働関係学院団長
　　　　歓迎挨拶　　　　陳国任　　　　　　南寧市総工会副主席
　　　　来賓祝辞　　　　冨増和彦　　　　　愛知大学副学長
　　　　　　　　　　　　呉万雄　　　　　　中国労働関係学院副院長
　　　　　　　　　　　　中山弘　　　　　　愛知大学同窓会
10：20　休憩

研究発表
10：30　企業班研究調査報告　　　　　　　　愛知大学
11：30　企業班研究調査報告　　　　　　　　中国労働関係学院
12：00　昼休憩
13：10　都市班研究調査報告　　　　　　　　愛知大学
14：00　都市班研究調査報告　　　　　　　　中国労働関係学院
14：30　休憩
14：40　農村班研究調査報告　　　　　　　　愛知大学
15：20　農村班研究調査報告　　　　　　　　中国労働関係学院
15：50　休憩
16：00　質疑応答
16：30　総評　葉鵬飛　　　　　　　　　　　中国労働関係学院工会学院副院長・副教授
16：45　総評　劉柏林　　　　　　　　　　　愛知大学現代中国学部教授・国際交流委員長

閉会式
17：00　閉会挨拶，参加修了証授与　安部悟　愛知大学現代中国学部学部長
17：15　閉会挨拶，参加修了証授与　呉万雄　中国労働関係学院副院長
17：30　閉会挨拶　　　　　　　　　　　　　中国労働関係学院南寧市総工会
17：35　学生代表挨拶　小島魁人　　　　　　愛知大学副団長
17：40　　　　　　　　馬昕琪　　　　　　　中国労働関係学院副団長
17：45　閉会

レセプション
19：00　レセプション開会（南寧飯店）
22：00　閉会

第19回日中大学生国際シンポジウム出席者名簿

（現代中国学部生を除く）

●中国側

李	義勇	広西チワン族自治区総工会対外連絡部長
王	暁軍	広西チワン族自治区総工会対外連絡部
陳	国任	南寧市総工会副主席
張	紹峰	南寧市総工会弁公室主任
熊	剛	南寧市総工会
潘	立恩	南寧市総工会
康	伍才	南寧市総工会
許	渭	南寧市総工会
馬	穎清	南寧市総工会
呉	万雄	中国労働関係学院副院長
葉	鵬飛	中国労働関係学院工会学院副院長・副教授
戦	帥	中国労働関係学院団委副書記
常	爽	中国労働関係学院外事弁公室副主任
張	潔	中国労働関係学院外事弁公室副主任

●日本側

冨増	和彦	愛知大学副学長
安部	悟	愛知大学現代中国学部学部長
劉	柏林	愛知大学国際交流委員長
小林	進之輔	愛知大学同窓会
小林	寿美子	愛知大学同窓会
齋藤	晃一郎	愛知大学同窓会
中島	寛司	愛知大学同窓会
中山	弘	愛知大学同窓会
森本	麻子	愛知大学同窓会

現地指導教員

高	明潔	愛知大学現代中国学部教授
阿部	宏忠	愛知大学現代中国学部准教授
加治	宏基	愛知大学現代中国学部准教授

アシスタント

黄	海龍	広西師範学院外国語学院講師
白	雄傑	Fujix 中国
包	一伶	広西一怜貿易有限公司

●中国人学生

賈	文熙	中国労働関係学院学生
王	柯欣	中国労働関係学院学生
黎	欣瑜	中国労働関係学院学生
馬	昕琪	中国労働関係学院学生
郭	小涵	中国労働関係学院学生
陳	迪	中国労働関係学院学生
張	媚	中国労働関係学院学生
徐	佳	中国労働関係学院学生
謝	鵬	中国労働関係学院学生
張	宇菲	中国労働関係学院学生
張	王赫揚	中国労働関係学院学生
胡	楠	中国労働関係学院学生

各班発表内容と総評

都市班

不断发展南宁市

职业调查组
　　谷口琴美　　大久保秀美
　　柴山雄太　　刈谷悠
教育调查组
　　山下未步　　前田蓝子
　　晴山绫子　　林伸悟

全体概要

我们都市班在进行这次调研的前期准备的时候，得知南宁市在2017年1月发布了《南宁市人民政府关于印发南宁市"十三五"新型城镇化计划(2016-2020)的通知》，2016年开始实施新型城镇化的内容。

从而对新型城镇化的过程中，教育和就业会发生什么变化的问题进行了调研。理所当然，对中国的教育和就业进行调研的前提是需要对日本的现状的透彻的理解。我们将在明年开始就业准备，所以选择这个研究课题会对我们自身的将来有极大的帮助。另外，选择这个研究课题是为了事先理解中国现今激烈的考试竞争，进而对日本社会的教育现状进行有效的比较。

新型城镇化计划概要＆机构

2014年3月17日由新华社发布《国家新型城镇化计划(2016-2020)》。到2000年为止对经济增长的过度重视，使得生态环境遭到严重破坏，因此新型城镇化既重视发展，更加重视质量，其中包括缩小城乡差距、加速农业现代化、对粮食安全保障的重视、建设社会主义新农村、加强户籍制度改革和土地管理制度改革、建立城建资金保障体制、城市住宅制度的改善、生态环境保护等一系列的改革和改善，创造注重发展和环境保护为一体的新型城镇化计划。

新型城镇化最大的特点是以人为本的都市化建设。仅仅在5-6年内完成此项计划不是一件容易的事情。在拟定《"十三五计划"(2016-2020)》的全国人大上，进一步强调新型城镇化的发展和城乡一体化建设。

进入"新常态"的中国经济虽然不能一概而论，但新兴产业的涌现和第三产业的发展，以及近年来城乡差距的缩小等现象，加上完善的新型城镇化政策的施行，可以期待更好的前景和发展。

新型城镇化建设不同于90年代的城市化建设，是以城乡一体化为目标的新型的城镇化建设，包括户籍制度改革和投资·融资体制构造改革的基本规划。如图8所示，需要系统性的工程建设和综合配置的统筹，不仅需要保障措施和体制的强化，而且需要一系列后期促进对策来实现城市化规划。以前农民被视为经济的弱势群体，但为了推动农村人口的都市转移，以及进城务工，各种硬件设施的整备高速增长，比如高铁建设和住房建设等，使农民移居到城市，解决扩大内需的需求。与以往的城镇化最大的不同点就是在对环境保护和生态文明建设的重视。近几年新型城镇化的成果显示，都市户籍人口增加率比起2014年实现历史性提高，并且与常住人口城市化比例的差距大大缩小，取得了长足的发展，但随着都市规模扩大和人口增长，都市基础建设的不足和环境问题有待进一步得到改善。

南宁市的新型城镇化

南宁市从2016年开始实施新型城镇化计划。近年来南宁市新型城镇化建设取得了长足的进步，

＊ 口頭報告は中国語で行われたので原文のまま掲載した。またシンポジウム当日に配布された資料中の図表については、131頁以降にまとめて掲載し、その図表番号を併記した。

南宁市100％的城镇道路得到了硬化，88％的城镇饮用水经过市政净化设施统一处理，县城以上的城镇地区都有污水处理系统。100％的城镇有市政垃圾处理站，100％的城镇街道有照明路灯，超过50％以上的城镇通公共汽车。近3年来南宁市城镇化水平虽然高速提高，但2017年现状处于缓慢提高时期。在南宁市城镇化水平最高的是青秀区，城镇化率91.02％，城镇化率最低的是马山县，城镇化率为25.86％。

2010-13年南宁市城镇人口每年增加2万人以上，城镇化率的进程较为明显。近几年由于受土地资源供应量不断减少和城乡发展规划等因素影响，2014-2016年南宁市无城市扩张引起周边乡村的乡村属性变为城镇属性，拉动城镇化水平提高的扩张因素不存在，使得南宁市城镇化率提升陷入低迷期。

另外一方面，南宁市农村移动人口市民化进程变得缓慢。根据南宁市新型城镇化规划要求，到2020年末，南宁市力争实现100万农村转移人口市民化。这两年南宁市有关部门在推进农村转移人口市民化方面做了大量的工作，出台了相关鼓励农村人口到城市落户的政策，部分经商、务工人员和高校毕业留在城市工作的毕业生选择落户城市。

但超过半数的农村人口到城市落户还存在诸多顾虑，一是担心在城市落户后会失去能安身立命的耕地和宅基地；二是城市的高房价使农民进城落户安家难，基本的住房问题难以解决；三是医疗和子女上学问题如何解决的不确定；四是城市生活成本高于农村。因此农村转移人口落户城镇的意愿不强，农村转移人口市民进程缓慢。

县域经济发展后劲不足，影响推进新型城镇化建设进程，城市建设用地和二、三产建设用地存量不足，土地扩张型的城镇化难以为继。

城市规模不断扩大、城镇人口不断增加，对南宁市生态系统和环境保护带来的压力与日俱增。

作为南宁市新型城镇化问题的对策建议，可以从以下几个方面去构想。一是着力培育一批有条件的属性为乡村的区域发展成属性为城镇的都社区化区域；二是按照《新型城镇建设发展规划》的部署，结合扶贫帮困工作，着力推进农村转移人口市民化，努力实现100万农村转移人口市民化，加快南宁市城镇化进程；三是加快新型工业化进程，强化发展现代服务业，以及加强交通水利资源等建设和发展，提高农村转移人口市民化的效率化。四是加快南宁市生态文明建设，提升南宁市新型城镇化建设的质量。

职业调查组
关于南宁市的事情

谷口琴美　大久保秀美
柴山雄太　刈谷悠

目录
1．调查动机
2．南宁市民的职业现状
3．总结

调查动机

在大学2年级的时候曾到天津南开大学留学4个月。在那期间与南开大学的学生，就就业等话题多层次地进行了交流，从中被他们对就业的高度的意识所震撼。而且大多数学生日常背负着来自父母，老师，同学等多方面的压力，比起日本的学生对将来的目标有着具体的规划。这次作为调研地的南宁市为新型城镇化试验的最前沿，正以秒变的速度呈现着新容貌，通过南宁市的就业情况以及学生的就业活动的考察进而了解新型城镇化的现况。

南宁市民的职业现状

大学

日本的大学生作为就业的前期准备，通常在面试的时候会被企业方询问到大学时期的各种社会经验和资格证的获得情况，以及能表述自己人品的相关事实细节，所以会把精力投放在钟点工、社团活动、志愿者活动、TOEIC、TOEFL、簿记、日本经济考试、MOS、文秘资格考试、理财规划师、会计师等资格证的取得上，此外还有一些毕业前的企业实习。

中国的大学生在就业准备期间重点投入精力的是面试时的自己PR以及4年级时的企业实习。关于资格证，除了相关专门职业之外，对资格证的要求不大，所以不会被太重视。进而大学专业性较强的学生也有不参加企业实习的情况。

在就业期间的学校的支援，在日本一般是招募实习生、就业说明会、履历书的格式指导和内容删

减、毕业生座谈会、已被内部确定的学生的小组说明会、职务说明会、面对面商谈等方式来支援学生就业。在南宁市则以实习或"职业生涯规划"课程的设立，以及企业说明会，在校师生共同建立共享的就业平台，从中互相共享招聘情报，给就业学生提供便利。

在大学受欢迎的职业当中，在日本有如 ANA・JTB・JAL 等航空公司、三菱东京 UFJ 银行・三井住友银行等银行业、东京海上日动火灾保险・瑞惠理财投资集团等保险行业、伊藤忠商社等综合性贸易公司。在南宁一般都集中在高收入行业，其外技术型行业、传媒行业也颇受欢迎。公务员虽不能说是高收入，但是其人气始终未减。

就业支援中心

一般在日本录用条件第一为人品，第二是对企业的理解和热情，第三是今后的潜力，第四是性格适应检查结果，第 5 是能力适应检查结果在南宁录用人基本标准，只要有高中以上毕业的资格即可，不太重视学历和资格，因为最重视人品，所以重点放在面试上。企业对新毕业的人从零开始教育比较容易，所以一般招收新毕业的人，有过打工经验的人。一般招收 20-30 岁的人比较多。在招人条件上写健康，有工作经验者优先的多。

在日本就职地，东京，大阪等城市和地方有人气。在南宁到上海，广州，深圳，当地就职比较有人气。

在日本对跳槽者来说批发业和商业，旅馆，饮食服务业，一般服务业，医疗服务业，制造业比较受欢迎，对邮局和合作社等综合服务业不感兴趣。在南宁对一般公司职员，公务员人气高，服务业和电话中转中心等的工资低，所以新毕业的人对此不太感兴趣。对公务员的人气虽说不如以前，想报考的人减少，但是还是受欢迎的。

作为招聘条件，在职业专门学校，一般电脑系和文秘类的毕业生比较抢手，会计学或英语等外国语类毕业生比较难找到合适的企业，其原因大部分企业对这类职务更加偏向于有经验者。

作为就业准备期，在日本是大学 3 年级的 7-9 月份有夏季实习期，10-2 月份有冬季实习期；在大学 4 年级的 3-5 月份会全面对外开放，各种说明会也随之开展。6-9 月份会有选考以及进行内部确定。

在南宁同样是从 3 月份开始就业准备的学生较多，在 4 年级的 3-6 月有企业实习期。如果提前收到企业内部确定通知，便就在那家公司进行实习。1 年级的 9-1 月也有类似的实习期，但参加实习的学生为数不多。

社区・家庭

在日本父母对子女职业的期望：男生一般来讲其排位是公务员・科学者・工程师・医生・公司职员，女生一般来讲其排位是护士・教师・公务员・药剂师・保育员・一生。

中国的父母，对其子女的职业没有强制性的要求，大多数都尊重子女的职业选择，只希望子女对职业要有热情，在职业选择上拥有自主性，还有大多数父母希望子女在户籍本地找到工作。考虑到上一辈一般是依照父母的意愿去选择职业，可以发现现今关于就业的家庭环境发生了很大的变化。

小学校

关于南宁市周边农村户口学生和都市户口学生的差距的问题，以前农村户口的学生学习环境比较受限制，可以学到的内容和信息比较稀缺，但是现在网络发达，通过网上同步教育可以让农村的学生们也可以接触到最新的教育内容和方式，对将来的理想不管是农村户口还是都市户口，学生们都各自有着远大的梦想。

教育委员会

日本公务员的就业准备时期一般是，4-3 月份根据自己所要从事的部门或者职位进行考试准备，包括历年试题的回顾等；4-10 月期间颁发招聘概要，根据此项选择自己想去的行政区域和职位，把握好自身的长处短处和适应能力；5-12 月期间决定自己想去的行政区域和职位，进一步了解去年的录取情况以及试题，通过实习进一步了解职场环境；12-3 月会公布国家公务员考试日程。

选择公务员的理由有以下 2 种：一是收入稳定；二是有着为民众服务的理念。这两种理由在日本也是同样的情况。但现在选择公务员的人群逐渐减少，因为收入属于中等职业，大多数学生都希望高收入的职业，所以公务员比起以往渐渐没有太大的优势。

新型城镇化计划方案可以分为以下 3 大板块。一是实现农业生产的现代化，通过先进技术的引入，提高生产效率，加上通往都市的交通道路设施的改

善，促进农村和都市相互来往，提高从事农业生产的人员的积极性。二是从以往城镇化建设当中所引起的环境问题中吸取教训，新型城镇化更加重视生态环境问题，其问题直接影响着农村的经济发展。三是对农村户籍的优待政策，农村户籍人口只需在城市务工半年就可送孩子到城市免费受到9年义务教育。

总结

就业支援中心

不管是日本还是中国，企业重视的是人品。比专业技能更加重视作为一起工作生活的同事的其人的人品修养。在爱知县和南宁就业准备的开始时期以及企业所追求的人才等方面上都有着相同点，但在爱知县受欢迎的服务行业却在南宁被冷落，还有在工作地上相比以本地为优先的爱知县，南宁则更多人渴望大都市，也存在着一些不同点。

公务员

在中国公务员虽不是高收入，但是比较稳定，在这一点上与日本相同。关于准备公务员就业的时期的调查，这次的受采访者当中没有公务员，所以未能调查出具体的时间段，但也作为就业准备期的一种，与日本也应该是大同小异。

学生对找工作觉悟

在这次的调查研究当中，再次感受到中国的大学生对就业问题的认真的思考准备和高度的意识形态。在进行这次调研前，我们所认为的在户籍的差异面前，农村户口的学生要比都市户口的学生付出多倍的努力才能找到好的工作的想法，在这次调研的过程中被颠覆，不管都市户口还是农村户口都要付出相应相同的努力才能找到自己所愿的工作。作为缩小或消去两者之间差距的理由，新型城镇化给农村户口带来的一系例优待政策或在从中起了一定的作用。中国的大学生对就业的高度的意识形态不仅仅体现在学习成绩上，而且从大学一年级就开始自主的参加企业实习，以及参与关于就业的课程等，在很多方面都能体现到。但这种高度意识不受家庭亲人朋友的压力或者干涉，而是都是他们自主自觉的意识，家庭都支持孩子找到自己喜欢的工作。即便不能完全否认存在着父母的无形的压力，但是就因为如此自己更加自觉地奋发学习，在这一点上就大不同于日本的学生。这次访问的大多数学生都已经决定了自己将来的就业方向，但在日本大学2年级的时候就对自己的就业方向有明确目标的人是很少，所以也不像中国的学生那么刻苦学习。

在这次的调研过程中，感受到了中国的大学生对就业的高昂的热情和高度的意识，这对明年开始开展就业准备活动的我们来讲是一个难得的良性刺激。

教育调查组
尊重孩子的教育

山下未步　前田篮子
晴山绫子　林伸悟

目录
1．前言
2．南宁市的教育
　①户口和学校教育制度
　②南宁市的学校教育理念
　③家庭教育的重要性
　④道德和礼节
3．总结

前言

今年6月的时候在日本的电视节目中看到了关于中国高考的新闻，那种氛围与日本的高考是截然不同的。比如在日本，高考也只不过是个人的挑战，最多只会在家庭内给孩子打气，但在中国说到高考犹如团体战，一到高考期间，为了高考生整个村或社区都保持安静以便不妨碍学习。从中认知到中国和日本对考试的意识的不同，进而对中国的学校教育制度产生了兴趣，也把这次调研的重点放在南宁市的学校教育。另外，在日本的学校课程中，比如在国语课堂会学到日本古典的语言文化，在体育课堂会玩一些传统的娱乐，在音乐课堂上欣赏日本古典音乐等，传统文化的传承也作为学校教育的一部分来进行，那在中国的学校教育当中传统文化传承又是以什么形式去进行的呢？

在日本的时候作为这次调研的事前调查，在课程上看了NHK的"孩子们的民主主义"的专栏。其内容是，在中国的小学班级委员是通过全班投票来选出，而且家长为了自己的孩子能当上班级委员，让孩子学乐器、刻苦学习，从日本人的角度来讲，

却是很震惊的一面。中国的家庭对孩子的教育十分关注，家庭教育是不可缺少的一部分。从日本人的角度来看，中国家庭教育多数倾向于英才教育，但实际情况又是如何；进而，日本和中国在礼节上也有着不同的地方，在中国的家庭教育中对孩子的礼节教育是如何进行的，围绕着以上相关问题，通过面对面交流和问卷调查的形式进行了调研。

我报告的题目是关于户口和学校教育的关系
晴山绫子

首先来看一下户口和入学的关系。因日本国土面积小，地区间没有教育方面的差距。但中国国土辽阔，加上人口的不断增加，难免会产生地区间的教育差距。

但据说，近年以来有所改善。所以，我在访问南宁市教育局和小学时了解了以下四个问题。

1．学生入学或升学时，除了成绩外有什么其它条件？

在义务教育期间，为了提升国民识字率不存在任何户口限制。比如这次调研过程中访问的南宁市五象小学的学生当中80%来自周边农村。但是在中考和高考考试上却存在着户口限制。

在城市中的高中在中考的时候会根据招生情况制定招生录取范围，把制定的名额分配到南宁市的各所中学校。另外，从外地入学的学生，需要具备相应的更高的入学资格。这是为了保持全国的教育程度的平衡。同样在高考，根据每个省的情况设有入学基准，大城市以及多人口城市相比会有更多的入学名额。对大城市（北京或上海）的制约比较少，相反对地方城市比较多。因而，在地方城市成绩拔尖的学生在大城市的排位中也会位居下边。但是，为了取缔这种不均衡，近几年在人口少的省份施行各种优待政策。

2．于新型城镇化建设教育制度有什么改变？

随着新型城镇化的推进，南宁市教育局的教育方针也随之发生了变化。随着城市硬件环境的发展和充实，教育质量也随之根据国家标准大步提高。建设符合新型城镇化标准的学校为目标，与南宁周边城镇携手共同创建崭新的学校环境。

3．会出现什么新问题吗？

新型城镇化过程中会产生一系列问题，比如农村的人口稀缺，学校教师以及设备的不足等问题。虽然政策上以都市和农村的教育平等为目标，但因新型城镇化都市户口（父母拥有都市户口，子女即可在城市上学）的取得比以往变得更加容易，所以越来越多的农村户口的人们移居到都市，是农村的人口稀缺更加严重，从而农村的教育程度更加低下，学校教师也不愿意前往农村教学，形成了一种恶循环。

4．解决方法

面对一系列的问题，作为对策建议的一种，可以扩大对农村的投资和融资。通过融资和投资的扩大，首先解决教育环境的硬件环境问题，也就是图书馆或电脑等教育设备的齐全，另一面对下乡教学的教师给予充分的薪资。今后，南宁市在教育发展事业上，一方面不断提高师资力量，另一方面不断启发学生的特长和兴趣，使得教育事业更上一层楼。

5．调查结果

在学前教育的阶段，虽然没有弄清是否作为义务教育的一环而受到投资，但以提高孩子们的识字率为目标是不可否认的事实，而且其投资也处处到位。然而，地方城市和大城市的学生的录取条件差距的扩大，可能会造成学生学习意欲的低下，所以通过新型城镇化实现户籍限制的改革，从而贯穿教育制度改革，实现南宁市户籍制度和教育制度的政策关联的改善。

下次我发表关于户口和高考

中国的高中生，为了考生理想的大学，起早贪黑的在学习。这点需要日本的高中生好好学习。

但我也知道高考和户籍也有关系，就是，考生如考上了大学，只能进入户口所在地的大学。那么农村户口的考生，如果考上了大学，他们能进什么样的大学呢？是根据他们的志愿么？

我在市教育局了解了一下三个问题。

1　高考的时，户口存在有什么问题？

因都市户口的取得比以往变得容易，所以只要持有南宁市都市户口就没有什么问题。另外，没有南宁市都市户口，可以购买住房而取得都市户口。在南宁市五象小学，如果6年以上居留在所定区域，即可满足入学条件，这个缓和限制的政策已成为制度化。而且，即便在南宁已拥有户口的人，也必须在南宁市受6年以上学校教育才能升学，这是为了防止想利用南宁升学录取线较低的一面来南宁移居

的人群。

　　2　由于新型城镇化建设高考和户口的关系有什么改变？

　　通过关于入学和户口的关系的调研，其结果在高考上不可避免会存在着户籍限制，但在南宁市其部分也得到了一定的改善。虽然现状是通过购买住房来解决户籍问题，但将来为了缩小教育程度的差距，正计划即使没有购买住房也可取得都市户口的方案和对策。作为其中对策之一，可以通过纳税证明来取得都市户口。并且，从几年前开始施行只要在南宁市内购买住房，即可拥有农村户籍和南宁市户籍的制度。

　　3　调查结果

　　在南宁市，为了促进从农村到城市的人口移居，对户口转移的限制得到了一定的松缓，相比变得更加容易，户籍问题在一定程度上也得到了改善。

　　而且，即使持有南宁市户口，也必须在南宁受6年以上教育才能参加高考，这种制度也填补为升学的漏洞。

　　但与其同时，农村的教育环境的恶劣，再则农村人口的流失和稀缺等问题也不可忽视，需进一步为改善和解决诸类问题作出更大的努力。

南宁市的教育理念
林伸悟

　　当我在大学2年级的时候在天津的大学留学4个月的期间，对中国大学生的高强度学习所震惊。从中产生了中国的教育是否存在硬推式弊端的疑问。我在日本所上的大学的生活课的课程当中有学习日本传统文化的部分，比如可以学习书法或日本的古诗以及茶道的体验等内容。在中国传统文化教育是否被重视，作为调研地的南宁市是重点教育哪种能力的培养，就这2个题目展开了相关的调查和研究。

　　生的特长和技能，以培养全方面发展的综合性人才为目标进行素质教育。同时，为了提高教学质量，对师资力量也进行相应的严格的培训，从校长开始实行3年的岗前培训和教育，以及对教师的评估也大大提高了其标准，为师资力量全面的能力提升作出努力。

　　在传统文化教育的问题上，教育委员会的工作人员回答到没有具体的宣传推行方案。就南宁市教育发展需要哪种要素的问题上，工作人员回答到：让每个学生平等地享受到义务教育，在教学环境的改善上增加投资以及提高教师的教学能力。

　　下面是在职业专门学校与师生座谈会上所了解到的内容。这所学校以学生的专业技能培养和毕业后就业问题解决为目的，注重学生专业技能知识的培养和实际操作。而且学校方针上抓住3大基本，即基本的技术、基本的素质、基本的品德，使学生毕业步入到社会当中后也可以自强自立，不断地开发自己和提高自身能力。一天的授课内容大部分围绕着专业技能，多多少少感觉到硬推式的教育方式。

　　这所学校的毕业生有3种选择：一是毕业后直接就业到相关企业；二是在这所学校就读2年，然后考上大专，在大专就读3年；三是在这所学校就读3年，然后考上大学，在大学就读4年。按照2016年度学校统计，在1,500人的毕业生当中有1,100人选择了升学，其大部分理由为想在自己的专业技能上进一步提高和专业化。

　　以下是对南宁市五象小学的访问内容的总结。

　　五象小学被南宁市政府指定为南宁市民族教育示范基地，学校的第一印象就是十分重视民族文化传统教育。访问当时，是学校合唱团献唱"祝酒歌"来欢迎访问团的到来，接下来座谈会开始之前，又有2名学生先后献上了葫芦丝和古筝演奏。以上都是少数民族学生表演，而且都是少数民族的传统文艺，在这所学校2-4年级的学生在音乐课上可以学会上述的乐器。

　　五象小学拥有12少数民族的学生，以民族大团结为学校的精神，在课程中设有少数民族传统乐器和文化学习的内容，把文化传承一点一滴融入到课程里，而且在职教师一部分也是少数民族出身，使得少数民族的文化传承自然地得到保障。

　　如何解决各学生学前教育程度和能力差异问题上，校方回答到：学校就这方面问题实行因材施教。因材施教是根据每个学生的学前的教育程度进行个别教育的方式，就语文而言，在第一学期尽量让每个学生的学习程度达到相同的程度。另外，在教育方针上学校重视素质教育，在人品和品德修养的教育上也日常强调实行。其外，学校设有足球部、篮球部、书画部、手工文艺等32种兴趣爱好活动，使学生在兴趣活动上也得到充实的保障。

品德课的目的是通过 6 年的学习使学生具备道德和人格品质。教育学生热爱生活，关怀他人。其中一个课程就是让学生把自己动手种植收获的蔬菜和果实拿到市场里去卖，从中让他们学会经商道德，以及让他们感受到金钱的来之不易，让他们拥有对父母的感恩之心。

通过座谈会，感觉到充分体现了"让每一位学生度过最美好的童年，让每一位教师经历最美的教育人生"的学校的方针。

在家庭访问中了解到，在 L 学生上学的中学校，只有在 1 年级的时候设有叫"兴趣班"的社团活动。其后访问五象小学和职业专门学校，更清楚地了解到南宁市教育的特点是，尊重学生的兴起和爱好，以培养文化和人品素质兼备的人才培养为目的的素质教育的实施。虽重视素质教育，但从学生的上课时间、作业量等方面去观察，不过倾向于素质的培养，而是实施培养知识和素质兼备的综合性人才为目的的教育。

家庭教育的重要性
前田蓝子

在日本的时候作为这次调研的事前调查，在课程上看了 NHK 的"孩子们的民主主义"的专栏。其内容是，在中国的小学班级委员是通过全班投票来选出，而且家长为了自己的孩子能当上班级委员，让孩子学乐器、刻苦学习，从日本人的角度来讲，却是很震惊的一面。中国的家庭对孩子的教育十分关注，家庭教育是不可缺少的一部分。从日本人的角度来看，中国家庭教育多数倾向于英才教育，但实际情况又是如何；进而，日本和中国在礼节上也有着不同的地方，在中国的家庭教育中对孩子的礼节教育是如何进行的，围绕着以上相关问题，通过面对面交流和问卷调查的形式进行了调研。

教育调研组一共访问了 3 个家庭：一是孩子上中学 2 年级的 3 人家庭，父亲的职业是小学书记；二也是 3 人家庭，小孩是上幼儿园，父亲是电脑器件营销员，母亲是专业祝主妇；三是 4 人家庭，子女各是中学 2 年级生和 4 岁的幼儿园生。

首先，对家庭教育的满意与否的问题问了子女方，全员回答满意。父母尊重孩子自身的意见，也亲切讲解世间道理，还教会烹饪等，父母和孩子之间的交流很融洽。

没有任何一个孩子在功课上受到父母的压力，反而自身为了提高学习成绩，自己给自己的压力更大。其外，有一家小孩从小学习小提琴，考得小提琴 9 级，但是想到是父亲送给自己的小提琴，所以在学习小提琴上感到有一点压力。

关于父母对孩子进行什么样的教育的问题，就如小提琴等，注重孩子除学校课程以外的才能培养，同时尊重孩子的自立和自主。至于成绩，没有具体要求，只希望孩子能保持现状。

从中可以看出，误以为的中国的家庭教育大多数是英才教育，而且在学习上给孩子施压等现象其实不是很普遍，在大城市的学校和家庭可能会存在着上述的现象，但这次访问的南宁市的家庭的孩子们在学习上不受到父母的压力，而是自己拟定学习计划来安排学习量。

在日本学校会有各种俱乐部活动，但在中国有类似性质的活动较少，在小中学一般叫兴趣班，一般是下课以后或者以课程形式教学生游泳等内容。高中有社团活动，但因学习压力比较重，所以真正参加社团活动的人员较少。在体能方面，父母为了孩子健康会让他们去道馆学习武术等，或者只是一般的健身运动，诸如篮球，羽毛球，游泳等运动。从而看出中国的家庭教育一定程度上也重视着体育能力的培养。日本的俱乐部虽不止于运动类，但提到俱乐部活动大家都会联想到体育方面，下课后每个学生都会参与自己喜欢的俱乐部的活动，相比来讲学习负担比中国的学生较轻一些。

关于几岁起教孩子学习的问题，3 个家庭都回答为 3 岁起，一般是拼音，文字游戏，简单的数字等教育。3 岁进幼儿园，6 岁学学前教育，7 岁上小学，这是政府规定的一般上学的年龄基准。其中感到惊讶的是学前教育，不同于中国，在日本除了上私立小学的孩子以外，很少上学前教育班，在幼儿园通常会教孩子平假名等内容。相比之下，中国对学习的意识比日本高出很多。

中日间的礼节的不同虽然一目了然，但在家庭教育上是如何体现的，就此问题询问了当时访问的家庭。

首先问到的是关于洗手间的一些礼节，在日本通常是把使用后的卫生纸冲掉，但在中国看到有些地方是把卫生纸扔掉洗手间里的垃圾桶。就这个现

象询问的结果，以前是因为下水系统水压弱，才把卫生纸扔到垃圾桶，但现在这种硬件环境也得到改善，卫生纸也是水溶性的，所以现在家庭里教育孩子把使用后的卫生纸扔到便器里冲掉。

另外，上洗手间后叮嘱孩子一定要洗手，并且冲洗便器，从小开始树立对卫生的意识和观念。除了关于洗手间的种种礼节之外，比如见到老师同学打招呼，吃饭前洗手干净等，跟日本的家庭教育和学校教育都基本相同。

道德和礼节
山下未步

口述访问之外，为了进一步了解对品德和礼节的重视度，对10-40岁的男女20明进行了问卷调查，调查方式为从以下10条事项中按照主观的重视度来排序。

1 不随地扔垃圾 2 不随地吐痰 3 不大声喧哗 4 有序排队 5 不随地小便 6 尊敬老人 7 不浪费食物 8 对朋友友好 9 不撒谎 10 不随意拿人家东西此10项调查内容可分为品德和礼节两个部分，品德部分为6.8.9；礼节部分为1.2.3.4.5.7.10。

调查结果，大部分人选择 6 尊敬老人为最重要的品德。其理由为，在中国有"尊老爱幼"的古典成语，所以尊敬老人、爱戴小孩的观念在社会当中普遍深入。其外，也有人认为这项品德直接关系到一个人的本质。

其次大半的人表示对1.2.5这三项同等地重视。这3项整体来讲是关系到卫生习惯的礼节。有些人认为越是细小的部分，越得去重视。至于路上小便的问题，一般是幼小的小孩忍不住小便而无法上厕所的情况下，父母只能找地方让小孩小便。另一方面，对于随地吐痰的现象，一般大多数人都会有这种情况，所以不大被重视。

作为问卷调查的总结，尊敬老人的品德最为被人所重视，其次是各种公共场所的礼节，再其次是其他品德事项。对于尊敬老人，很多孩子都非常重视，那是因为父母在教育孩子的过程中强调着这一品德的结果。综合以上内容，体现出中国家庭对于品德和公共礼节教育高度的重视和意识形态。

总结

首先，关于考试升学时的户籍问题上，如今都市户籍的取得变得比较容易，所以户籍限制随之也得到了一定的松缓。师资力量的缺乏以及农村人口缺失的问题是新型城镇化过程中不可避免的一时的痛点，但整体的成就而言，新型城镇化在一定程度上给予了正面的影响。

关于学校教育当中传统文化传承的问题，在南宁五象小学的访问中得知学校的课程以及兴趣班上根据学生兴趣会教葫芦丝・古筝等传统乐器的事实。但是在南宁市教育局的座谈会上了解到教育局对此项未曾设置具体的指导方案，所以在文化传承上学校间存在着差异。比如注重专业技能的南宁市职业专门学校则更注重技术・人品・价值观等方面。

在家庭教育的问题上，原以为一般家庭都会重视英才教育，从而对孩子的学习施压和管教，但这种现象大多数出现在大城市的家庭，在这次南宁市的家庭访问中，孩子们都没有来自父母的压力，学习计划都是自主规划，而且对家庭教育都感到十分的满意。

但在体能教育上相比日本少一些，对孩子的教学年龄相比日本早一些。

都市班总结

就这次调研，都市组分为就业组和教育组进行了调查，多角度多方位的对中国的现状进行了调查。首先，南宁市的就业方面，伴随新型城镇化的建设高铁等交通设备得到了硬化，农村到城市的交通方便，进城务工也随之变得容易。农业生产力的提高使农民不再脱离农业生产，更多的农民也愿意参与农业生产。其次在教育方面，新型城镇化建设囊括着教育制度改革，根据国家最新标准，农村户籍人口可以接受教育的机会扩大，加强学校建设，促进城乡一体化教育环境。高考虽然仍有着户籍限制，但在新型城镇化进程中会得到进一步的改善和解决。

但是急速的新型城镇化，造成农村人口稀缺、师资力量的严重缺乏，以及为了在城市升学不得不移居城市生活和接受 6 年义务教育的问题。

以2020年为第一阶段目标的新型城镇化，是我们学习现代中国学的过程中不可避免的重要的课题。这次的调查仅限于南宁市，但日后希望在其他

城市就新型城镇化进行调研。

赴南宁现地实习都市组

指导教师：常爽

组长：贾文熙

组员：王柯欣、黎欣瑜、马昕琪

目录
一、前言
　（一）研究背景
　（二）问题提出
　（三）调查方法
　　1．访谈调查法
　　2．问卷调查法
　　3．文献研究法
二、为什么人们不愿意选择职业教育？
　（一）传统观念根深蒂固
　（二）职业教育发展问题突出
　（三）学校学风相对较差
　（四）专业设置与市场需求不匹配
三、案例：南宁市第四职业技术学校的教育实践
　（一）基础设施建设比较完善
　（二）具备优势的"牵头校"身份
　（三）助学政策相对完善
　（四）专业设置适应经济发展需要
四、中等职业教育路径探索
　（一）职业教育与普通教育的衔接
　（二）中职教育与市场需要相衔接
　（三）政策方面的支持和财政投入
五、总结与讨论
参考文献

中等职业技术学校是不是一个不错的选择？

一、前言

（一）研究背景

中等职业学校（以下简称"中职校"）是实施中等职业教育的学校，包括职业高中、中专、技校。中职校招生对象是初中毕业生和具有与初中同等学历的人员，基本学制为三年，学生毕业后获中专学历。中等职业教育是在高中教育阶段进行的职业教育，也包括部分高中后职业培训，其定位是在义务教育的基础上培养大量技能型人才与高素质劳动者，是我国目前职业教育的主体。

南宁市是本次实践考察的目的地。随着中国—东盟博览会落户，南宁市社会和经济发展进入了全方位、多层次、宽领域开放的新阶段，对高技能人才和高素质劳动者的需求日趋迫切。为此，南宁市制定了《南宁市新时期深化职业教育攻坚五年计划实施方案（2011-2015年）》和《南宁市加快发展现代职业教育实施方案》等支持政策，加大了对中职校基础设施建设的资金投入，旨在进一步推动职业教育质量提升和规范发展，培养更多高技能人才和高素质劳动者，为南宁市社会和经济发展提供强有力的职业人才保障。

（二）问题提出

本组成员通过前期资料考察和分析，对目前南宁市中等职业教育的发展状况有了初步的认识，对南宁市第四职业技术学校、南宁市教育局、南宁市总工会、南宁市文化宫、南宁市职工学校等受访单位的基本情况进行了了解，最终将本次考察的主要问题集中在以下几点：南宁市中职校的实际发展情况如何？社会公众对中职校认知态度如何，是否存在认知误区？中职校在协调技能人才培养和市场需求方面的举措有哪些？对于年轻人而言，中职学校能否成为一个不错的求学新路径？

（三）调查方法

本次实地调研活动中，本组采用了以下几种社会调查的方法：

1．访谈调查法

2017年8月7日至8月11日期间，本组相继走访北宁社区服务站、南宁市第四职业技术学校、南宁市五象小学、南宁市教育局、南宁市文化宫、南宁市总工会等单位与相关领导、教育工作者进行了座谈，入户对当地市民与大学生进行了访问。通过座谈会和一对一提问的访谈形式，获取到第一手资料，增强了课题研究的可靠性和时效性。

2．问卷调查法

在实地调研期间，一共发放并回收117份调查问卷，其中10份线下发放，107份线上发放。问卷调查有助于突破社会调研在空间的限制，通过对更多人群的信息收集，反映出不同人群对南宁市中职

教育的认知和态度。

　　3．文献研究法

　　通过查阅广西职业教育网、南宁市发展改革委员会官网，南宁市第四职业技术学校官网，本组获取了相关文献资料，为考察主题的研究提供了政策背景参考和发展现状的介绍。

二、为什么人们不愿意选择职业教育？

　　在实地调研中，本组感受最多的是"大多数受访者不愿意选择职业教育"。通过访谈和问卷调查中的结果可以看到，有64％的受访者对中职教育的具体内容和毕业生就业情况不了解，其中41％的受访者对中职校的教学质量和教学管理等方面给予了负面评价。这样的结果与本组的预期基本相符，但"为什么人们不愿意选择职业教育？"

　　（一）传统观念根深蒂固

　　我国封建教育制度中"学而优则仕"、"劳心者治人，劳力者治于人"的思想影响深远。职业教育和普通教育相比，前者在大众眼中是低于普通教育的次等教育，是普通教育的补充。在就读选择上，普遍将职业教育视为调节普通教育生源盈亏的缓冲系统；在教育需求上，职业教育也处于普通教育需求之余的次要地位。

　　本组成员以"职业教育与普通教育的不同选择"为题，对南宁市不同人群进行了采访。南宁市第三中学高二年级的小麦同学表示："身边选择职业教育的同学基本上是中考分太低或者家庭贫困需要学习一门技能补贴家用的人"。受访家长中，大多数人期待孩子可以考入优质高中，职业教育只是一种下策的教育选择。还有少数家长说没有考虑过让孩子接受职业教育，考不上普通高中也要交高额赞助费上民办高中。

　　（二）职业教育发展问题突出

　　中国著名教育家顾明远先生曾提到："现代职业教育引入我国已经130多年了，其发端比普通教育还早。但步履之艰难，远甚于普通教育。"职业教育是教育板块中最薄弱的环节。相比普通教育，南宁市职业教育发展相对滞后，存在教师队伍建设不完善和政府监管不利等诸多问题。

　　通过与南宁市教育局、南宁市第四职业技术学校（以下简称"四职校"）相关人员的座谈，本组了解到南宁市中职校的发展水平良莠不齐，即便是在像四职校这样的示范院校，仍然存在需要教育主管部门和学校合力解决的问题。例如：1、缺乏必要的监管机制。市教育局职成科关老师介绍在文化课教学工作中，目前教育局对中职校的教学管理没有一个统一的考核标准，仅依靠市场法则、优胜劣汰；计财科刘老师介绍，每年中职校需要上交财政预算，而对于学校的财政支出则没有具体监管。2、师资队伍建设有待加强。四职校杨校长和林副校长均指出学校存在教师队伍数量不足、结构不合理的问题：学校教师缺编严重，约有三分之一老师为无编制人员；学校外聘教师中存在学历不达标，实践经验少等情况。上述情况在很大程度上制约或放慢了中职校健康有序发展的步伐。

　　（三）学校学风相对较差

　　社会大众对中职校的认知存在误区，把发展高中阶段教育片面理解为发展普通高中教育，"读普高、上重点、考名校"仍然是家长及学生的努力方向。事实上，中职校的生源主要是农村户口的学生，也包括中考成绩低、升高中无望或家庭经济情况不佳的同学。近几年来，政府加大了对职业教育的财政投入，中职校在免除学费的同时还对农村户口同学发放了生活补贴（人均每学期600元）。但同时也造成了大多数家长认为中职校的学生文化水平低、自我管理能力差、容易沾染社会恶习，学校的教学管理松散，因此不希望自己的孩子进入到这样的环境中来。相比普通高中毕业、甚至是大学毕业的学生而言，中职校毕业生文化水平低、职业技术水平有限、就业后工资收入不高。

　　此次实地调研，本组走访了南宁市八户居民家庭，从家长和学生的角度对南宁市中职教育的情况进行了解。就读于南宁市第三中学高二年级的小麦同学提到她身边在中职校就读的同学会存在抽烟、酗酒、夜不归宿等恶习。在北宁社区任职的庄爸爸特别介绍了身边同事为了让孩子不沾染这些恶习，孩子就读中职校时为孩子办理走读的例子。任职于阿里巴巴的黄爸爸表示在日常企业中，大部分本科毕业生在文化素养和学习能力上也会略强于职业院校毕业生。

　　（四）专业设置与市场需求不匹配

　　职业教育是以培养技术型人才为目标，以直接面向就业，面向社会为基本特征。但在实地调研中，本组发现中职校在专业设置、培养方向上与市场的人才需求之间存在偏差。

部分中职校毕业生在座谈中提到求职中对口就业困难的问题，反映出职业教育专业设置和培养方向存在与市场需求脱节的现象。学习证券专业的娜姐表示证券专业在南宁市就业面很狭窄且处于尴尬状态。教育局职成科关老师指出南宁市中职校毕业生就业率多年保持在97%以上，但对口专业就业率为50%左右；有一部分学生在毕业从事对口专业1至2年后，转行从事其他工作。

本组成员通过查询广西省职业教育网专业设置板块发现，南宁市职业教育专业（如计算机应用、数控技术、电子商务、电工电子等）存在学科过于细化的问题。四职校杨校长提到，如果一所中职校设置了一门能迎合市场需求的"热门专业"，其他中职校大多会"一哄而上"、纷纷效仿，这种重复设置专业的现象不仅致使资源浪费、难保教学质量，而且很容易造成后期就业集中、供过于求的负面结果。

三、案例：南宁市第四职业技术学校的教育实践

南宁市第四职业技术学校（以下简称"四职校"）是南宁市教育局直属全日制公办中等职业学校。始建于1965年，占地210亩。现有竹溪校区、邕宁校区两个教学管理区，教职工330人，全日制在校生5,800人。该校是国家中等职业教育改革发展示范建设学校、自治区级重点中等职业学校、自治区示范特色中等职业学校、南宁市中等职业教育交通运输专业集团和文化艺术体育专业集团牵头学校、广西中等职业学校民族文化技术技能人才培养培训基地、南宁市职业技能鉴定基地。

通过与四职校师生代表的交流座谈，该校在基础设施建设、招生资助政策、职业教育发展路径、与其他教育的衔接等方面有很多成功经验值得同类院校借鉴和学习：

（一）基础设施建设比较完善

四职校得益于《南宁市新时期深化职业教育攻坚五年计划实施方案（2011–2015年）》政策的落实，现校内实训场地面积30,000多平方米，90余间实训室，共有16个专业，校内4,100多个实训工位，教学仪器设备总量达18,572台（套），实训设备总价值4,650万元，教学仪器设备总价值4,798万元。学校抓住政府不断加大对于中职校基础设施建设投入的机遇，开设专业化、多元化的技能培训，为培养高技能人才奠定坚实基础。同时，2014年起，南宁市启动利用亚洲开发银行贷款支持南宁职业教育发展项目，四职校邕宁校区建设项目预计总投资3亿元人民币，其中利用亚洲开发银行贷款2,500万美元。目前，四职校邕宁校区已完成教学楼和实训楼的建设，余下图书馆、艺术楼、体育馆、学生公寓楼、学前教育实训基地等项目预计2019年3月竣工。政府对于职业教育基础设施建设经费投入的逐年增长，为学校的课程设置、教学安排等可以更满足企业需求，为学生技能的提升提供了有力支持，为教师的教育教学提供了更大的平台。

（二）具备优势的"牵头校"身份

四职校是交通运输专业集团和文化艺术体育专业集团牵头学校，其中，汽车运用与维修专业、学前教育专业、服装设计与工艺专业三个专业是国家示范校重点建设专业。学校每学期举办国家示范校成果展示暨校园开放日活动，展示了该校教育教学改革试验成果，发挥了示范、辐射、引领作用，带动了全市职业教育水平提升。该项活动也是四职校向外界宣传学校的最直接有效方式。竹溪校区教务处黄老师介绍称，"家长会采取开放日的方式，让家长切实了解学生在校学习生活的情况，学生在家长会上展示技能和才艺，表现出自信，令家长对中等职业教育的认识有了很大程度上的改观。"

四职校根据2015年6月南宁市教育局印发《南宁市职业院校合作办学工作方案》，积极探索多元合作办学和开放办学新途径，不断加强学校作为牵头学校的引领作用与社会影响力。

（三）助学政策相对完善

2005年国务院出台了《国务院关于大力发展职业教育的决定》，四职校抓住有利形势，加强建立职业教育与其他教育相互衔接，设置汽车运用与维修（中职升本科方向）、学前教育（中职升本科方向）两个升本专业，要求报考学生中考成绩需于在B等级以上。从2013年开设升本班级至今，第一届升本班级已顺利从广西师范大学、桂林电子科技大学等本科院校毕业。该校黄老师认为："通过四职校进入本科学习的学生在专业技能方面要优于大多数本科生，学校对于专业技能的培养无论是在设备上，还是在技能实际操作上都要优于本科院校，经历中职校三年和本科院校四年学习的学生可以更好的顺应市场对于高等技能人才的需要。"

学校在招考宣传方面，建立了完善的助学资助政策（参考下图），实现教育公平，使学生获得良好发展的机会。

	政策名称	政策内容
1	学费全免	校企合作中德诺浩冠名班（1,250元／学期）、篮球运动专业（训练费1,100元／学期）除外。课本费按专业300-400元／学期，住宿费按物价局核定标准250-350元／学期。
2	国家助学金	家庭经济困难，集中连片困难县农村户籍及乡镇非农户籍、持有扶贫手册的学生2,000元／年，报读园林专业100％获得2,000元／助学金。
3	"雨露计划"补助	贫困立卡户的学生，可享受扶贫办"雨露计划"补助每人3,000元／年，共6,000元。
4	政府奖学金	品学兼优学生可获广西壮族自治区人民政府中等职业教育奖学金2,000元／年；南宁市人民政府中等职业教育奖学金1,000元／年。
5	南宁市师范生助学金	学前教育专业学生1,500元／年。
6	应届对口升学家庭经济困难大学新生补助	生活补助4,000元／年，路费补贴（区内高校500元，区外高校1,000元）。

（四）专业设置适应经济发展需要

四职校是教育部国内首批校企合作学校之一。该校汽修专业部分别与吉利汽车公司、中德诺浩汽车公司达成合作，设立"吉利汽车制造班"、"中德诺浩汽修技师班"，为学生的实操技能的提升提供了平台。

四职校紧密结合广西和南宁市的产业发展需要，建立专业设置动态调整机制，科学准确定位、优化布局，重点打造现代物流、机械制造、高星级饭店运营与管理、轨道交通、电梯、新能源汽车等一批符合市场需求的重点专业。该校林才丰副校长表示，学校每年举办两场毕业生供需求会，用人单位来学校招聘提供的岗位数超过毕业生人数的2倍以上，毕业生就业率达99％，对口就业率达80％以上。学校积极推行"双证书"制度，将职业岗位所需要的知识、技能和职业素养融入相关专业教学中，将相关课程考试考核与职业技能鉴定合并进行，学生在取得毕业证书的同时获取相应的职业资格证书，毕业生双证率达85％。该制度的积极推进在一定程度上转变了家长对于中职教育的认识。

如今的四职校拥有现代化的基础设施、其他学校相互学习的资源共享、较为完整的升学体系、符合市场需求的专业设置以及学生较高的职业素养。学校的不断发展得益于政府的大力支持，学校的基础设施建设在经费的支持下不断完善，让学生可以在学校便可使用现代化的企业设备。同时，政府通过划分教育集团确定牵头学校，加强学校的信息交流与资源共享，让示范校起到辐射、引领的重要作用。最后，学校在学生入学政策上的不断优化，使更多的人愿意将职业院校作为自己升学选择。本组在考察中，切实感受到了四职校不断进步、发展的活力。

四、中等职业教育路径探索

根据本组回收的调查问卷情况以及实地访谈结果来看，南宁市中职教育的发展在强化教学监管、优化培养方案、平衡供需对应、搭建多元化教育融合平台等诸多方面存在进一步推进和完善的空间，社会大众对中职教育存在的认识不足和理解误区也是中职教育当下所面临的一大挑战。但也不可否认，四职校的成功经验为推进南宁市中职校的发展提供了一个正面的典范，中等职业教育路径的探索可以从职业教育与普通教育的衔接、中职教育与市场需要相衔接、政策方面的支持和财政投入三个方面思考。

（一）职业教育与普通教育的衔接

本组在实地调研中发现，南宁市中职校普遍较为重视与普通本科、高职院校的教育衔接工作，目前中职校毕业生的升学途径主要有以下三种：

1．中职升高职考试升学：一是由学校统一组织报名，参加每年4月广西区内各高职院校自主招生考试，报读对口高职院校。二是就读"2＋3"学年制、"3＋2"学年制、"五学年一贯制"等形式的中职校，毕业后可以免试直接升入高职院校。

2．中职升本科考试升学：符合普通高考报名条件、专业对口的中职校应届毕业生均可提出申请，校方应按应届毕业生人数比例的30％，以"文化素质＋职业技能"综合测试排名为依据，向试点本科院校实名推荐，本科院校自主组织考试择优录取。2017年，普本院校对口招收中职毕业生的试点学校有：广西师范大学、桂林电子科技大学、广西中

医药大学、广西科技大学、百色学院、梧州学院、贺州学院、广西科技师范学院等9所学校，总计招生2,250人。

3．其他考试升学：一是学校统一组织报名参加每年6月的全国普通高考，二是以个人为单位报名参加每年10月的全国成人高考，三是以个人为单位报名参加高等教育自学考试。

这个调查结果令本组成员欣喜，原来中职校毕业生除了就业外，还可以有这么多渠道去实现他们的"大学梦"，在技能和学历方面得到进一步的提升。遗憾的是，社会上大多人对此知之甚少。采访中，大多数人认为中职校学生毕业后的出路就是找工作，而且由于学历水平低，只能是那些收入微薄的低薪技能岗位。只有很少一部分人对升学路径有所了解。由此可见，政府和学校还应继续加强对中职校发展、人才培养、毕业升学等亮点的积极地、广泛地宣传，逐步扭转社会公众对中职教育的认识和了解，尤其是为那些适合选择就读中职院校的家长和学生打消疑惑和顾虑。

（二）中职教育与市场需要相衔接

为更好地践行"服务地方经济社会发展"宗旨，南宁市教育局开展了"职业教育走进现代企业"系列活动，例如：1．组织中职校教师参观富士康南宁厂区、南南铝厂、源正新能源汽车公司、中车集团等企业并开展座谈交流。2．组织中职校教师考察南宁市高新区、经开区和东盟经开区的企业，了解北部湾经济区建设对技能人才的需要，努力探索适应区域经济发展需求的人才培养模式。3．引导中职校与富士康、南南铝厂、玉柴等公司达成校企合作，签订定向培养人才协议，举办冠名班，积极向劳动密集型企业输送学生，促进校企的深度融合以及学校人才培养计划与企业用人标准的无缝对接。

但当前职业技能人才的供需平衡上仍存在一些问题。四职校杨校长在访谈中表示："当前存在公办学校为满足市场开设专业后，民办学校效仿教学，也开设同样的专业，导致目前学生过多，岗位不够，竞争压力过大的情况。希望政府能做好市场调查和统筹工作，提供具体的岗位数量"。因此，在毕业生就业的环节上，亟需加强政府统筹监管的力度，提供更加积极有效的政策支持以协助中职校与市场需求的准确对接，为中职校毕业生的对口就业打造良好的职场环境。

（三）政策方面的支持和财政投入

在政策的制定和实施方面，政府不断加大对中职教育的财政投入，不断完善中职校的基础设施建设。财政投入的增加，丰富了现代化的基础设施、优化了中职校的教学环境；政策扶持力度的加大，引入了优质的教育资源；专业的技能培训，为打造高技能人才奠定了坚实的基础。另一方面，凡是接受中职教育的学生，均享受学费全免待遇，家庭困难的学生还有一定的生活补贴。这一政策的提出，为很多家庭困难的学生提供了学习的机会，也有助于提高南宁市市民的整体文化素质水平。

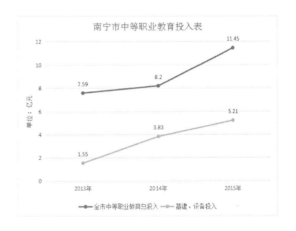

南宁市中等职业教育投入表

根据《南宁市新时期深化职业教育攻坚五年计划实施方案（2011-2015年）》，市、县两级政府将职业教育经费纳入年度财政经费预算，落实中职校学生人均经费标准或公用经费标准，教育经费用于职业教育的比例不低于30%。2013年-2015年全市中等职业教育总投入分别为7.59亿元、8.2亿元、11.45亿元（参考南宁市中等职业教育投入表），其中基层建设、设备投入分别为1.55亿元、3.38亿元、5.21亿元。政府对于职业教育基础设施建设经费投入的逐年增长，为学生技能的提升提供了有力支持。

五、总结与讨论

通过本次现地考察，本组发现中职教育的发展仍是不均衡的，在师资力量、生源质量、专业设置、政府监管等方面有很大的欠缺，这就导致社会中很多人群对中职教育产生了偏见，在面对孩子的升学问题时，很多家长都对中职教育有一定的抵触心理，这些偏见需要中职校和社会市场共同作用才能逐渐

改变。

　　同时也应看到，近年来，南宁市的中职校在学费减免、提供就业、满足市场需求等方面与普通高中教育相比所具有一定优势。通过走访四职校，本组进一步了解到南宁市中职教育的发展状况。在政府的大力支持下，中职校不断完善学校基础设施建设；致力于改善教育方案，根据市场需求改变专业设置；注重培养学生的职业技能和职业精神，提高学生的职业素质；不断开辟新路径，使职业教育与普通本科和市场需求做好衔接，为学生未来的职业发展和升学路径提供了较为广阔的发展空间。这些举措都在一定程度上提高了学校的教学质量，推动了中职教育的发展。

　　综上，在国家的重视、社会观念的变化下，中职教育也可以成为年轻学生的一种较好的选择。当然，目前对于那些成绩不高的学生来说，中职教育更是提供了一个新的机会，让接受更高教育的梦想有了第二次的实现路径。在未来，中职教育的蓬勃发展还需要依靠社会观念的不断转变、职业地位的进一步提升及市场对职业技术人才的认可等因素来逐渐实现。只有这样，才会有更多的人依据自己的发展方向选择中职教育，学校才能培养出越来越多的优秀的技能人才，适应国家"人才强国"、"制造强国"等战略的需要，真正做到发展职业教育适应社会发展，为社会提供人才。

参考文献
1．《南宁市新时期深化职业教育攻坚五年计划实施方案（2011-2015年）》
2．《南宁市加快发展现代职业教育实施方案》
3．《国务院关于大力发展职业教育的决定》
4．大力发展南宁职业教育的若干思考》　刘娴《南宁职业技术学院学报》
5．《浅忆南宁市职业教育发展问题与对策》　杨琼《法制与经济》

農村班

对农民自我认同意识的考察
蓑田雫

关于课题的设定

　　我以前就对和日本完全不同的中国的户籍制度很有兴趣。听说，最近几年，伴随着新农村建设和农业产业化的发展，很多外出务工的农民，都陆续返回家乡参加了新农村建设。还有，在大学的课堂上也听到过很多农民都很认同自己的农民身份。由此，我很想知道，居住在农村的农民是如何理解和认识自己的农民身份和社会地位的呢？所以就设定了这个课题，目的就是想亲身确认一下农民的自己认同意识。

　　我设计了9个问题，通过座谈会和访谈以及问卷调查，得到了总计25份的回答。下面就其中的6个问题进行报告。

第一是关于"作为农民你对自己的身份感到自豪吗？"的问题

　　对此问题，回答【自豪】的20人，占绝大多数。回答【没有自豪感】的3人，【没想过】的2人。回答自豪的主要理由是："可以过自给自足的生活""因为大家都说自己栽培的蔬果美味可口"等。与此同时，回答没有自豪感的主要理由是："务农使心身都感到吃不消"。

第二是关于"你的户口是城市户口还是农村户口？"的问题

　　25人全都回答是农村户口，其中2位是非转农的户口。非转农的理由是："因为农村户口可以承包土地，如将土地流转给农村开发的投资企业，那么每年可以得到土地的租金"。一位66岁的男性村民还告诉我，他的儿子儿媳和孙子在南宁市中心买了房子，住在市里，但是为获得自己的土地（宅基地）使用权，全家的户口都转为农村户口了。

第三是关于"你想由农村户口改为城市户口吗？"的问题

　　回答【想改】的4人、【不想改】的14人、【没考虑过】的6人。其中1人回答"因为中国经济的快速发展，城市和农村已没有什么区别了"。那么，

想改为城市户口的理由,有很多则是像"想让孩子上条件好的学校"、"还是城市生活好"这种、融有对孩子关爱的回答。其中半数以上回答了【不想改为城市户口】的主要理由是"农村生活很自由"、"自然环境优美""对现在的生活感到满意"等。

第四是关于"你希望自己的孩子也成为农民吗?"的问题

25人中回答【希望】的9人,【不希望】的10人,【没想过】的6人、【孩子自己决定】的4人。希望孩子务农的主要理由是"因为农业技术在不断进步不会感到压力"和"因为农民享有土地使用权","和城市相比,农村很自由,自然环境也好"。而不希望孩子务农的理由是"希望孩子接受更好的学校教育"和"想让孩子好好学习看看外面的世界"。我认为,这个回答与回答第三的"你想由农村户口改为城市户口吗"的理由一样,都在为孩子的将来考虑。

第五是"关于希望自己的孩子将来从事什么职业"的问题(可多项选择)

【公务员】的有7人、【教师】的有11人、【公司员工】的有3人、【其他】的有10人。选择【其他】的10人中,回答"孩子自己定"的最多,另外,很多父母都期盼孩子"从事安定的职业"。

第六是关于"你对现在的生活满意吗"的问题

25人中有22人回答了【满意】,占压倒的多数。其理由是"能够和孩子呀孙子一起生活,很开心"和"不愁吃不愁穿、不愁住,生活条件完善,所以很满意"。有3人回答了【不满意】,理由是"收入少"、"交通不便""不被人信赖"等。

小结

通过以上的回答、我认为,和以前相比,很多农民对现在的生活感到满意,所以回答有自豪感的很多。但希望自己的子女生活比现在有更好的环境的回答也不少。我认为,两种回答既体现了成年人对现在的生活的满意,也体现了他们对自己子女的关爱之情。

还有就是,对自己的农民身份感到自豪的自我意识,是否是与,在乡企一体化这种新农村建设过程中出现的,农业也是产业型社会的一个行业或职业,这一新的意识有关呢?我期待着在南宁的美丽农村建设过程中,出现更多的这种新意识。

农村地区孩子的梦想和父母对孩子的期待
森本敬子

考察的出发点

农村地区孩子的梦想是考察一个地区、民族和国家将来的切入口。近年以来,中国农村地区的发展突飞猛进,但我认为城乡间的差距也许不会在短期内消除。那么,农村地区的孩子们对自己的将来都有什么想法?从事农业,熟知农村现实的父母对孩子的将来,又是如何考虑的呢?因为得知,这次可以直接以生活在农村的孩子和父母为对象进行访谈,所以就选定了这个课题。

这次在隆安县那桐镇定典屯和良庆区那马镇坛板坡进行了访谈和问卷调查,得到了总数47份的回答(其中,对父母的问题设计了7项,得到了27份回答、对孩子设计了10项问题,得到了20份的回答)。下面,根据得到的回答,对"孩子们考虑的将来"和"父母的期待"的结果进行报告。

1.关于孩子们对自己将来的考虑

首先,对"将来想做什么?"的问题,回答"教师"的有4人,"工人"2人,"公司职员"3人。其他的回答有"设计师""在农村务农""还不知道"。

那么,对"想做和父母一样的工作么?"的问题,回答"想"的7人,"不想"的13人。回答"不想"的理由是,父亲在香蕉园工作的几个家庭的孩子们都回答"因为工作很辛苦"。我认为,虽然在定典屯建设中国国内最大香蕉园的给水和给肥都由电脑操作,但也有很多是重体力劳作,孩子们知道父亲付出辛苦,所以回答了"不想"。

其他还有很多不想做和父亲同样工作的理由是,"想到城市去","在城市里工作"等。这些回答使我感到农村的孩子们都憧憬城市的生活。

孩子们对城市的憧憬,也体现在对"将来想在哪工作?"的回答里。有16份回答"将来想在城市工作"。这一回答比回答"想在农村工作"的7份要多的多。还有,在"其他"这个选择项目里,有回答"想在国外工作"的。这使我感到随着农村的开发建设,孩子对自己将来的视野是很开放的。

2.关于父母对孩子的期待

与对孩子们的问题相对应,对父母的问题也有"希望孩子将来从事何种职业?"(可複数回答)回答"教师"的8份、"工人"1份、"公司职员"5

份、"公务员" 2 份、"其他" 13 份。

对其他的回答是"自营业、经营公司"等。回答希望在农村劳动的依然很少。可以看出大份分家长都希望自己的孩子将来能在城市工作生活。一位43岁的男性村民回答其理由是"在城里的读书环境更好"，66岁男性村民的理由是"有更好的工作"，31岁男性回答"尊重孩子的选择"。这些回答都体现了父母对孩子的关爱和宽容。

还有，"希望孩子从事和自己一样的工作吗？"的问题，有 3 部回答"希望"，"不希望"的则是 18 部，回答"都可以"的是 3 部。回答"希望做和自己不一样的工作"的 37 岁的教师（女）的理由是"不希望孩子做和自己一样的工作，希望孩子进大公司多赚钱"。

小结

从孩子们的回答中可以看出，孩子们大多数希望将来在城市，甚至还有想在国外工作的。而熟知农村现实的大多数家长，也不希望孩子将来务农。那么，在进行户籍改革的现在，将来，随着人口移动的自由度加大，从事农业的人口是否会逐渐减少呢？

但同时，带我们参观农村的村民说"今后，随着新农村建设，重体力劳动的农活会逐渐减少，用现代技术取代的可能性很高"。如果实现农业现代化的话，今后，不仅会减少农活的辛劳，也会改善中国农业人口不足的问题。

还有，大多数的家长，都尊重孩子对自己将来的选择，不强迫孩子将来务农。另一方面，也存在着传统的家族家业继承的问题，所以，男孩子为了继承家族家业可能必须留在农村。实际上，回答我问题的男性家长中绝大多数是为了继承家业而留在农村的。

我通过这次在农村的考察，看到了农村地区的发展和变化，农村孩子对自己将来的选择范围也在扩大，那么，到目前为止，为了继承家系家业而由父辈们代代传承下来的农业，现在的孩子们还会承续下去吗？这一问题不仅只限于农村，也关系到中国整体的发展方向，即，缩小城乡差距的同时，如何构筑多元化产业社会，是与农村的社会结构有关联的。

对南宁市农村地区食文化的考察
小河步生

考察的出发点

我本人很喜欢吃，对食文化很有兴趣。但是，选择这个课题的直接原因是因为日本人对中国农村的印象。因为很多日本人认为中国农村贫穷落后。而我这次有了农村考察的机会，所以选择了这个题目。

这次，我在定典屯和坛板坡，用座谈会和问卷调查的方式，得到了30份的回答。我事先准备了11个问题，下面我就其中的 4 个问题的考察结果进行报告。

第一　关于"你喜欢当地的饭菜，还是外地，包括外国的饭菜呢？"的问题

在30份回答中，18人回答"喜欢当地的饭菜"，3 人回答"喜欢外地的饭菜"，9 人回答"都喜欢"。喜欢当地的理由是"吃当地生产的食材作的饭菜安全"，"已经习惯了"。喜欢外地饭菜的理由是，"可以品尝新的口味"，"吃当地的饭菜已经吃腻了"等。

第二　关于"在节庆和婚丧嫁娶时的饮食和平常的饮食是否一样，有什么不同吗？"的问题

回答"不同"的有28人，理由是"平常的饭菜蔬菜多，但节庆等特别的日子的饭菜，肉类和鱼类，也有蔬菜，菜肴种类丰富，量也大"。这和日本一样，使我感到惊讶的是，节庆和婚丧嫁娶时，用鸡肉，鸭肉，猪肉，牛肉作成的菜很多。

第三　关于"在当地的饮食文化中有没有独特的习俗和规矩呢？"的问题

日本也有用餐的规矩，但南宁农村也有用餐规矩使我感到惊讶。下面是我在那马镇坛板坡了解到的当地的五个用餐规矩。

①不可将筷子插入饭碗中；
②取菜的筷子，不可和邻座的人的交叉；
③不可将多余的餐具，放在桌子上；
④取菜时，不可用筷子挑拣盘中的菜肴；
⑤不可将筷子放在口中舔裹。

①是因为将筷子插入饭碗与祭拜死者有关，不吉祥。而③的理由是，多余的饭碗放在餐桌上，是表示怀念去世的人。

但村民说，在当地没有向国外那样宗教性的食

物禁忌。

第四 关于"对你来说食文化重要吗？"的问题

28人全都回答"重要"。其理由回答最多的是"在中国自古就有民以食为天的说法"。就是说，没有比食物和食更重要的存在了。

小结

说实在的，目前为止，对我来说的"食"就是吃，没有考虑过食的文化意义。通过考察，我明白了，"食"是很深奥的文化。

那么，我将自己的想法总结如下。

第一．我意识到日本社会对中国农村的印象或想象，与实际的中国农村很不一样。

第二．这两个村子的食文化的共通点是食材都是自产自销，我想，当地村民的食生活是与自然资源相协调的产物。

第三．食不仅是吃，包括食物，和餐桌规矩在内是文化的组成部分。尤其是"民以食为天"这一观念，证明了食是人类生存的第一条件。

第四．通过在农村的体验，我认为当地独特的食文化，包含了人们对故乡的爱，是维系人与人之间的纽带，所以才形成为世代相传的传统文化。

所以，我想，如果我留在南宁，一直吃当地的饭菜的话，我也会成为当地人的。

这次考察的时间很短，但我有了新的体验，尤其是爱吃的我，吃到了美味可口的农家饭菜，我感到十分满足。

谢谢两个村子里友好善良的人们！

农民对娱乐的认识
山崎早希

问题提起

因为日本是先进国家，日本人的生活较为丰富，所以，到现在为止，我一听到娱乐就会想到开心和花钱。但是，环境和生活习惯以及收入都和日本不同的中国的农村地区，都有什么样的娱乐呢？对此我很感兴趣，所以设计了这个课题。

为了考察，我设计了7个问题，进行了逐项访谈和问卷调查，得到了28位村民（女性12名，男性16名）的回答。现在就以其中4个问题进行报告。

1．考察内容

①听到娱乐时你会想到什么？

②你想过去旅行吗？想过去日本旅行吗？

③你有长假吗？那时你会做些什么呢？

④当地有什么传统节日吗？

2．调查结果

关于第①个问题，在日本一说到娱乐想到的是开心和花钱，但村民回答最多的是"聚会，或参加集会"，"传统的活动"。

对于第②个问题，回答"想去旅行"的最多。对"国内和国外想去哪儿"的问题，回答"国内"的最多。其次是"想过去日本吗"的问题，回答最多的是"想去"，理由是"听说樱花很美，想去看看"、"想体验一下文化的差异""想开阔眼界外出看看"。

那么，回答"不想去"的理由有"太远""语言不通""因为自己是中国人""工作忙没时间"等。

对第③的问题，回答"有"和"没有"的各占一半。

其中，我发现，回答"有"的是30岁前后的居多，而回答"没有"的则是40岁以后的居多。

对这一结果的初步分析是，40岁以后的村民，大多出生在教育环境不是很好的70年代，务农人员多，不能享受长假的待遇。

而出生在改革开放后的80年代的30岁前后的村民，可能有了更多的受教育机会，即是村民，也是受雇于企业的员工，所以会有长假的待遇。那么，对"休假时做些什么？"的回答中，回答"旅行"的占绝大多数。对"过哪些地方？"的回答里，回答"贵州和云南等邻近地区"的最多。

对第④问题，所有人都回答了"有"。其中，被列举最多的是壮族的"三月三节"。其他还有"舞狮""民歌节"等独特的节日。而且回答"哪个都有名，能有很多人参加，老朋友能够再会，还能认识新朋友"。

小结

这次访问的两个村子，都是新农村建设的典型，村内也建有农民集会的场所，但好像没有娱乐设施我看到的村民的娱乐活动大多是局限于乡村内部，也很简单。

其原因我想，可能是两个村子都离市中心较远，道路畅通但路况不好，加上转心务农的村民没时间进城，进城消费的经济能力有限的原因吧。

另外，从对第②和对第③的回答中可以看出，与城市居民相比，也许农村地区的人们受经济条件

和语言，时间所限，外出远途旅行可能还不太现实。

但与比同时，正因为农村地区保留着古老和纯朴的风情和环境，所以也就会有像对第④个问题的回答那样，当地农村还保留有很多传统的节日和活动。

还有，有位善长粤剧表演的老人，对我们说"娱乐活动关系到健康，是生活中不可缺少的要素"。

从他的想法中可以看得出，日本人和中国农村地区的人们对娱乐内容的想法，因环境和生活水平而异，但娱乐是人类生活中不可缺少的要素的这一认识，还是相通的。

从民居看到的南宁市的新农村建设
前田智也

考察的出发点

建筑物作为无声的历史记忆，是能够追寻过去和感受现在最重要的线索。可以说，建筑物在某种程度上反映着当地的过去和现在。所以，我这次对那桐镇定典屯和那马镇坛板坡民居的样式和变化为中心进行了考察，就是想通过对作为建筑物之一的民居的考察，来检验这两个村落在新农村建设中的发展变化。

针对这两个村子的发展现状，我设计了七个问题，进行了问卷和访谈调查，得到了27份回答。下面我就以其中三个问题的结果进行报告。

1．考察内容

第一个是对定典屯村民的问题，即"你喜欢徽派的建筑吗？"

第二个是对坛板坡村民进行的"你喜欢新的建筑吗？"的问题。

第三个是对两个村村民的"你对保留传统建筑或老建筑怎么想？"的问题。

2．考察结果

关于第一个问题，定典屯12位村民给我的回答都是"喜欢"。被举出的主要理由是："徽派建筑与当地的自然环境协调"，"外观很美"等。从这一结果可以看出，定典屯的村民对徽派的居住样式感到很满意。

这组照片（農J84）显示了定典屯的民居改建为徽派建筑样式前后的村貌。与以前原色的土木建筑不同，现在外墙统一为白色，显得整洁美观。和以前的村貌相比，可以看到现在村内的道路修建的整齐有序。

对第二个问题进行访谈的结果是，15位接受访谈的坛板坡村民之中，回答"喜欢新式建筑"6人，理由是："条件好"，"有整洁感"等；回答"喜欢老建筑"3人，理由是"充满着朴素的气氛和生活气息"等。回答"都喜欢的"6人，理由是，"新民居展示着当下的社会发展，老民居代表了过去的风土人情""新民居提供了生活上的方便，老民居具有古典之美"等。

我推测过坛板坡的村民可能和定典屯村民一样，都喜欢新建筑风格的民居，可是，从回答的结果可以看出，新老都喜欢的居大多数。这个结果说明了，尽管乡企结合的发展模式使坛板坡以农作物为主的产业结构多元化，村民收入呈现多元化，整体生活水平也在不断提高，建筑样式的变化也使村民的生活条件也得倒了改善。

这张照片（農J91）显示了良庆区那马镇坛板坡建筑风格的改变。与三年前的建筑相比，不仅外墙变成了统一的白色，道路也规划得很整齐。但是，并没有改变以前的吊脚楼风格。也就是说，在保护原有建筑风格的基础上改变了建筑。

关于第三个问题，在27份回答中，有22人回答了"很有意义"，5人回答"没有必要"。

回答"很有意义"的理由列举如下："为了告诉孩子们过去的生活"，"是表述祖先勤劳智慧的实物"等。

这个回答可以说明，村民十分重视对过去的了解，希望子孙通过看到的实物，来传承先祖留下的传统。与此相反，回答"没有必要"的主要理由是，"太旧了容易破损，没有保存的价值"，"老建筑并不等于传统建筑"等。

小结

从两个不同村子的村民对民居变化的回答结果，可以看到两个村子的不同之处，定典屯只有87户，属于较小规模。所以出现了"对现在的建筑很满意"这个较为一致的回答。

但坛板坡有300多户，约有1,300多的人口，相对而言属于较大规模的村落，所以回答内容呈现了多样性。

但是这两个村子的共同之处是，这两个村子都是在中国社会转型的过渡期，成为乡企结合发展模

式较为成功的典型，是顺应了中国整体社会转型的结果，所以，形成了同时具有着新旧两个时代特征的新型村镇共同体。

最后，我衷心祝愿，作为新农村建设典范的这两个村庄今后有更进一步的发展。谢谢大家！

赴南宁暑期社会实践农村组

指导教师：张洁

组长：谢鹏

组员：胡楠、张王赫扬、张宇菲

目录
一、调查背景及目的
（一）调查背景
（二）调查目的
二、研究方法及调查地简介
（一）研究方法
（二）调查地简介
三、两个示范村的生态乡村建设现状
（一）生态乡村的内涵
（二）两村建设状况
四、生态乡村建设南宁路径的基本特征
（一）由政府层面制定方针，对村屯进行改造
（二）招商引资，因地制宜发展绿色产业
（三）提高农民环保意识
五、心得体会
参考文献

生态乡村建设的南宁路径
——两个示范村的实地考察

一、调查背景及目的

（一）调查背景

在我们很多人的印象中，农村代表的就是破败、落后、麻木，长久以来也一直难以改变，有些人甚至觉得农村就应该是自然环境差、生活环境差。很多人不愿意从城市离开，走向农村，不愿意走向陌生的、可能落后的人、村庄和土地。农村人也是不顾一切地想要走出去。但如今农村的发展一次次刷新我们的认识，颠覆我们的想象。我们想去看看农村现在到底是什么样子，有什么新变化，有什么问题，这是我们此次下乡考察走访的原动力。

宏观上来看，改革开放以后我国经济迅猛发展，在国家经济实力得到大幅提升的同时，生态环境的污染程度也与之成正比逐年加重，农村在这个过程中也难免遭到影响。但先发展后治理的路子并没有走多远，2013年习近平总书记提出："我们既要绿水青山又要金山银山，宁要绿水青山不要金山银山，而且绿水青山就是金山银山。"这生动形象地表达了我们党和政府大力推进生态文明建设，走经济发展和生态优先的态度和坚定决心。

广西壮族自治区根据中央指导，也于2013年开展"美丽广西·清洁乡村"活动，利用两年时间集中整治，达到清洁环境、美化乡村、培育新风、造福群众的目标。

根据前期的了解，我们要进行走访的是两个综合示范村，是近几年广西自治区政府投入了大量人力物力而完成的试点性工程。从目前来看，这两个示范村在发展的过程中进行了许多积极有益的探索，为我们如何建设生态乡村提供了一个现成的模板。基于此，我们想通过调查来回答生态乡村如何建设的问题。

（二）调查目的

我们想要通过此次社会实践调研，简单总结出综合示范村在生态乡村建设过程中的成功之处，归纳其模式以便推广；思考并寻找出综合示范村在生态乡村建设过程中的不足之处，提出我们自己的见解并做出试探性解答。

二、研究方法及调查地简介

（一）研究方法

在深入农村的考察中，我们主要采用了问卷法、访谈法、观察法、文献法这4种收集资料的方法来研究南宁市综合示范村的生态环境现状。在调查中，我们利用发放问卷的形式搜集数据，对村民的环境保护意识进行了深入的了解。我们此行共收回有效问卷40份，调查对象中男性占比为57%，女性占比为43%，调查对象年龄主要集中在40—60岁之间。借助于问卷的统计结果，分析当地居民的环保意识，直观的反映当地在生态环境方面的优势与缺陷。并且我们还深入到村民家中，近距离交流，收获了许多珍贵的信息。除此之外我们还参观了两个地区的支柱企业，观察其农业新兴科技以及特色产

品，进而又利用摄影和录音的方式把观察到的内容做了精准全面的记录。在此期间，我们始终坚持理论与实践相结合，大量地查找文献资料，检索与本课题相关的内容，将知识落实到具体的考察中，不断地验证、分析与思考。

（二）调查地简介
南宁市隆安县那桐镇定江村定典屯

该屯位于南宁市西北部，紧邻324国道和316省道，地理位置优越，交通便利。全屯现有83户339人，征地面积约3,450亩。其融现代农业、生态宜居、休闲旅游、幸福和谐等现代示范载体于一身，打造出综合性、示范性的壮族特色文化产业。近年来定典屯注重健全完善长效机制、基础设施建设、完善公共服务设施，大力发展乡土特色产业，突出产业优势，加强村屯文明建设等，使环境卫生得到极大的提升。2015年，定典屯更是被评为"广西壮族自治区绿色村屯"。定典屯村民直接受益于"金穗模式"的香蕉主导产业，土地流转率达100%。企业带动农村进行产业结构调整，提高村民经济收入。当地党组织发挥战斗堡垒和协调组织优势为企业营造发展软环境等多方面提供帮助，实现了企业发展和农民增收的双赢格局。

南宁市良庆区那马镇坛良村坛板坡

该坡位于南宁市南部，距南宁市区27公里。全坡有301户，1,332人，其中壮族1,121人，占全坡总人数的84%。坛板坡是南宁市生态乡村的"新样本"，其利用三年的时间，从改善村庄环境、促进产业发展和规范加强村内管理等方面入手，全面完成了综合示范村的建设任务，实现了从贫瘠山村向社会主义新农村的积极转变。除此之外，坛板坡还引进了振企农业、桂洁、百圣美川和幸福集团4家龙头企业入驻。大力发展新型农业科技，稳固经济支柱，带动当地的村民走上致富的道路。经过党支部和人民群众对新农村建设的共同努力，坛板坡的变化最终得到了国务院李克强总理的充分肯定。

三、两个示范村的生态乡村建设现状

（一）生态乡村的内涵

所谓生态乡村，是指科学运用生态学与生态经济学原理在农村实施，从而达到生态发展的一个农村建设系统，通过生态系统结合农村生态文化建设与生态产业的发展，让经济发展和生态保护同步达成。生态乡村包括乡村生态住房、有机农业、农业新能源和乡村环保。乡村生态住房即发展绿色建筑。发展有机农业需研发农业科学技术、创新农业发展模式。以产业化、外向型为主导，向有机食品发展，为生态乡村的建设奠定基础。然后积极探索农业新能源，努力实现低碳生活。提高太阳能、沼气能、风能、生物质能等能源的利用率。最后要促进乡村环保，坚持可持续发展的理念，创造低碳效益。重点改善污水处理系统和生活垃圾处理系统，向零污染排放靠拢。

（二）两村建设状况

1．村容村貌

经过调查走访，定典屯与坛板坡现已经发展成南宁市综合示范村。村内环境干净、整齐，基础设施也较为完备。自2013年开始美丽乡村建设之后，定典屯和坛板坡就开始着手对村内道路进行整修，如今两村的道路变得十分宽阔平坦、干净美观。坛板坡的中心地区还建设了供村民消遣放松的娱乐场所，健身器材、活动舞台、儿童玩具应有尽有，这从一定程度上丰富了村民们的日常生活。而且坛板坡结合村民使用需求和壮族民居特点，统一请专业设计师进行规划设计，对全村215栋房屋进行城乡风貌改造，并对30余栋具有乡村特色的老屋进行换瓦和修整。不仅外形以灰白两色为基调，融入壮族文化的图饰，独具特色，而且按照"四季常绿、三季有花"的思路，见缝插绿，重点种植当地特色果树，对村内道路两旁和空地进行绿化美化。定典屯在房屋改造中采用了徽派建筑的风格，整齐划一，给予人视觉上的享受。

为了保持良好的村内环境，两地还设有专门的岗位负责当地卫生环境的维护。以定典屯为例，保洁员实行"一日一捡，三天一扫"工作责任制，每天清扫路面垃圾，三天一扫片区水泥硬化路面。除此之外还负责监督各家各户的卫生情况，并将结果反馈村委和各队长、村民代表。村民也可检举保洁员的工作失误，对其工作进行监督，有关部门会给予相应的惩罚，这形成了相互制约相互监督的良性循环。在这个体系之外，包片村干、村民理事会还会对该体系的长久运营进行监督，上级纪检监察组在每年还会开展月考评和季度考评，对村里生态环境保持状况进行评估。

2．环保设施

定典屯在上世纪90年代不通水，不通路。一

到下大雨的时候，村内雨水便大量存积，无法排出去。而经过前期规划，统一建设之后，现在的定典全村建筑沿斜坡建造，雨水落地后直接由主干道路流到地势较低的鱼塘中去，既省去了铺设管道、建设沟渠的费用，又充分利用了雨水，一举多得。过去村子里鸡鸭猪狗满村乱跑，各种牲畜家禽粪便就散落在路上，环境一塌糊涂。新农村在开工之前就确定了无论是小型的家禽还是大型的猪牛羊在内的所有动物，一律划片统一养殖的原则。于是所有臭气熏天，粪便堆积的情况消失了。而且粪便统一集中起来之后还兴建了化粪池，生产沼气，满足了燃气一定程度上的需求。

坛板坡在供排水设施方面结合道路建设开展排水排污和垃圾处理设施建设，铺设排水沟约 2 公里，铺设污水管约 2 公里，建设垃圾焚烧炉 1 座，解决了长久以来困扰村民的内涝以及排污不畅而导致的污水横流问题。

3．绿色经济

两地在实现生态乡村的目标时首先开展农业经济的建设，将农业产业模式进行转变，引进企业发展成当地的支柱产业，奠定了坚实的经济基础。举例来说，隆安县那桐镇定典屯主要由广西金穗农业集团有限公司投资开发，金穗集团与定典屯积极探索村企和谐发展新路子，通过组织联建、发展联姻、实事联办的"村企联建"方式，发挥自身的品牌、信息、市场等优势，帮助村屯厘清发展思路，进行产业结构调整，实施农村土地流转，带动村屯发展香蕉种植，推进生态综合示范村建设。村级党组织发挥战斗堡垒和协调组织优势，为企业提供多方面帮助，实现了企业发展和农民增收的双赢局面。那马镇坛良村坛板坡自2013年起开始建设，由当地政府主导。坛板坡在自治区农业厅的牵头下引进了振企现代农业、桂洁、百圣美川和幸福集团4家龙头企业入驻，分别以种植火龙果、柑橘、铁皮石斛和蔬菜为主。大力发展新型农业科技，稳固经济支柱，带动当地的村民走上致富的道路。两地生态乡村建设均采用政府主导，企业投资，村民共建的模式，走经济发展带动环境保护的路子。

这种产业模式的转变在村民中产生了积极影响，村民普遍对土地流转感到满意，他们的总收入由出售农产品收入变为地租收入＋劳务收入双结合，年收入变得更加稳定。这不仅为生态乡村、美丽乡村建设提供了稳定的资金保障，而且也为村民的环保意识进步夯实了物质基础。

形成村企相互协作的繁荣局面后，企业将重点转移到农业科技的研发上。坛板坡的四家龙头企业之一广西桂洁农业开发有限公司在当地建立农业生产示范基地，采用"柑橘水肥一体化滴灌技术"实现水肥一体化滴灌面积9,000多亩。定典屯的支柱企业金穗集团采用滴灌技术＋电脑数字化管理，实现1人管理800亩香蕉林的创举。这种滴灌技术可以有效减少肥料的施放量、减轻肥料对于土壤的破坏，降低水体的富营养化，符合当前建设生态乡村的总体目标。广西百圣美川农业科技有限公司是一家农业科技型企业，"光伏农业科技大棚"是该企业的一大特色。光伏农业科技大棚是一种与农业生产结合，棚顶太阳能发电、棚内发展农业生产的新型光伏系统工程，是现代农业发展的一种新模式。百圣美川公司通过建设棚顶光伏电力工程实现清洁能源开发，电力最终并入国家电网。同时太阳能电池板所发电力还能为大棚的一系列设施所使用，从而达到棚上清洁发电、棚下高效种植的效果，提高土地的经济效益。

金穗集团采用生态农业的发展方式，建立循环经济。甘蔗成熟后被送到糖厂制糖，制糖产生的废料包括糖蜜和蔗渣两种。糖蜜被送到食用酒精公司生产食用酒精，而蔗渣和滤泥则被送至生物有机肥公司作为有机肥的原料。蔗渣经过这一过程又重新以肥料的形态还田，供给甘蔗养料，由此形成闭环，生产过程中废物利用率高，垃圾较少，是生态农业发展中的典范。

近几年随着国民生活水平的提高，旅游产业开始兴起。两地在建设生态乡村的过程中同步开发当地旅游资源，旅游业与生态环境保护息息相关，旅游业也促进了生态环境的优化与维护。

定典屯围绕香蕉产业培育、村庄环境改善、公共服务建设、农民就业与社会保障等工程，打造了具有壮乡特色的旅游休闲宜居乡村，发展乡村特色生态旅游。定典屯将民房统一建设改造，凸显白墙、灰瓦、坡屋顶等壮族特色和隆安本土马头墙、百鸟带等"那"文化元素，房前屋后保留农家小菜园、小果园、小花园，体现原汁原味的本地植被特色和浓郁的乡土气息。使得旅游产业在发展的同时，村民收入也不断提高。

坛板坡以引进四大龙头企业发展现代化农业为主，结合村民使用需求和壮族民居特点，对全村房屋进行城乡风貌改造，并对30余栋具有乡村特色的老屋进行修整。对村内道路和空地进行绿化美化，设置生态停车位，在主村道上设置太阳能路灯，对村内环境实施绿化、美化、亮化。目前当地旅游产业游客较少，产值较低，但村民对游客的期待非常高。村民普遍认为，发展旅游业，将使村民收入更上一层楼，居住环境和环保意识越来越好。

4．村民意识

两地政府在建设生态乡村的初期为了培养当地村民的环保意识，实行了大量的宣传教育措施。那桐镇定典屯的领导干部下基层捡垃圾，发挥先锋模范作用，用实际行动带动当地村民，以先进思想作为引领与村民们携手共建。这样的精神带动了当地村民，一定程度上产生了积极作用。同时当地村委会还积极使用横幅标语、村内广播、张贴海报等方式进行宣传。坛板坡则采取了入户交流的方法进行宣教。在此次调查中我们通过对四户农民的走访以及统计调查问卷数据，发现村民一定程度上接受了环保理念，明确了自身的环保义务。

大多数村民从小事做起，现在已经基本养成垃圾入桶的自觉意识。在坛板坡，多户村民在自家建造化粪池来减轻环境自净压力；使用太阳能热水器节省能源消耗。并且还有部分居民针对当地的水污染情况向村委进行了反映，这也体现了他们低碳环保意识的提升，维权意识的加强。但需要注意的是虽然两地政府和村委开展的环保宣传形式多种多样，但通过我们的走访调查发现实际效果并不理想，很难达到预期。仍有许多村民对于环境保护持事不关己，高高挂起的态度。他们对于环境保护意义的了解依旧有限，没有正确的意识到当前中国生态环境的恶劣情况和资源紧缺的迫切境地。所以，两地村民的环保意识的整体水平还有很大的提升空间。

除了宣传教育之外，两地还制定了相关的村规民约以明文的形式对村民的行为进行引导和制约。

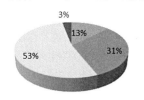

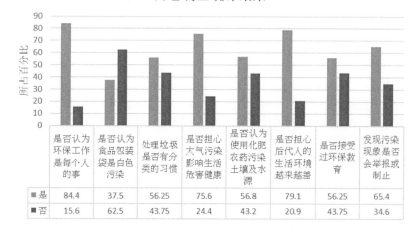

但其中针对保护生态环境的条款不够完善，影响力小。《定典屯村规民约》一共有12条，只有第6条规定属于环境保护方面：严禁擅自砍伐国家、集体或他人林木，集体林木应人人有责，加强保护。并且关于此规定的惩奖措施也并没有注明。坛板坡与其相比有所完善，能够明确村民应履行的义务与责任。例如《坛良村村民公约》第9条规定：自觉维护环境卫生，爱护绿化，不从事污染性项目，不乱倒垃圾粪便，推行垃圾袋装化，主动保持房前屋后清洁，搞好庭院绿化，美化环境。可同样，《坛良村村民公约》中关于环境保护的条款也只占条款总数的1/16。

四、生态乡村建设南宁路径的基本特征

总结南宁市的生态乡村建设路径，是为了回答我们提出的生态乡村如何建设的问题。经过为期5天的调查、访问和研究，我们了解了定典屯和坛板坡生态乡村发展的过程、现状以及取得的成绩，主要围绕生态乡村如何建设的问题进行了积极地思考，归纳并总结了一套生态乡村建设的发展模式。

该模式由三个主体构成，分别是政府、资本和村民，缺一不可。三个主体必须紧密结合，协同发力，充分发挥各自的优势，才能使生态乡村建设行动稳步推进。通过对定典屯和坛板坡两个示范村建设进程的分析，我们认为生态乡村建设的发展模式如下：

（一）由政府层面制定方针，对村屯进行改造

这是生态乡村建设的核心动力，方针的执行将使整体进程得以步步推进。就以坛板坡为例，2013年国务院总理李克强冒雨来到坛板坡调研，并向村民承诺，要把"水"和"路"的问题解决好，从此才拉开了坛板坡综合示范村建设的大幕。政府还要在这一阶段起到连接资本和村子的桥梁与纽带的作用，把优势资源引向欠发达地区，坛板坡就是通过自治区农业部才同企业接上了线。

在政府的主导下，对村庄进行统一规划。定典屯由金穗集团统一重修房屋，整齐划一，村子焕然一新。坛板坡由政府请广西建筑设计院设计师对房屋进行统一规划，村民自愿并自行粉刷外墙，政府进行补贴，改造民居。同时两个村子也都对排水系统、垃圾处理设施进行了统一布局。良好的整体环境推动了投资的引进和旅游业的发展。

（二）招商引资，因地制宜发展绿色产业

两村主要运用土地流转的方式达到规模化种植，从而改善产业结构。土地流转是指土地使用权流转，既将拥有土地承包经营权的农户将土地经营权转让给其他农户或经济组织，即保留承包权，转让使用权。我们走访的定典屯和坛板坡都几乎全面实行了土地流转，农民手中的土地流转给企业，企业付给农民租金，企业获得了大片土地的使用权，实现了规模化种植。这带了很多的好处：农民将土地租给企业，收入不再看天吃饭，实现旱涝保收；农民获得了大量的空闲时间，可以选择外出打工，加上地租，实现双倍的收入；企业的入驻给村子提供了一定的就业岗位，解决了部分就业问题。土地流转可以实现企业农民双赢的局面。

坛板坡引进了四个龙头企业，定典屯得到了金穗集团的投资。招商引资解决了生态乡村建设的资金问题。有了资金的充分支持，后面的建设才得以顺利进行。

企业在发展的过程中要积极发展农业科技，加大对科研的投入，通过应用新技术来减少污染。比如定典屯金穗集团建立的循环经济以及坛板坡滴灌技术等先进农业技术的应用。

除此之外，还可大力发展旅游业等绿色产业。以绿色生态环境为亮点吸引游客，而经济发展又为绿色生态环境提供资金保障，形成良性循环，为可持续发展树立标杆。

（三）提高村民环保意识

当地政府和村民自治委员会要对村民进行广泛的宣传教育，村委还要连同村民制定维护生态环境的村规民约。在日常工作中要坚持常抓不懈的监督，制定详细明确的奖惩措施，协助村民养成良好的习惯，用制度去约束。比如定典屯的领导干部还主动走向基层，捡垃圾，搞卫生，起了良好的带动作用。

村民要主动学习生态环保知识，养成良好的生活习惯，自觉地学习相关的法律法规和政策。主动教育下一代，传播节约资源，保护环境的知识。遇到破坏环境的现象要主动制止。

尽管两个示范村为我们提供了生态乡村建设的模板，但在走访调查的过程中，我们还发现了两个生态示范村存在的一些问题和不足，主要有以下几个方面：

1）村规民约中针对保护生态环境的条款不够完善，

影响力小。

2）现有的环保设施设计不合理。据坛板坡村民反映：当地排污管道直径上游大，下游小，直接导致污水排不出去。

3）村民的环保意识有待加强。

针对以上问题我们做了初步的思考，提出以下解决方式：

1）丰富完善村规民约，增强村规民约的前瞻性，并广泛宣传，增强监督执行力度。

2）在先期规划设计的过程中，要深入农村基层，根据实际问题进行设计，要因地制宜，对症下药。

3）加大相关法律法规的宣传力度，提高村民的整体意识。要通过各种有效的方式，广泛开展贴近实际、贴近生活、贴近群众的环保宣传和科普教育，让村民去了解政策，认识到生态保护环境背后的意义以及生态环境破环的后果。环境保护的知识也要通过优质的宣传渠道发布，以便减少死角，深化认识。

五、心得体会

建设美丽乡村，是促进农村经济社会科学发展、提升农民生活品质、加快城乡一体化进程、建设和谐社会的重大举措，是推进新农村建设和生态文明建设的主要抓手。生态乡村建设作为美丽乡村建设中的首要目标，具有重要意义。我们此次对生态乡村建设的南宁路径进行探究不仅为建设生态乡村贡献了自己的力量，而且也丰富了我们的社会实践经历，增强也了科创研究的能力。

此外，在为期5天的社会实践中，我们一行人也发现了很多坚守在基层，默默奉献，不辞辛苦的基层工作者，他们可能是一个镇的副镇长，也可能是一个村子的村长，也可能是普普通通的一个民办教师。他们工作十分辛苦，收入也十分有限，但是没有人抱怨说要离开农村，反而是坚定地建设农村，开发农村，宣传和执行国家的方针政策，传播文化知识，他们令我们十分动容。我们觉得正是有了这些人的存在，我们的农村发展才有希望。这些人、这些事情可能与我们调查的主题关联不大，但是我们觉得有必要在我们的调查报告中为他们写上一笔，为这些淳朴的基层工作者正名。他们的存在也让我们萌生了深入基层一线，忧民之所忧，乐民之所乐的念头。

我们相信，生态乡村建设的不断进步和完善将会带动我国农村的发展不断迈上新台阶。

参考文献

1．苏杨. 中国农村环境污染调查 [N]. 经济参考报，2006-01-16
2．国家环保总局. 关于加强农村环境保护工作意见 [N]. 中国环境报，2007-05-211
3．党卓钰. 社会主义新农村生态环境建设问题研究 [D]. 西安工业大学：党卓钰，2015.
4．陈群元，宋玉祥. 我国新农村建设中的农村生态环境问题探析 [J].《生态经济（中文版）》，2007, (3): 146-148
5．崔连香. 我国农村生态环境问题的成因及其对策研究 [D]. 福建：福建师范大学，2007.
6．杨天锦. 广西新农村规划建设中的生态环境问题与对策 [J]. 新农村建设，2008, (6): 49-51

総評

在2017年第十九届日中大学生国际研讨会上学生发表的总评

中国劳动关系学院工会学院

叶鹏飞

南宁的夏天高温而湿热，行走在工厂车间、田间地头，片刻间汗如雨下。然而这丝毫没有减少中日两国大学生的专注和热情，去探索中国西南大地上不发达城市和少数民族地区的经济社会转型发展之路。我有幸作为指导老师之一，全程跟随这些年轻学子的脚步，以他们充满好奇且不乏新颖的眼光和视角来进行审视和观察。

南宁是一个进行实地考察的好地方，对于认识当下的中国来说有着特殊的典型意义。作为西南边陲的民族地区，如何回应国家在新时代提出的各项重大战略决策，是解决不平衡不充分发展的一种有益探索。从本次实地调查所涉及的农村、城市和企业这三个领域来看，南宁的发展实践都有值得关注和借鉴之处。其一，在实施乡村振兴战略背景下，"美丽南宁·宜居乡村"活动开启了生态乡村的建设道路；其二，在加快推进新型城镇化背景下，城乡产业和基础设施建设持续改善，城乡一体化发展成效渐显；其三，在制造强国战略背景下，南宁的产业

结构转型升级和劳动者素质提升也面临新的机遇和挑战。在这样一片广阔和美丽的"田野"上，同学们发现的将是一个与北京、上海、东京、名古屋等差异明显的区域，但同样是一个真实的中国社会。

我参与了中方同学的研究过程，看到大家为选题、资料收集、报告写作而进行的思考和讨论。尽管时间紧凑且颇多辛劳，但大家都难掩探索和求知过程中的乐趣和热情。首先，我赞赏大家为寻找一个真问题而废寝忘食的精神，去追寻生态乡村建设、技术工人培养和中等职业教育中的关键议题。当然，我们在有限的时间内，却往往尝试去解释一个比较宏大的问题，也使我们的研究面临很多挑战。其次，大家都灵活运用了不同的研究方法，比如文献资料的分析、问卷调查、座谈和访谈等，力求更全面准确地解释研究问题。但方法的运用在规范性和严谨性上还存在一些问题，需要给予重视。第三，同学们都非常扎实地开展前期准备、实地考察和资料收集工作，整个研究过程中认真勤勉、不辞辛苦的态度让人印象深刻。第四，大家对调查资料的整理、提炼体现出较好的分析、思考和判断能力，并在此基础上获得一些新的发现和成果。当然，我们还需要进一步提高我们思维的逻辑性、系统性和创造性。

对于日方同学，由于面对完全陌生的社会以及语言上可能存在的障碍，我相信大家所做的准备、所付出的努力必定远甚于中国学生。上述诸项优点，同样也体现在日方同学身上，并且从小处入手、聚焦具体的研究课题更体现出他们明确的问题意识。当然，一些研究结论也可以在更多了解中国社会的基础上做进一步的讨论和检验。

时间虽短而成果不菲。祝贺中日双方的同学们通过本次实地调查活动，提升了研究能力，熟悉了中国社会，结下了深厚情谊，并将在未来担负起推动社会进步、促进中日友好的更大责任。

2017年度南宁现地社会实习研讨会讲评
爱知大学国际交流委员长　　　　　　　　　　刘柏林

2017年的现地社会实习成果报告会，在广西壮族自治区首府南宁市总工会大厦举行。我受项目实施委员长高明洁老师之托，有幸参加了这次报告会。参加社会实践的爱知大学现代中国学部的同学和中国劳动关系学院的同学们经过先行研究，带着问题，来到南宁进行实地考察。然后把收集的信息进行认真总结分析，整理出报告。并用PPT图文并茂的形式，清晰地展现给与会者，获得了良好的效果。我想今天参加报告会的各位朋友、老师和同学们都会深深地感到大家此次教学活动收获不少，不虚此行。另外，特别使我体会到南宁市不仅城市美，南宁市民的心灵也很美。

对同学们的此次社会实习研讨会的报告可圈可点之处颇多。刚才叶老师已经做了详细讲评，为了节省大家的时间我简单地谈一下我的几点感想：

1　我看到了每个同学的努力身影

在今天的报告会上同学们都很努力，尽量把自己的考察报告做得更好。日本学生用中文写报告，并用汉语发表。这对他们来说实属不易，是一次对以前学过的中文知识的检验。同学们在会前的准备期间，起早贪黑反复修改报告稿，不厌其烦地一遍又一遍地练习汉语发音，给我留下了深刻印象。中国同学尽量把自己的报告内容用PPT演示得更加精美，下了不少工夫。
大家都尽心尽力了。

2　同学们观察问题的视觉不同

各位同学在带队老师的带领下分组走访了南宁的企业、农村、城市教育机构等。企业组主要考察了企业工作环境、人事制度、特别是激励制度、技术工人队伍建设状况等。城市组主要考察了新型城市化、城市职业技术教育等。农业组主要考察了新农村建设、生态乡村、农村饮food文化、农民娱乐活动等。你们的选题都比较到位，都是人们关心的热点问题。不过，给我的感觉是；同学们观察问题的视觉不同，日本学生倾向于从微观的角度看问题，中国学生倾向于从宏观看问题。两校学生应该相互取长补短相互配合，这样会使我们的社会实践活动更能有声有色。

3　报告方式

中国同学用母语发表，没有语言上的障碍，表达的到位。而日本同学用汉语发表，这对他们来说是一个挑战。每个同学都想尽力发挥自己的最好水平，值得称赞。尽管同学们在研讨会上用汉语发表时，使出了九牛二虎之力，但是在个别的地方还是有给听众一种力不从心的感觉。其主要原因是表达时有些词句的汉语发音不够准确，有时听讲者难以

听出其表达的意思。例如报告中出现的："我的""小结""村子"等，我却听成是："五的""小姐""孙子"等。

希望同学们今后继续在汉语发音方面下些功夫。同时我也建议中国同学在报告时，应该顾及日本同学的汉语听力水平，把讲话语速放慢一些，我想这样发表的效果会更好。

4　今后的课题

日本学生和中国学生各有所长，同学们应该主动加强交流，努力排除互相交流中的语言障碍。作为第三者的我在研讨会准备期间的观察，同学们似乎缺少要相互交流的意愿。两校学生应该相互主动进行交流，以便加深相互了解。

总之，现地社会实习的内容是在教室里无法学到的，只有走出校门亲临实地，通过参观考察，耳闻目睹，与当地的人接触，座谈交流才能得到第一手资料。这可谓是"百闻不如一见，实践出真知"。最后，我祝贺此次社会实践活动取得了圆满成功。

感谢各位嘉宾、老师和同学们的聆听。

8月17日　シンポジウム

都 J1

南宁的就业和教育
走遍新型城镇化规划的前线

都市班

柴山雄太・谷口琴美・大久保秀美・刘谷 悠
山下未步・前田篮子・林 伸吾・晴山绫子

都 J2

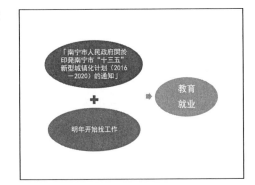

都 J3

关于新型城镇化

都 J4

新型城镇化规划的结构

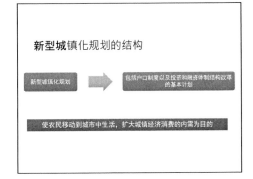

都 J5

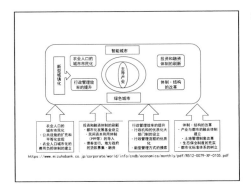

都 J6

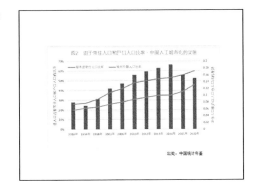

都 J7

	寓住人口（万人）	人数（万人）	城镇化率（%）
南宁市	706.22	425.34	60.23
兴宁区	42.89	36.15	84.29
青秀区	77.75	70.77	91.02
江南区	62.68	49.8	79.45
西乡塘区	121.77	109.29	89.75
良庆区	37.02	25.89	69.94
邕宁区	28.16	10.46	37.14
武鸣区	56.54	24.28	42.94
隆安县	31.25	9.16	29.31
马山县	40.72	10.53	25.86

都 J8

南宁的新型城镇化规划

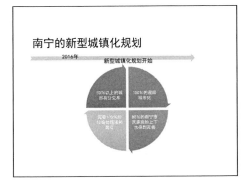

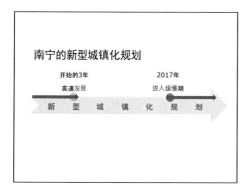
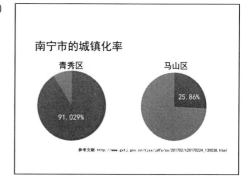
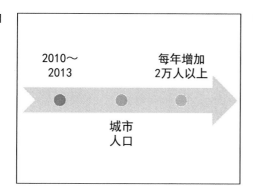
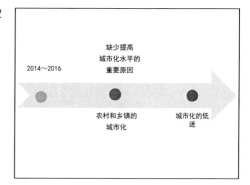
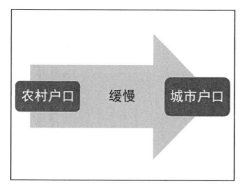
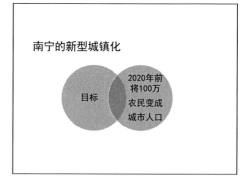

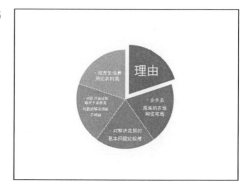

都 J17

都 J18
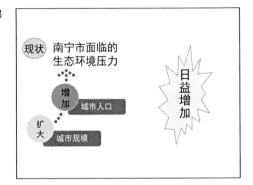

都 J19
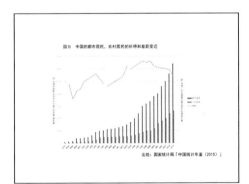

都 J20
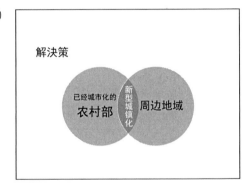

都 J21
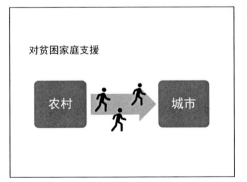

都 J22
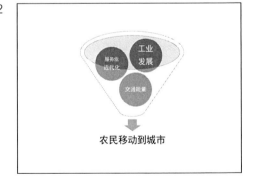

都 J23
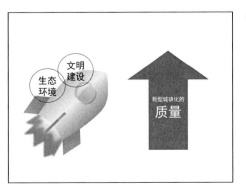

都 J24

都 J25

都 J26

都 J27
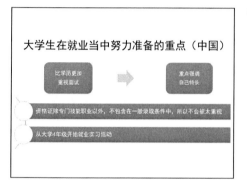

都 J28

都 J29
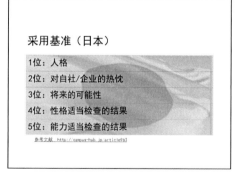

都 J30
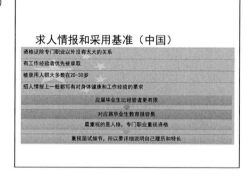

都 J31
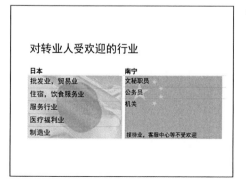

都 J32
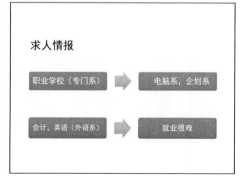

都 J33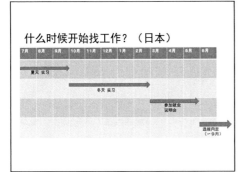

都 J34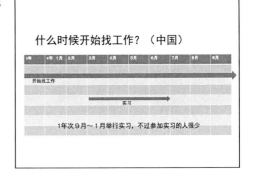

都 J35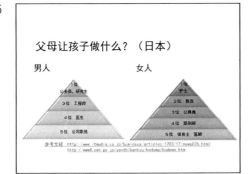

都 J36

都 J37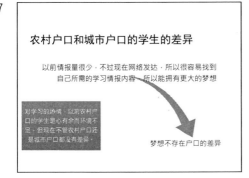

都 J38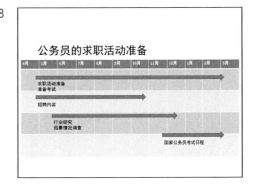

都 J39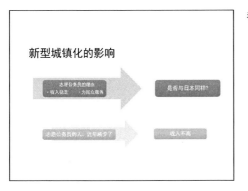

都 J40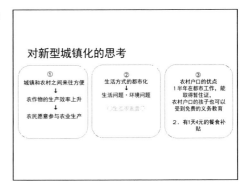

都 J41

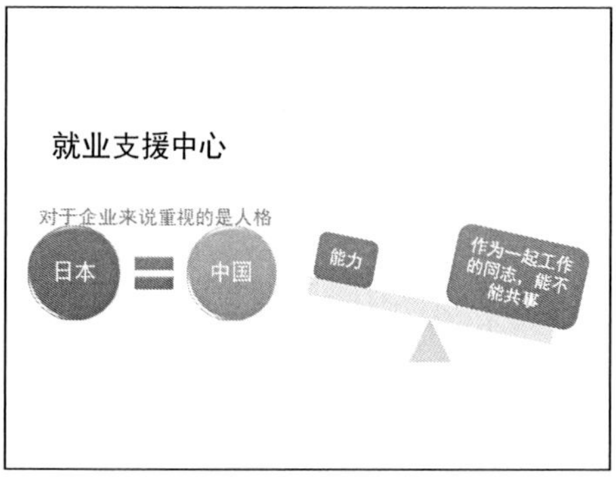

就业支援中心

对于企业来说重视的是人格

日本 ＝ 中国　能力　作为一起工作的同志，能不能共事

都 J42

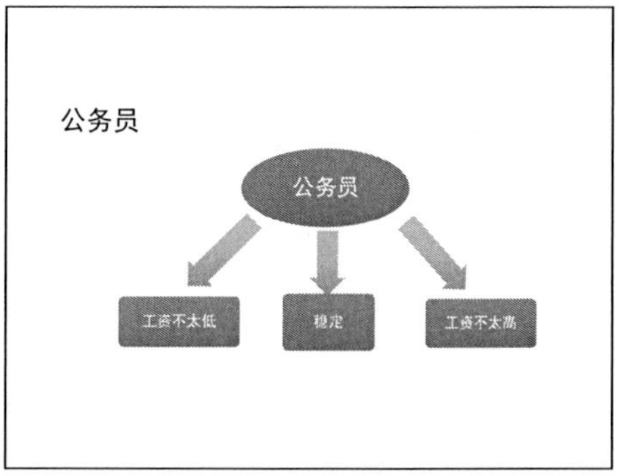

公务员

公务员 → 工资不太低／稳定／工资不太高

都 J43

总结

都 J44

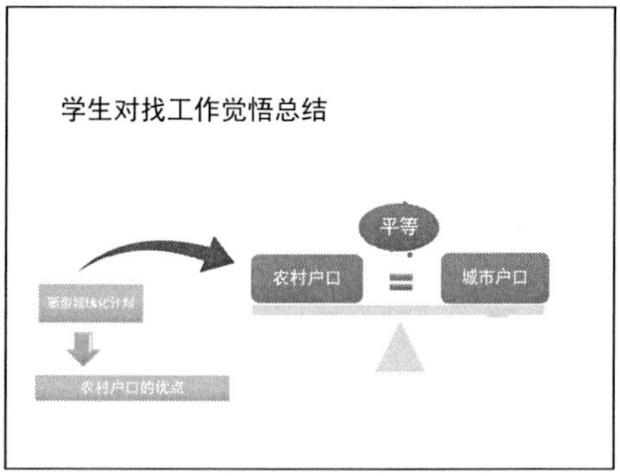

学生对找工作觉悟总结

紧宿城镇化计划 → 农村户口的优点　农村户口 ＝ 城市户口　平等

都 J45

教育班

山下未歩・前田蓝子・林伸吾・晴山绫子

都 J46

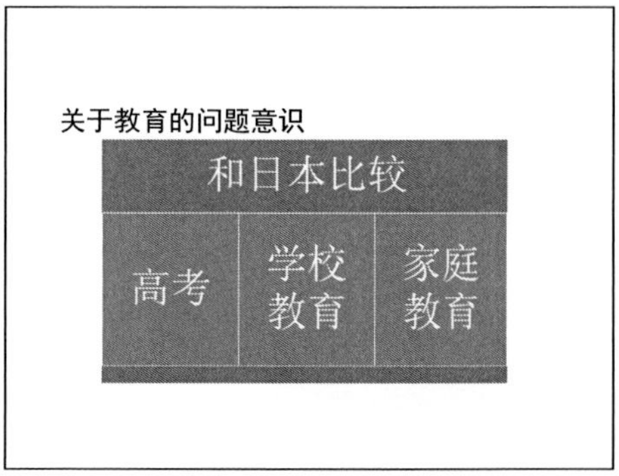

关于教育的问题意识

和日本比较
高考 ｜ 学校教育 ｜ 家庭教育

都 J47

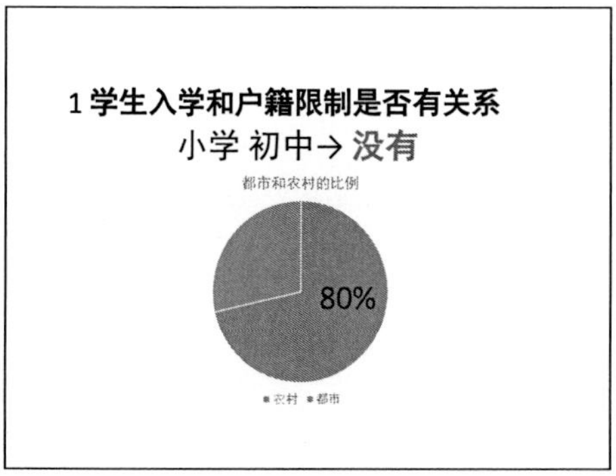

1 学生入学和户籍限制是否有关系
小学 初中 → 没有

都市和农村的比例
80%
农村　都市

都 J48

高中 → 有
大学入学考试 → 有

都J49

都J50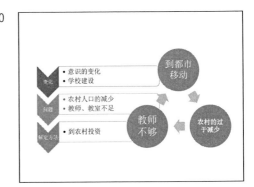

都J51

都J52

都J53

都J54

都J55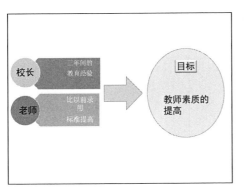

都J56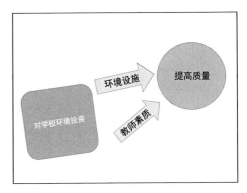

都J57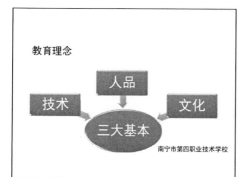
都J58
都J59
都J60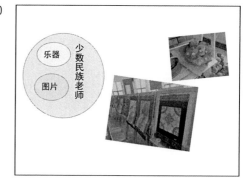
都J61
都J62
都J63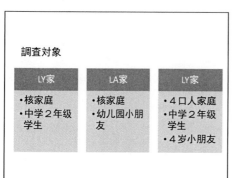
都J64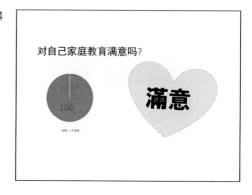

都J65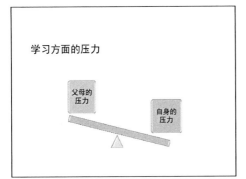

都J66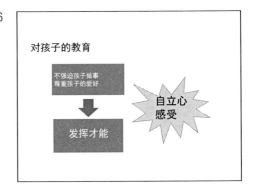

都J67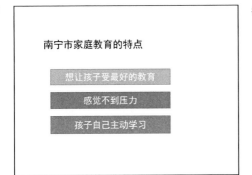

都J68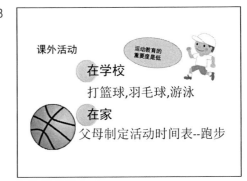

都J69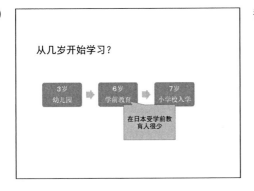

都J70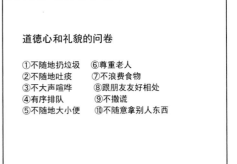

都J71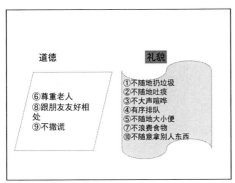

都J72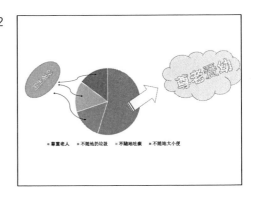

都 J73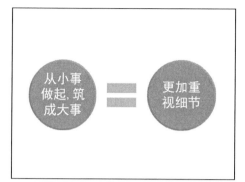

都 J74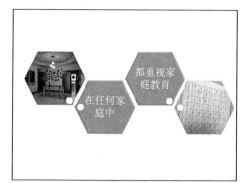

都 J75

都 J76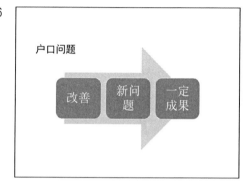

都 J77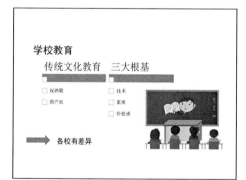

都 J78

都 C1

都 C2

都 C3

都 C4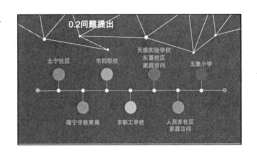

都 C5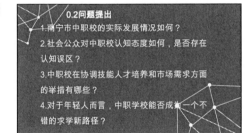

都 C6

都 C7

都 C8

都 C9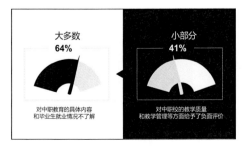

都 C10

都C11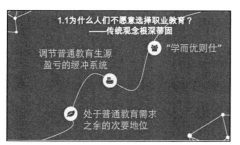
都C12

都C13
都C14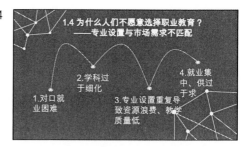

都C15
都C16

都C17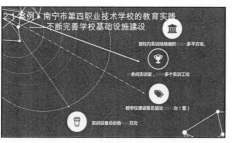
都C18

都 C19

都 C20

都 C21

都 C22

都 C23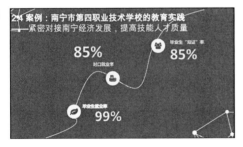

都 C24

都 C25

都 C26

都 C27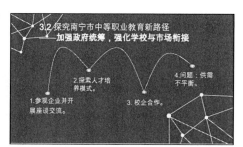

都 C28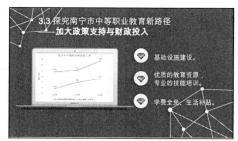

都 C29

都 C30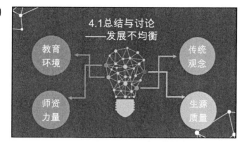

都 C31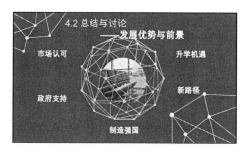

都 C32

農 J1

農 J2

農 J3

農 J4

農 J5

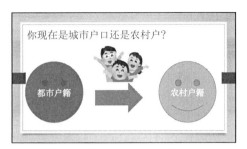

農 J6

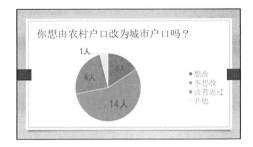

農 J7

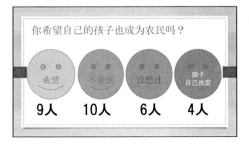

農 J8

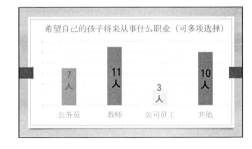

農 J9

農 J10

農J11

農J12

農J13

農J14

農J15

農J16

農J17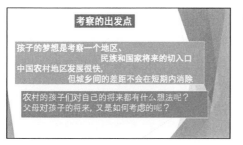

農J18

農 J19

農 J20

農 J21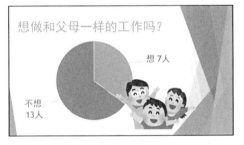

農 J22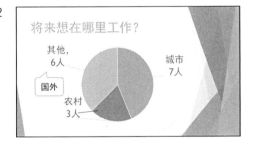

農 J23

農 J24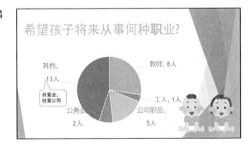

農 J25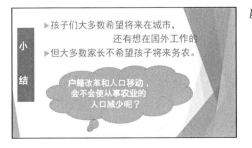

農 J26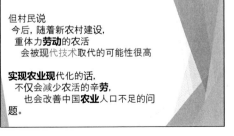

農 J27

大多数的家长,
都尊敬孩子对自己将来的选择,
不强迫孩子将来务农。

另一方面, 还存在着家系家业继承的问题,
男孩子继承家系家业可能必须留在农村。

实际上, 回答我问题的男性家长中,
绝大多数是为了继承家业而留在农村的。

農 J28

那么, 到目前为止,
为了继承家系家业而由父辈们代代传承下来的农业,
现在的孩子们还会承续下去么？

这一问题不仅只限于农村,
也关系到中国整体的发展方向,
即, 缩小城乡差距的同时,
如何构筑多元化产业社会,
是与农村的社会结构有关联的。

農 J29

農 J30

農 J31

農 J32

農 J33

農 J34
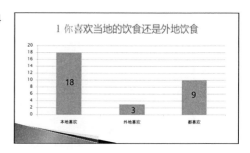

農 J35

喜欢当地的饮食的理由是

吃当地生产的食材作的菜安全可口
作为习惯已习以为常了

香蕉鸡

農 J36

喜欢外地的饮食的理由

可以品尝新的口味
当地饭菜已经腻了

農 J37

**2. 节庆和婚丧嫁娶时的菜肴
和平常的是否一样**

不一样28人 理由 → 平常的蔬菜多
         → 节庆等时 种类丰富·量大

農 J38

节庆和婚丧嫁娶的菜肴肉类多
鸡/鸭/鱼，猪/牛肉

農 J39

**3. 当地的饮食文化中
     独特的习俗和规矩**

五个用餐规矩

農 J40

＞不可将筷子插入饭碗中
＞取菜时不可越过或
     与邻座的筷子相交叉
＞用餐时不能放超过用餐人数的餐具

＞不可用筷子挑拣或扒拉盘中的菜肴
＞不可将筷子放在口中舔裹

農 J41

＞将筷子插入饭碗中
　 与祭拜死者或与葬礼有关，不吉祥
＞用餐时不能放超过用餐人数的餐具
　 多余的餐具放在桌上会暗示怀念死者

　　　　 但当地没有宗教性的食物禁忌

農 J42

4. 饮食文化的重要性

百分比

2
28

■重要
■没想法

不可分割
的关系

中国人 ←→ 饮食

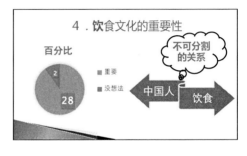

農J43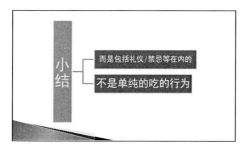

農J44

農J45

農J46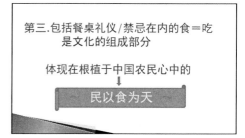

農J47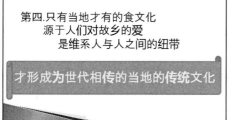

農J48

農J49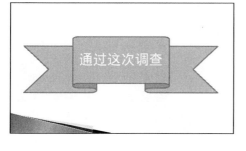

農J50

農 J51

農 J52

農 J53

農 J54

農 J55

農 J56

農 J57

▽考察内容

1. 听到**娱**乐**时**你会想到什**么**？
2. 你想**过**去旅行**吗**？ 想**过**去日本旅行**吗**？
3. 你有**长**假**吗**？ 那**时**你会做些什么呢？
4. 当地有什**么传统节**日**吗**？

農 J58

调　查　结　果

農J59
農J60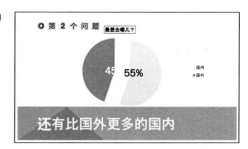
農J61
農J62
農J63
農J64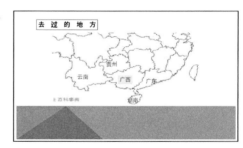
農J65
農J66

農 J67　这两个村子，都是新农村建设的典型，但村内好像没有娱乐设施，我看到的村民的娱乐活动大多是局限于乡村内部，也很简单。

農 J68

農 J69

農 J70　可能是两个村子都离市中心较远，村民没时间进城，进城消费的经济能力有限的原因吧。

農 J71　从对第②和对第③的回答中可以看出，

与城市居民相比，
村民受**经济**条件和语言，时间所限，

外出远途旅行可能还不太现实。

農 J72　但是，因为农村保留着古老和纯朴的风情和环境，所以也就有像对第④个问题的回答那样，当地农村还保留有很多传统的节日和活动。

还有，有位善长粤剧表演的老人，对我们说

"娱乐活动关系到健康，
是生活中不可缺少的要素"。

農 J73　从他的想法可以看得出，
日本人和中国农民对娱乐的想法不太一样，

但娱乐是人们生活中不可缺少的要素
的这一认识，还是相通的。

農 J74　我很感谢
回答我问题的两个村子的村民。

谢谢你们

農J75

農J76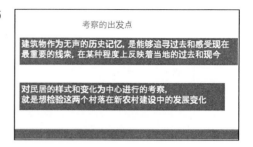

農J77

農J78

農J79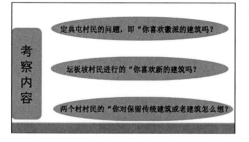

農J80

農J81

農J82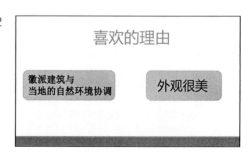

農 J83

農 J84

農 J85

農 J86
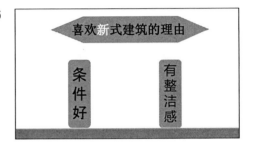

農 J87

農 J88
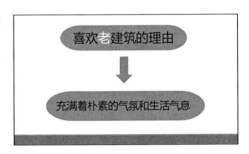

農 J89

農 J90

農 J91  農 J92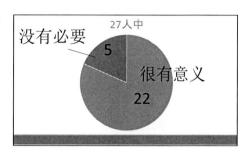

農 J93  農 J94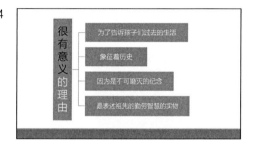

農 J95  農 J96

農 J97 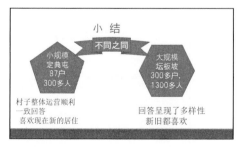 農 J98

農 J99

農 C1

農 C2

農 C3

農 C4

農 C5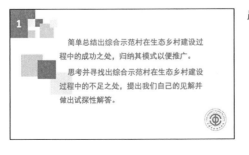

農 C6

農C7

農C8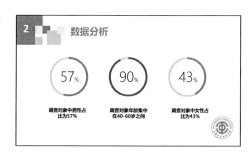

農C9

農C10

農C11

農C12

農C13

農C14

農C15

農C16
1、地理位置优越，交通便利
2、改善村庄环境，规范加强村内管理
3、引进四家龙头企业入驻
4、大力发展新型农业科技，稳固经济支柱

農C17

農C18
两个示范村的生态乡村建设现状

農C19
生态乡村内涵

農C20
1、指科学运用生态学与生态经济学原理在农村实施，从而达到生态发展的一个农村建设系统，通过生态系统结合农村生态文化建设与生态产业的发展，让经济发展和生态保护同步达成。
2、生态乡村包括乡村生态住房、有机农业、乡村新能源、乡村环保。

農C21
两村建设状况

農C22
村容村貌

農 C23
農 C24
農 C25
農 C26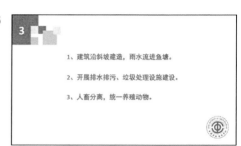
農 C27
農 C28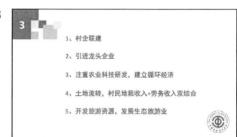
農 C29
農 C30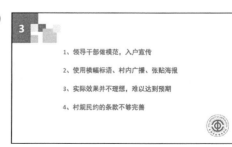

農C31

農C32

農C33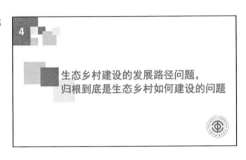

農C34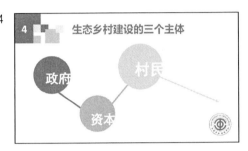

農C35

農C36

農C37

農C38

農 C39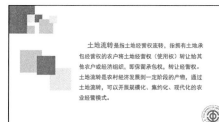

農 C40
定江村定典屯
万亩香蕉林

農 C41
1. 农民不再看天吃饭、旱涝保收
2. 农民获得大量空闲时间，可以外出打工
3. 提供就业岗位、解决部分就业问题

農 C42
坛良村坛板坡农业科技实验大棚

農 C43
提高农民环保意识

農 C44

農 C45

農 C46
5 心得体会

各班発表内容と総評…163

農 C47

農 C48

農 C49

農 C50

企 J1

企 J2

企 J3

企 J4

企J5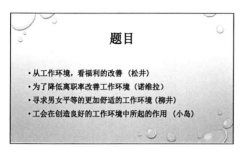

企J6

企J7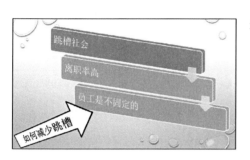

企J8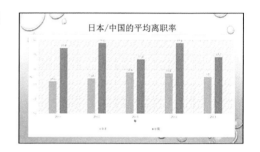

企J9

企J10

企J11

企J12

企J13
企J14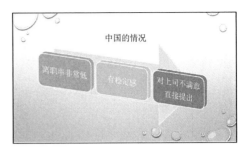
企J15
企J16
企J17
企J18
企J19
企J20

企J21

企J22

企J23

企J24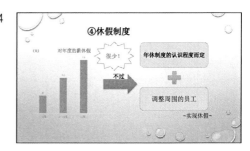

企J25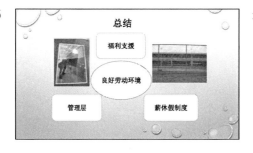

企J26

企J27

企J28

企J29

调查题目

①激发职工积极性的激励措施(舟桥)
②一直长期工作的职工留在企业的激励措施(田中)
③在中国惩罚制度是必不可少的吗?(山城)
④对中国的职工来说激发内在动机有效吗?(铃木)

企J30

工龄长的职工
留在企业的激励措施

田中良美

企J31

问题的提出

中国
据说隔几年换工作

条件好 → 不换工作 → 选择长期工作

企J32

现状认识

终身雇佣
论资排辈
退休金

企J33

调查概要

调查对象
↓
长期在企业工作10年以上的职工
有效回答２２８名

企J34

【年龄】_____岁　【出身地】城市・农村
【性别】男性・女性　【婚姻】结婚・未婚
【工龄】_____年　【职务】_____
【文化程度】小学及以下・初中・高中或中专・大专以上

企J35

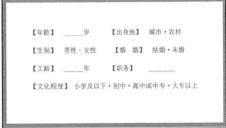

Q1 为什么在这家公司干了这么长时间？(最多选三项)
□对工资满意　□因为这个工作有意义，感觉很开心
□因为人际关系好　□因为对公司没有什么不满意的
□从家到公司近　□因为想给家庭带来稳定的生活
□因为福利保健充实　□因为对现在的职位感到满意
□其他_____

企J36

Q2 如果有个公司给你现在两倍的工资的话，你想不想跳槽？
　　□想　　□不想
Q3 不想跳槽的话，请说明一下具体的理由。

企J37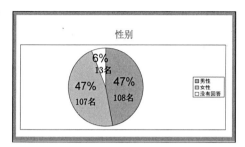

企J38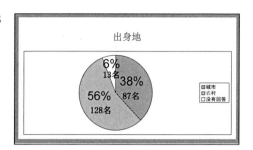

企J39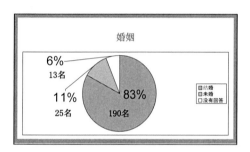

企J40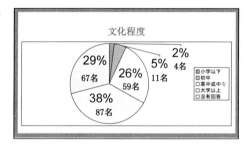

企J41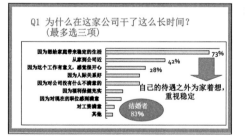

企J42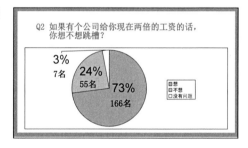

企J43

企J44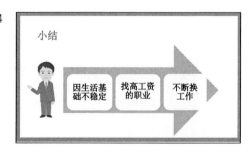

企 J45

在中国企业惩罚制度是必不可少的吗？

山城七海

企 J46

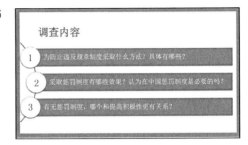

调查内容

1 为防止违反规章制度采取什么方法？具体有哪些？
2 采取惩罚制度有哪些效果？认为在中国惩罚制度是必要的吗？
3 有无惩罚制度，哪个和提高积极性更有关系？

企 J47

是否采取惩罚制度？

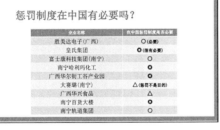

企 J48

惩罚制度的效果

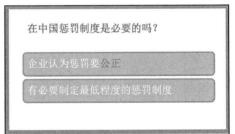

企 J49

惩罚制度在中国有必要吗？

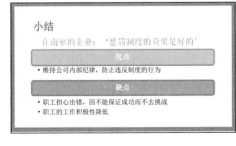

企 J50

在中国惩罚制度是必要的吗？

企业认为惩罚要公正

有必要制定最低程度的惩罚制度

企 J51

小结

在南宁的企业："惩罚制度的效果是好的"

优点
・维持公司内部纪律，防止违反制度的行为

缺点
・职工担心出错，因不能保证成功而不去挑战
・职工的工作积极性降低

企 J52

小结

能暂时减少迟到

但不能完全消除迟到

企J53

企J54

企C1

企C2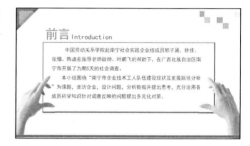

企C3

企C4

企C5

企C6

企C7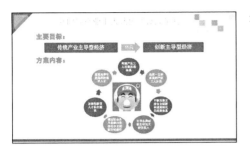

企C8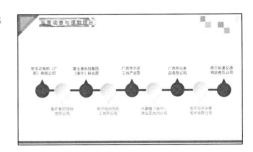

企C9

企C10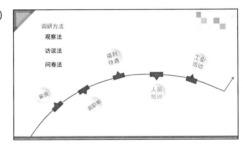

企C11

企C12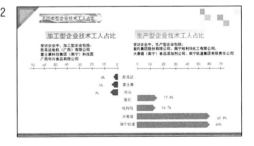

企C13

企C14

企 C15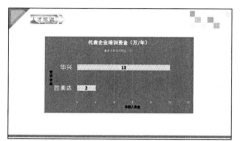
企 C16

企 C17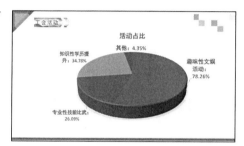
企 C18

企 C19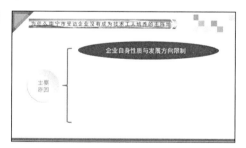
企 C20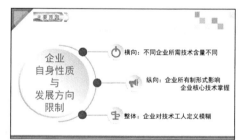

企 C21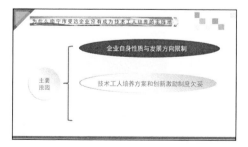
企 C22

企C23 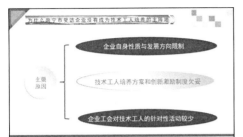 企C24

企C25  企C26

企C27  企C28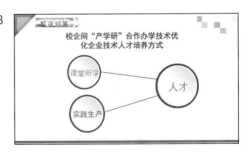

企C29 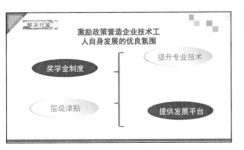 企C30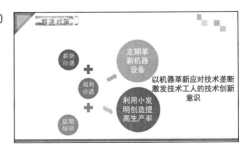

企C31

企C32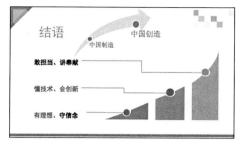

企C33

第19回現地研究調査の講評

企業班担当教員　阿部宏忠

〔事前準備〕

　調査地・南寧市はベトナムと国境を接する内陸部に位置する。その立地条件もあり、日系企業の進出が非常に少なく、訪問アレンジは自ずと現地地場企業が中心になることが想定された。これを前提に学生たちと調査テーマを検討し、社員の「モチベーション」向上の日中比較をやろうということになった。これならば国、地域、業種を問わず、どの企業も何かしら取り組んでいると考えたからだ。具体的には、社員が気持ちよく働ける職場環境と社員がやる気を出すインセンティブ制度を調査し、日本の状況と比較しながら、その特徴を明らかにしようとした。このテーマは受け入れをしてくれた各企業総工会の主要な取り組みにも合致しており、よいテーマ設定ができたと思う。

〔現地での調査とシンポジウム〕

　南寧市総工会がアレンジしてくれた訪問企業はいずれも南寧市を代表する優良企業。どの企業も忙しいなか、総工会主席や経営幹部の方々が丁寧に対応してくれた。訪問ヒアリングだけでなく、学生が事前にお願いしたアンケート調査にも十分すぎるくらいにデータを集めていただき、例年以上に実り多い活動となった。また、南寧日本商工会から紹介いただいた学識・ビジネス経験豊富な通訳3名の功労は大きく、専門的な用語・ニュアンスの多い今回のテーマに関する正確な理解に大いに役立った。シンポジウム準備はいつもながら時間的に厳しい制約を受けた。しかし、学生たちは最後まであきらめることなく、できたての中国語でのプレゼン資料・原稿を夜を徹して読み込んでいた。本番では（所要時間はややオーバーしたものの）皆堂々たる報告を行い、成長の一端を垣間見ることができた。

〔全体〕

　今回の企業班のメンバー（愛大8名2チーム、労働関係学院4名1チーム）は皆、目的意識をもって実地調査に取り組んでくれた。「モチベーション」という学生にとっても来年度の就職活動につながる有意義なテーマの調査だったことが、学生自身のモチベーション向上に大きく役立ったのだと感じた。

都市班担当教員　加治宏基

〔事前準備〕

　調査テーマを協議するなかで、比較的早い段階で教育チームは編成された。これは日本社会調査を経験したことが寄与したと評価できよう。一方の就職チームは、留学経験をベースに問題意識を固めていった。ただし、学生が自主的に調査テーマを深掘りするには至らなかった。そこで、教員から中国の都市と農村関係を変化させつつある国家レベルの政策動向を示し、「新型都市化計画の最前線である南寧社会」という共通テーマを設定するよう促した。学生自身の体験と基本文献や基礎資料を重ねることで、研究課題に関する視座を形成していった。なお、今年度のプレ報告会では日本語による発表を行った。現地での報告会を見据えると、中国語の上達を促す意味でも中国語での発表を検討する余地はあろう。

〔現地での調査とシンポジウム〕

　前半1週間は、労働関係学院のカウンターパートや通訳アシスタントの協力により、日中は聞き取り調査、ホテルに戻ってからは調査内容の整理に終始した。アシスタントの通訳能力を重視した甲斐があり、調査内容の理解において例年以上に顕著な成果がみられた。ただし学生間で情報共有を怠ったため、着眼点を理解し合う機会が終盤までもてなかった。その軌道修正に時間を要した結果、報告会の準備に遅れが生じた。その状況下で、各人の役割分担を調整しなおしたが、準備不足は報告時間管理に直接影響し、シンポジウムでの報告は大幅な時間超過となった。続く農村班や列席

者に迷惑をかけてしまった。

〔全体〕
　南寧では調査期間を通して，ホテルに戻り通訳アシスタントを交えて調査内容を整理するなかで，問題意識をブラッシュアップさせながら調査結果に関する考察を深めることができた。しかし最も強調したい点は，事前準備が結果的に報告に至る調査クオリティを決定づけたという反省である。帰国後，調査レポート執筆や各会合に際して，都市班メンバーが異口同音に述べたことからも，この経験を教訓として他の分野で活かされることを期待する。

農村班担当教員　　高明潔

〔事前準備〕
　メディア報道の影響からか，当初，学生は南寧周辺の農村の治安や環境に対してネガティブなイメージが強かった。特に調査中の宿泊や食事について不安が大きかった。しかし，班員たちは，「そのような農村だからこそ，そこでしかできない体験や発見があるんだ」という意思も強かった。農村社会の全体像をとらえることを目標に，班員5名は事前準備において各自の関心に基づき資料収集を始めた。このようなチャレンジ精神を特に評価したい。

　また，15回にわたる基礎演習では，先輩らの調査内容を参考にしたり，考察地に関する資料を収集したりするなかで，議論を重ねた。そして，バラエティに富んだ各自のテーマを決めることができた。それぞれのテーマはシンプルであったが，それをより充実したものにするために，項目ごとに分けてアンケート調査表や聞き取り調査内容をまとめ，中国語に訳したことは評価したい。

〔現地での調査とシンポジウム〕
　特に評価したいのは4点である。まず積極的に地元の人々に話かけた姿勢である。農村の宿泊施設や食事に文句を言うこともなく，農村の人々と親しくふれあった。次に，上海から南寧までの乗り継ぎは予定通りにいかなかった。農村移動も半日遅れたが，その半日の空白を埋めるために，班員は翌日の昼休みを利用して露天市場に赴いて聞き取りを行った。3つ目は，怠けず勉強熱心な態度である。現地では，毎晩，当日の総括のために研究会を開き，各自が入手した情報を共有し，問題点の解決にむけて議論した。また，アンケートに対する中国語の回答を理解できるまで諦めずに頑張った。4つ目は，PPT作成や報告内容の調整などシンポジウム準備の際に，互いに助け合った精神である。実証性のある資料が作成でき，締め切りを厳守したことも評価したい。

　シンポジウムでの報告内容は，労働関係学院の葉鵬飛先生より次のように評価されている。「農村班のテーマはどれも一見すると小さいが，いずれも中国農村の現状や問題を見つめた研究レベルの報告内容であった。例えば蓑田しずくさんの「農民たちの自己意識」のような調査は，中国国内でも行う人が少なく，アンケートの結果も面白かった。また，森本敬子さんの「農村部の子どもの夢と親たちの子どもに対する期待」は，今後中国の農業を支える労働力の保全や農村建設につながる非常に大きな課題である。また食文化の特徴は地産地消にあるという説や，農村の娯楽環境や地元の伝統的建築と外部の建築の要素を融合した農民の住宅からみた新農村建設に関する報告は，いずれも実証性のある内容であった」。

〔全体と課題〕
　演習段階の事前準備でのテーマ選定から，自らの問題提起を検証した結果を人前で発表するまで，また，その集大成として本報告書を出版するまでのプロセスを通じて，班員はスキルアップを達成した。担当者として班員の成長をつねに実感してきた。また，中国農村での現地調査には，多大な難題がともなうが，現地調査が実現したことは，班員全員にとって貴重な経験になり得ると信じる。

　中国語力をもっとレベルアップする必要があることは課題である。教員と参加者全員のさらなる努力によって，改善したいと思う。

2017年度現地研究調査に関する評価書

成果発信力向上にむけた取組

　2018年3月5日，愛知大学名古屋校舎にて，「2017年度現地研究調査」および「2017年度日本社会調査」の成果報告会を開催した。本報告会には，中華人民共和国駐名古屋総領事館の鄧偉総領事を始め，日本社会調査の調査地の一つであり，本学の連携協定先である蟹江町（役場）や，愛知労働局，名古屋外国人雇用サービスセンターにもご出席いただき，調査内容を報告することができた。

　2013年度に復活した日本社会調査だが，今般のように訪問機関等から参加いただくことは初の試みであり，現代中国学部の特色的な教育活動を広く社会に普及することができたといえる。なお，同活動については蟹江町広報誌（4月号）に掲載いただいたほか，NIC・NEWS（6・7月号，名古屋国際センター発行）でも掲載いただく予定である。さらに，これらの成果は7-10月に開催予定の連携協議会にて報告予定である。

　とりわけ2017年度学長裁量経費を受けた「現地研究調査等成果発信力向上の取組」の一環として，上述の報告会に学外有識者として愛知県立大学外国語学部教授の宮谷敦美氏と名古屋大学教育学部附属中・高等学校教諭の三小田博昭氏を招聘し，本プログラムについて評価いただいたほか，事後に評価を執筆いただいた。

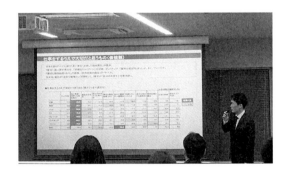

評価書

　2017年度現地研究調査報告会の各発表からは，参加学生がさまざまな困難に向き合いながらも，互いに協力しながら成果を作り上げていることが，活き活きと伝わってきた。

　今回の発表は，企業，都市，農村の三つの班による発表であった。フィールド調査は，調査地の人々との関係を構築することが重要であるため，中国語だけでなく，彼らの考えうる手段を駆使してコミュニティになじもうとしたのではないかと思われる。発表からは，学生がさまざまな工夫を凝らし調査を進め，データを収集していることが伝わってきた。特に，都市や農村部の生活に関する意識調査については，インフォーマントの本音をさぐるのに苦労したであろう。データとしては不十分なところがないわけではないが，このような現地調査を設計し，最後までやり遂げたプロセス自体に大きな学びがあったはずである。また，このような現地調査のフィールドを準備できるのは，愛知大学の諸先生方が長年にわたり，現地との信頼関係を築き上げているからこそである。特に現地での活動が多い海外派遣は，危機管理など大学側が留意すべき点も多いが，この現地調査プログラムがすでに19年も続いており，確立した派遣ノウハウがあること，そして，先輩からのアドバイスなど学生間の学びの連携が十分にできていることも高く評価できる点である。

　また，発表で用いられたスライドも中国語で作成されており，学生の中国語運用能力がアカデミックな分野でも高度なレベルに達していることが見て取れた。また，プレゼンテーションも十分に練習されている様子であった。

　このように，海外での現地調査プログラムとしては，すでに完成されている本プログラムであるが，今後検討していただきたい点として，社会調査方法に関する学習を挙げたい。今回の発表は主にフィールドワークとアンケート調査，インタビュー調査にもとづく発表であったが，分析内容に関する基本的な情報が伝えられないケースが散見された。海外調査は，調査国の状況が日本とは異なり，情報提供者に関する情報を提示しづらいことも多い。しかしながら，中国の専門家を養成する現代中国学部だからこそ，現地の状況にあわせて，どのように分析対象にせまり，それをわかりやすく他者に伝えることができるかを意識させ，その方法について考える時間を，現地調査前の学習プロセスにぜひ取り入れていただきたい。

　なお，第1部の「日本社会調査報告会」にも参加させていただいたが，こちらも中国労働関係学院の学生が日本での現地調査を基に報告文を仕上げており，完成度の高い報告であった。このような高いレベルの調査が行えるからこそ，今後はさらに難しいタスクに取り組むことも可能ではないだろうか。例えば，調査チームを愛知大学との混成班にすることで，他者の視点を知るとともに異文化間交渉能力などを高める機会としてとらえるなどといったことが考えられるだろう。

愛知県立大学外国語学部国際関係学科教授　宮谷敦美

評価書

　日本は少子高齢化が進行し，労働人口が今後ますます減少の一途をたどることがすでにわかっている。そのような現状において，今後必要とされることは，異なった社会的背景を持った人たちと協同して，回答のない課題に取り組むことである。社会的背景が異なるとは，その人が成長してきた過程で培ってきたものが異なることを意味する。今まで自分が当然だと思っていた価値観や考え方がまったく通用しないことが当たり前に起こる。自分では理解できないようなことが，相手から提案される。その中で，すべての人が納得する回答を見つけることはとても大変なことである。

　中国でのフィールドワークを通して，さまざまな人たちと接する中で，おそらく今まで学生自身が気づかなかった多くのことに出くわしたことだと思う。また，自らにとって解決が必要な課題であると感じたことも多くあっただろう。しかし，ここで価値観の違いについて思いだしてほしい。同じ現象を見ても，自分と相手の価値観の違いによって，それが課題であったり，課題でなかったりする。大切なことは，当事者の立場になって考えることである。それには，当事者が生活している環境や社会的背景やその国の歴史観について，まず充分に理解することが必要である。その上で，一緒になって何が課題であるのか，その課題を解決するためには何が必要なのかを考えていくことである。価値観の押しつけになってはいけない。そのことをよく考えながら自らの研究課題に対する仮説を立て，研究計画を立てることが大切である。

　イノベーションという言葉を最近よく耳にする。イノベーションは，既成観念にとらわれていては，なかなか実現することが困難である。自分が持っている知識と他人が持っている知識を組み合わせ，多くのステークホルダーとの協同作業によってイノベーションの実現に近づいていく。オープンイノベーションも同様で，多くの価値観の異なる人たちとの協同作業を通して実現していくものである。これからの社会は，一つの価値観だけで解決していくレベルのものではないことが多い。膨大な情報から自らが必要なものを選び，それを多様な人たちとの協同作業の中で再構成していく力が必要になる。

　そのような力を身につけるためにも，今回のような現地でのフィールドワークは大きな役割を果たす。経験から学ぶことは非常に多い。その経験から感じたことや疑問に思ったその感覚を大切にしてほしい。情報を集めること，情報を分析すること，そのためには，分析できるだけの知識を身につけること。高校で学んだ教科の知識を統合して考えること，大学で学んでいる科目を統合して考えること，知識はそれぞれがバラバラで存在するのではなく，知識を組み合わせてこそ新たな発見や解決法が産まれるのだと思う。

名古屋大学教育学部附属中・高等学校　三小田博昭

あとがき

◇今回で現地研究調査は第19回を迎えた。調査地の南寧は，ベトナムと隣接する広西チワン族自治区の首府であり，亜熱帯地域で緑が豊富なため，近年では"緑城"と呼ばれる。歴史的略称は"邕"である。これは邕江（ようこう）に由来する。邕江は中国華南地域を流れる珠江水系の最大の支流である"西江"から，ベトナム北東部まで流れる支流である。南寧の人々は"邕江"を"母親の河"とも呼ぶ。

◇南寧市は2004年より中国ASEAN博覧会（CAEXPO）の開催地となっており，併せてASEANビジネス・投資サミットも開催されていることから，中国と東南アジアを繋ぐ重要な窓口となっている。南寧をはじめ広西チワン族自治区の情報が全般的に乏しいものの，実際のところ，ダイセル化学，ハリマ化成など南寧に進出している日系企業も多く，日本の大学と提携する大学も少なくない。さらに，日本への留学経験を持つ方々があらゆる分野で活躍しており，今回の調査において流暢な日本語で通訳してくださった黄海龍氏，白雄傑氏，包一伶氏の三名は，その代表であると思われる。南寧と日本との関係は予想以上のもので，担当者にとって今回の調査で得た最大の収穫かもしれない。

◇企業班・都市班・農村班に分かれ実施した南寧での現地研究調査は，中国労働関係学院の学生と共同調査という形態で，また南寧市総工会の随行員と交流し合いながら行われ，その結果は現地で開催したシンポジウムや本報告集で披露された。いずれも先入観にとらわれることなく変化を捉え，自らの問題意識や仮説を検証することができた。また，いずれのテーマも短期間で把握できるものではないが，それぞれの課題について真摯に取り組むことは大変意義深いことである。

◇今回の南寧現地調査の実施にあたり，現代中国学部にとって旧友である中国労働関係学院の呉万雄副院長，常爽氏，戦帥氏，中華全国総工会の張潔氏にご協力いただいたことをここに記して感謝申しあげます。

◇とりわけ周到な手配に加えて，終始，現地研究調査を見守ってくださり，多大な協力をいただいた広西チワン族自治区対外連絡部長李義勇氏，王暁軍氏，南寧市総工会黄主席，陳国任副主席，南寧市総工会弁公室張紹峰主任，熊剛氏，潘立恩氏，康伍才氏，許渭氏，馬穎清氏に心より感謝を申し上げます。

◇また，現地研究調査実施委員長として，同委員の阿部宏忠先生，加治宏基先生，ならびに学生21名にも感謝の意を表したい。出発の日から日本に帰国する日まで，全員が一丸となって困難を乗り越えたことも成果のひとつと言えよう。上海での乗り継ぎの際に，天候等の原因により予定したフライトがキャンセルとなった。不幸にも我われ調査団24名は，南寧へのフライトを待つため2泊することを余儀なくされた。教員と学生は一丸となって宿泊先の確保や食事の手配など問題解決にむけて手を尽くしたが，その過程で文句を言う学生は誰一人いなかった。現地引率のさなか，緊急事態に協力し合い発揮されたチームワークは，責任者にとって最高の拠り所となった。

◇そして，困難を乗り越え遠方の南寧まで赴きシンポジウムにご出席し応援していただいた愛知大学の冨増和彦副学長，劉柏林国際交流委員長，現代中国学部の安部悟学部長にも心より感謝を申し上げます。とりわけ安部悟学部長は，フライト・スケジュールの急な変更に影響されることなく確実にシンポジウムに出席できるよう，上海から南寧までを10時間あまりかけて高速鉄道で移動された。現地引率者や学生諸君にとって何よりの激励となっただけでなく，冨増副学長や劉柏林国際交流委員長からのご支援とともに，愛知大学の現地主義教育を体現するものであった。

◇最後にシンポジウムにご出席し応援していただいた愛知大学同窓会の中山弘様をはじめ，小林進之輔様，小林寿美子様，齋藤晃一郎様，中島寛司様，森本麻子様にも厚くお礼を申し上げます。

愛知大学現代中国学部　現地研究調査実施委員長　教授　高明潔

編集後記

◇編集委員として，通常の学生生活ではできない経験を積むことができました。自分が構成したものが，実際に書籍になっていく工程を見ると「やってよかった」と強く思えます。それと同時に，書籍を一から作っていくということの大変さを実感しました。訪問先を地図に表記するだけでも大変でした。また，写真選びも大変で，どれも思い出深く「これだ」というものがなかなか決まりませんでした。苦労しただけに，喜びは大きいです。
（企業班　鈴木賢祐）

◇学生生活において一から書籍を作る経験ができるとは想像すらできなかったので，編集委員になってからとても楽しみでした。学生生活を通じて最も頑張ったと胸を張って言える現地研究調査を自らの手でカタチにすることは，とてもやりがいあるものでした。短期間かつ初めての作業はとても大変で，不安もありましたが，早く本を読みたいという気持ちが強く，苦ではありませんでした。
（企業班　田中良美）

◇編集作業は不慣れなことばかりでしたが，編集委員でアイディアを出し合い，協力しながら取り組むことができました。執筆マナーなど知識不足な状態からのスタートでしたが，一つひとつ作業を進め，完成まで至りました。編集委員の仕事は想像以上に大変でしたが，1冊の本の制作に携わることで，多くの収穫を得ることができ，良い経験ができました。
（企業班　ノベラアリサ）

◇編集作業を通して学んだことは，仲間との助け合いの精神です。企業班の皆は，各々が割り振られた仕事だけではなく，困っている人がいれば率先して助け合いました。飛行機の遅延によって日程がかなりずれましたが，編集委員と班長の助けによって納得のいくものができました。
（企業班　柳井優吾）

◇2週間という短い時間でしたが，現地研究調査を通して素晴らしい経験をしました。自分たちでテーマを定めて，それに向かってひたすら調査する。考えが衝突することもたくさんありました。そんな自分たちの経験を報告書として編集する作業はとても大変でした。何もわからない状態から皆で意見を出し合い，手探りで作業を進めました。結果納得のいくものが完成し，編集作業に携わった経験は私の財産になると思います。また，現地研究調査に参加したことで，何事にも事前準備が大切だと学びました。
（都市班　刈谷悠）

◇現地調査に行く前に各班それぞれ編集委員が選ばれましたが，調査時とは違い簡単に集まれないことが原因で想像以上に難航しました。聞いていた以上に，説明から原稿提出までが短期間で，制作は大変でした。しかし先生方と写真の共有や，アドバイスをいただいて遅れながらも提出できました。誰が編集委員だったか，という自覚がない状態での作業になってしまったので，調査前から自覚を持った上で調査も取り組めていたら，編集作業でここまで難航しなかっただろうと反省していますが，無事終えられて良かったです。
（都市班　大久保秀美）

◇昨年2月の日本社会調査から始まり，南寧での現地調査を経て，編集委員として本の出版に携われたことを嬉しく思います。調査地点の詳細や日程表，見聞録を作成することは貴重な体験であり，本を作る大変さを学びました。調査報告の他，日中国際大学生シンポジウムや行動日誌など現地研究調査のすべてが詰まっているこの本は素晴らしいものだと思います。編集委員という形で最後まで現地調査に携われたこと，たくさんの方の協力があり無事終えられたことに感謝します。ありがとうございました。
（都市班　林伸悟）

◇自分の足で現地へ赴き，普段は足を踏み入れることのない教育局や学校，一般家庭でヒアリングし，中国語で発表を行ったことは，非常に良い経験でした。それだけでなく，今回は編集委員として本の制作に参加することもできました。多くの方々の協力もあり，1冊の本を作ることができ，大変嬉しく思います。実り多き現地研究調査に参加させていただき，感謝しております。ありがとうございました。
（都市班　晴山綾子）

◇本報告書の編集に携わり，ただ調査したことを綴るのではなく，読者に伝えることの大切さに気付きました。当初は，調査中に感じたことを表現しうる編集をイメージしにくく，調査の感想を書いて自己満足していましたが，皆の頑張りを台無

しにはできないというプレッシャーをすごく感じました。編集作業を進めるなかで，読者の視点を特に考え，内容を精査できたと思います。
(農村班　小河歩生)

◇編集委員として活動したことで，多くの事を学びました。特に，情報を共有することやリーダーには人と人を結ぶ役割があるということを知りました。1冊の報告書を作成する上で，3つの班が作業を分担したことで，お互いに回収しなければならない資料があり，スケジューリングなどを行う中で，常に情報を共有し合うことが大切だと知りました。また，3つの班を繋げるためには，団長として常にすべての班の進行状況を把握する重要性を学びました。編集という貴重な経験をさせていただき，非常に感謝しています。ありがとうございました。
(農村班　前田智也)

◇編集委員となり，調査の内容や結果を，どうやったら現地に足を運んでいない人たちにも，わかりやすく発信できるかということを考えることが，一番難しくて大変でした。見聞録は，写真選びからレイアウトまで私たちが手がけるため，せっかく作るなら良いものにしようと，何度も農村班全員で集まり，南寧の農村の特色を出すことができました。現地で書いていた日記を読み返したり，日程を確認したりする中で，「あの日こんなことあったよね」「○○が大変だったよね」と思い出しながら，皆とこの報告書を作れたことが，一番の良い思い出になりました。
(農村班　蓑田しずく)

◇初めての編集作業では，調査の様子がわかる写真選定から見栄えの良いレイアウトにいたるまで，順調に進まないことが多くありました。しかし，班員と協力し合い，時には先生に助けていただくなどして，なんとか作業を進めることができました。今回の現地研究調査を1冊にまとめる大事な役割である編集委員になったことで，調査がどれだけ有意義なものであったか，改めて理解できました。貴重な体験をさせていただきました。ありがとうございました。
(農村班　森本敬子)

◇農村班編集委員の一員として本報告書の作成に携わり，情報集約や見直しなど，普段できない経験をさせていただきました。編集過程で自分の役割の大きさに改めて気づきました。いつか本報告書を読み返すとき，大変さや頑張りを思い出せるといいなと思います。調査や編集の期間中，農村班の皆や高先生にお世話になりました。そして一生忘れない大切な思い出となりました。本当にありがとうございました。
(農村班　山崎早希)

謝　辞

　南寧での研究調査を実施するうえで事前準備からシンポジウムの開催にあたり，以下の団体および個人の皆様より多大なるご協力を賜りました。特に記して心よりお礼申し上げます（以下，敬称略）。

　中華全国総工会国際部の関係各位をはじめ広西チワン族自治区総工会対外連絡部の李義勇部長，王暁軍氏，南寧市総工会の陳国任副主席，張紹峰弁公室主任，熊剛氏，潘立恩氏，康伍才氏，許渭氏，馬穎清氏の諸先生方，財団法人霞山会，公益社団法人日本中国友好協会の関係者の皆様。

　中国労働関係学院の呉万雄副院長，葉鵬飛工会学院副院長・副教授，戦帥団委副書記，常爽外事弁公室副主任，張潔外事弁公室副主任の諸先生方，同学院の賈文熙，王柯欣，黎欣瑜，馬昕琪，郭小涵，陳迪，張媚，徐佳，謝鵬，張宇菲，張王赫揚，胡楠ら学生の皆さん。

　南寧での現地研究調査に快く応じていただいた以下の方々にも心から感謝申し上げます。

　〈企業班〉勝美達電機(広西)有限公司，皇氏集団股份有限公司，富士康科技集団南寧科技園，南寧哈利瑪化工有限公司，広西夢工谷科技有限公司，大賽璐(南寧)食品添加剤有限公司，広西華興食品有限公司，南寧百華大楼股份有限公司，南寧軌道交通集団有限責任公司の皆様方。

　〈都市班〉教育に関する座談会でお世話になった南寧市教育局の関係各位，南寧市五象小学校の諸先生方ならびに児童諸君。就職に関する座談会でお世話になった南寧市職工就業服務中心の関係各位，南寧市第四職業技術学校の諸先生方ならびに生徒諸君。家庭訪問に応じてくださった LY 家, LY 家, WG 家, LA 家, LY 家, LS 家の皆様。そして日中大学生座談会に参加して下さった皆様。

　〈農村班〉隆安県那桐鎮でお世話になった香蕉種植園（広西金穂農業集団有限公司），那桐鎮農貿市場の関係各位をはじめ，ヒアリングに答えてくださった皆様。家庭訪問に応じていただいた LQ 家と LH 家の皆様。そして良慶区那馬鎮で座談会でお世話になった壇板坡村民委員会，家庭訪問に応じてくださった HJ 家と HJ 家の皆様方。

　本学関係者からも多大なご支援を賜ったことを以下のとおり感謝申し上げます。愛知大学同窓会の小林進之輔氏，小林寿美子氏，齋藤晃一郎氏，中島寛司氏，中山弘氏，森本麻子氏の皆様方。

　愛知大学の冨増和彦副学長，安部悟現代中国学部学部長，劉柏林国際交流委員長，現地研究調査実施委員会の高明潔委員長，阿部宏忠委員，加治宏基委員ほか諸先生方，国際交流課の神野恵子氏。

　最後となりましたが，本誌の刊行にご協力いただいた株式会社あるむの皆様に心より感謝の意を表します。

［第19回愛知大学現代中国学部現地研究調査 2017］
学生が見た南寧社会──企業活動・都市生活・農村社会

2018年5月7日　第1刷発行

編　集　愛知大学現代中国学部
　　　　現地研究調査委員会

発　行　愛知大学
　　　　〒453-8777　愛知県名古屋市中村区平池町4-60-6
　　　　連絡先 TEL (052) 564-6128　FAX (052) 564-6228
　　　　http://www.aichi-u.ac.jp

印　刷　株式会社あるむ
　　　　〒460-0012　名古屋市中区千代田3-1-12　第三記念橋ビル
　　　　TEL (052) 332-0861　FAX (052) 332-0862

ISBN 978-4-86333-145-7　C3030